JN058312

いのち輝け 二度とない人生だから

私の日本国憲法「ともいき」日記

蓼沼紘明

東京図書出版

はじめに

かあちゃん

木の風呂桶から　かあちゃんがふらふらと出てきた
板張りの上《あ》がり端《はな》に突っ伏した
冷たい風があちこちの節穴から土ぼこりとともに吹き上がっていた
家に一つしかない薄暗いランプの光がびくともしない白い身体を浮かび上がらせた

私は周りでうろうろするだけだった

どのくらい経ったろうか
ウ　ウ　ウ　ウォッ　ウオー
動物の咆吼だ

号泣に変わった
なんにもできねー　子どもたちになんにも

かあちゃんは子どもたちのことで頭がいっぱいなんだ

心臓発作だったと理解できたのは後日のことだった
死んでも不思議ではなかった
私たちの開拓部落では　そうやって友だちの親たちが何人も死んでいった

その半年前の初夏のある朝
かあちゃんは私が寝ていた隣の6畳の間で新しい生命を産んで起き上がれなくなった
疲れ切った身体　命がけの出産だった
弟を高崎の乳児院に頼み　3カ月間
敷きっ放しの布団の上だった

秋がきて
動けるようになって　間もなく

次第に藪の開墾を再開して畑にしていった

昭和27年　私が小学校3年
上州の空っ風が吹き始めたある晩のできごとだった

万巻の書に勝る真実がそこにあった

☆☆☆☆☆☆

この本は、魂でつづる私の歩みをとおして、誰もが「尊厳あるいのち」を持っていること、そうだとすれば、「ともいき」して、誰もが生まれてきて良かったなと、希望が持てる社会を創ることを皆さんとともに考え、対話することを目的とする。

明治維新から150余年たった。前半は富国強兵と戦争の歴史だった。戦争にこりた私たちは、後半で新しい憲法をつくり、経済の高度成長の中で「ユートピア」を胸に抱いてがんばってきた。でも、この30年余りは先が見えず閉塞感が漂う。夢や希望、ユートピアを語ることはめっきり減ってしまった。生まれてくる子どもたちは何を夢見るの。

秋が来て　友の差入れてくれた　林檎一つ
掌《てのひら》にのせると　地球のように重い

戦前、戦争への道を進む日本にいのちがけで抗議して治安維持法違反で逮捕された詩人の壺井繁治は、獄中にあってこう詠んだ。詩人のいのちの重みを充実した真っ赤なりんごに喩えている。人間、ギリギリの状態に追い込まれると真実が見える。どんな人のいのちも地球のように重い。

いのち輝け、二度とない人生だから
「いのち」とは、肉体的な生命と「人間の尊厳」を包み込んだ概念だ
人はみな、幸せにならなければウソだ
子どもはみんなぴょんぴょん跳ねて走り回る　存在自体が嬉しいんだね
青春時代　夢や愛を求めてときめく
一生懸命働けば　ささやかだけれど健康で人間らしい生活ができるようにしたい
長くなった寿命　手応えのある楽しい日々を過ごそう

人をランク付けしないこと

一人ひとりかけがえのない持ち味と得手を持っている
それを伸ばすのが一番だ　能力はみんなのもの　「人」になる　「人なる」

☆☆☆☆☆☆

日本は1932年、海の向こうの大陸に一つの国、「満州国」を創った。私は、1943年にここの満蒙開拓青年義勇隊訓練所の宿舎で産声を上げた。

満州国は、中国の東北部にあった。北のアムール川（黒龍江）、東のウスリー川の向こうはソ連（ロシア）だ。零下40度になる山野には狼がうろついていた。今の日本の3倍の面積をもつ満州の大陸には王道楽土があり、日本ではとうてい持てない広大な農地を所有できるといわれ、満蒙開拓の農民と青年義勇隊の総勢約27万人が渡った。大陸と同じくらい広大な夢を抱いて。

しかし、戦争に負けて夢は敗れ、たくさんの開拓団の農民、義勇隊、兵士が大陸に果て、二度と日本に戻ることはなかった。私は土地と家を奪い返しにきた中国人に殺されて当然だった。満州の飢えたネズミは、侵略者である乳臭い赤子の私の頭をかじって布団を真っ赤に染めた。

日本に引き揚げた人たちの多くは、全国の山野に散らばって開墾し農地にした。

冒頭の「かあちゃん」の詩は、父母が空っ風が吹く群馬県の開拓村に入植し、私が小学校3年生になったときのものだ。狭い日本、戦後まで残っていたのはやせ地だった。私たちの国は、満州に渡った同胞を何回も棄民した。すめらみことの大切な臣民を捨てたのだ。それでも国民はのたうち回り、這い上がって今の日本がある。

私が生きて帰れて、こうして文章を綴っていられるのは全くの偶然に過ぎない。未だにのほほんと生きていていいのだろうか。

人々が信じ合い、お互いを大切にし、言いたいことが言え、再び戦争をすることがないような国にしたい。

☆☆☆☆☆☆

日本は今、これから進むべき道を迷っている。

道を歩く人たちの足取りが何となく元気がない。

直近25年で、企業の経常利益は3・8倍、株主配当は8倍になった。一方、従業員の給与は1・0倍と変わらず、この1、2年は生活が物価上昇に追いつかない。経済格差は空前の規模になった。

政府は、国民生活に回す民生費や社会保障費あるいは防災費を減らし、かつ増税し税金をこれまでの2倍投入して兵器を買い、軍需産業を強化して世界第3位の軍事大国になろうとしている。大丈夫だろうか。ウクライナやガザ（パレスチナ）の戦争が教えている最も大切なものは、性質上際限のない軍事力の増強競争ではなく、お互いの国や大国が戦争になる原因や条件を作らないことではないだろうか。戦後79年間、日本は戦争をしないアジアの平和国家として信頼されてきた。アフガニスタンの地で命を捨てて働いてきた故中村哲医師が強調してきたことは、「『日の丸』が安全マークだった」ということだ。

日本の報道の自由度は、2010年には世界で11位だったが、その後急激に低下し、2023年には68位になった。周辺のエクアドル、ケニア、ハイチなどと並ぶ民主主義発展途上国の仲間入りである。これは事件だ。多くの政治家はおカネへの執着を賢く隠蔽することに頭を使い、相も変わらず「今・カネ・自分」の哲学で日本をリードしているようにみえる。

飛躍的かつ急激な軍事力増強、空前の格差拡大、民生と社会保障の後退、自由と民主主義の衰退、根強い女性差別、与野党議員の馴れ合いと無気力、セクハラをはじめとする諸々の暴力・ハラスメントの横行、若い人たちの低投票率と明日もどうなるか分からない日々への棄民。これらは密接に関連している。経済、政治、社会、人間のタガがはずれてきた。

日本と世界の一体化が進み、今やどこの国で生活し、仕事をしようかと選択する時代になった。日本の問題は世界の問題だ。戦争と平和、経済摩擦、地球の暑熱化と災害の多発、生物多様性、世界的格差、民主主義と権威主義、難民と移民の増加、ＡＩの制御等々難問が山積している。

明治維新からの第1期77年、敗戦からの第2期79年に続く今は大転換期であり、世界的な転換点と重なる。これからの第3期、問題解決を先送りすることはできない。小手先の対応では展望は開けない。

立ち止まって、確かなものを確認し、日本と世界が長期的に進むべき方向について、多様な対話をして主体的に生きることが不可欠だと思う。分からないことがたくさんあってもいいから、百花繚乱しよう。

「確かなもの」、それは自分自身だ。地球のように重い、この「いのち」だ。どこに住んでいても、先述した「肉体的な生命と『人間の尊厳』を包み込んだ概念」としての「いのち」の価値は同じであり、人間同士通じ合うものがある。例えば、２００８年の中国・四川大地震では、現地入りした日本救助隊の黙とうする姿が中国の人たちの大きな感動を呼んだ。２０１１年の東日本大震災では、国営新華社通信が「四川の恩に報いたい」と報じ、多くの物資が日本に寄せられた。近年アメリカで盛り上がった#MeToo運動やＢＬＭ（ブラック・ライブズ・マター）運動は世界の人々の共感を呼び、日本でも性加害、いじめや暴力をなくす運動につながっている。戦争を告発し停戦を求める運動もそうだ。イスラエルやそれを支援してきた欧米の植民地主義と人種差別に対する抗議の声も、世界中で大きくなってきた。自由や民主主義はアラブの人たちも求めている。

人間同士、信じ合ってつながり、希望を持ち、前に進むしかない。

幸いにも、希望の灯として憲法がある。憲法は、「いのち」を輝かせるために「人間として正しいこと」を明記した、人類の数十万年の歴史の到達点である。

「人間として正しいこと」の核心は、「個人（人間）の尊厳」である。誰もが尊厳ある存在だ。隣の人も。その隣の人も。すると必然的に、「尊厳ある人間が共に生きること（ともいき）」は、憲法の２本柱である。私たちは、第二次大戦の惨禍に衝撃を受けて「平和に生きる権利」を憲法前文に掲げた。これは世界の人々との平和を共有する国際的な「ともいき」であり、憲法では史上初の画期的な思想である。世界はまだこのことに気付くことなく軍拡に明け暮れ、右往左往している。今こそ日本は、「平和に生きる権利」と9条のフィールドで、ソフトパワーを発揮したい。私たちの出番がやって来た。

近代以前、経済学は倫理学の一分野だった。経済学を独立させ『国富論』を書いたアダム・スミスは、人間の本性には他人の肉体の中に入り込み、その苦痛を自分のものとし、その幸福を喜ぶ同感の情があり、利己心はこの正義の準則の支配下に置かれると考えた。経済の初心に還りたい。

☆☆☆☆☆☆

整理すると、本書は次の六つのことを書いた。

①縦糸として、元満州国で生まれ、農家に育ち、地方と国の公務員、次いで民間に移り退職後の現況まで、その時々の私の心身の格闘、生き様を綴った。

②紙幅の都合で不十分だが、①を綴るうえで必要な限りで、世界や日本の歴史となるべく関連づけた。今すぐ要求される緊急性が高い課題は、歴史を踏まえて未来を展望する長期的な思考をしなければならないというパラドックスである。

③横糸として、日本国憲法を軸に、総合人間学的な視点も旋律として加味した。

この本は、皆さまと対話することを目的にしている。それ故、単なる私的な個人史ではなく、濃淡様々だが多くの人たちに共通すると思われること、公共的な問題に関係することに意を用いた。憲法は私たちが共有する土俵なので対話に適しているうえ、幸いにも私も憲法を学び、憲法や憲法改正について民間の憲法研究所で学生や市民と議論を重ねてきた。また、素人ではあるが、総合人間学会の末席に参加させていただき、いろいろ学ばせていただいた。関連する諸科学と関連づけて憲法を考えたかったからである。

④憲法を制定した近代市民革命と、その後今に至るまで人類が長年憲法の価値を実現しようとして悪戦苦闘してきたバックにある、人々の熱い想いに原点を置いた。憲法だから守るのではない。その背後にある私たち個々人の願い、欲求、希望を実現することが目的である。それゆえ、ここから出発する必要がある。

「日記」という自伝の形式を採って私の想いとも重ねた趣旨はここにある。

⑤必要に応じて、現在の具体的な諸問題を採り上げ、読者と共に考えるようにした。一番力点を置きたいことである。

⑥知（知識、理論）と情（ロマン、詩、抒情）を融合する。

私の人生は、ジグザグして失敗や空回り、反省の方が多かった。それゆえ、いまさら恥をかくのもバカだ、書きたくないと思った。それ故、何度も中断した。でも、虚構の自分を着飾ってみても仕方がない。遠からず、恥も知らず外聞も聞こえない世界に逝くのだから。私はネズミと和解して、心のふる里の満州に還れるだろうか。

☆☆☆☆☆☆

第1章は元満州国時代。なぜか心のふるさとである。平和を希求する原点になった。

第2章は群馬県の開拓村での幼児から中学校まで。身を粉にして育ててくれた父母に感謝したい。私はまだ責任を果たしていない。

第3章、高校時代。ここまでの開拓村の生活は、自然の偉大さと怖さを身にしみ込ませてくれた。

第4章は東京での大学生活だ。無教会派の内村鑑三のキリスト教、駒場寮での友との徹夜の語らい、東大闘争、激論して泣いてけんか別れした友もいた。

第5章は都庁にて。住民の中に積極的に入って要望を聞き仕事を組み立て、地方自治を考えた。

第6章は国家公務員になり書記官として働いた裁判所時代である。裁判所が「人間の尊厳」と「ともいき」「平和」を実現する役割を果たすことを強く求めた。司法権の独立について考えた。

第7章は、公務員を退職し民間に移ってから最後の勤務である伊藤塾・法学館時代の憲法プロジェクトと憲法研究所の仕事について。塾長の伊藤真さんに感謝したい。若い人たちは、物事を考える機会を提供すれば、前を向き自立して展望を創る力を発揮することが分かった。

第8章は、退職後の人生である。身の回りや、さまざまな団体の多彩な人たちに恵まれ濃密だった。自然との共生、人間らしい生活、子孫を残すこと、地球環境、経済成長、AIからの自律、憲法的価値、平和などの持続可能性に触れた。戦争ないし戦争状態にあるパレスチナ、ウクライナ、アフガニスタンの状況と、2015年の安保法制、2022年の安保関連3文書の改定については、やや詳しく具体的に分析した。平和を作るベクトルを優勢にして、戦争の条件を作らないこと、始まった戦争を終わらせることを考えた。

諸問題を解決するためには、もぐら叩きでは限界がある。というか、そうしてきたから日本はジワリジワリと後退してきたように思う。でも、はやりの言葉でいえば、「異次元」の日本は「新次元」の憲法を持つ私たち次第で乗り越えることができる。私たちの内に秘めている「いのちのピースパワー」は、想像している以上に平和創造のエネルギーに満ち、国際社会を変える底力《そこぢから》があると確信している。

冗長で迂遠だと感じられるところ、理屈っぽいと感じられるところは読み飛ばしていただきたい。それは違うだろう、観念論だ、言い過ぎだ、甘過ぎるなどなど、ご批判や疑問をお聞かせいただけるとありがたい。文中の人のセリフは、語尾はともかく、はっきりと覚えているものだけを書いた。母の最期の言葉の日付を除いて、日記などにメモしたことはない。

いのち輝け　二度とない人生だから

目次

第1章

満州にて

１　満蒙開拓団と青年義勇隊

⑴　父、青年義勇隊の幹部として満州に渡る

満蒙開拓関係では総勢約27万人の日本人が満州に渡った。そのうち８万６５３０人は14～19歳の青少年からなる青年義勇隊（発足時は青少年義勇軍）で、その他は満蒙開拓団員である。何のために異国の中国にこんなにたくさんの日本人が渡ったのか。

父長平は、栃木県安蘇郡三好村の尋常高等小学校を卒業し、学校の給仕をしながら教員の試験に受かって母校の小学校の教員になった。山紫水明の村で子どもたちに柔道を教え、一緒に川に飛び込んで泳いだ。教員時代の想い出を話すときの父の顔は生き生きとしていた。生家には祖父母が作った多額の借金があった。その返済のため、27歳の父は給与が３倍ほど多い満蒙開拓青年義勇隊の幹部として旧満州国に渡ることにした。

まず、茨城県内原町（現・水戸市）の満蒙開拓青年義勇隊訓練所で３カ月、義勇隊と共に訓

練を受けた。ここは青年義勇隊を送り出した日本で唯一の訓練所だ。熱烈に天皇を崇拝する農本主義者、加藤完治が開設した。加藤は、関東軍将校で張作霖爆殺事件の実行者だった東宮鉄男と共に満蒙開拓移民を推進した人物だ。先年、水戸市にある「内原郷土史義勇軍資料館」を見学した。寝泊まりしたという日輪舎も復元されており、若き父をしのんだ。満州における義勇隊の生活や写真などたくさんの資料が展示されていた。4時間余り滞在した。この時代を客観視する批判的な資料は、調査した限りでは最後にやっと1冊だけ見つかった。

父が渡ったのは、満州でも東北の奥地の辺境に位置する東安省勃利県大茄子だ（黒澤中隊）。現在は黒竜江省七台河市になっている。距離はあるが、黒竜江省の北のアムール川（黒龍江）、東のウスリー川の向こうはロシアになる。日本に併合された朝鮮民族が国を離れてパルチザン活動・独立運動をした旧間島ははるか南方にある（現在は中国の延辺朝鮮族自治州）。狼の群れが近寄らないよう、夜はたばこの火をつけて歩いたと言う。

父は満州に行く前、義勇隊の募集に応じた少年矢島昭さんの家を訪問してその姉チヨと知り合って結婚した。チヨの父は化学肥料商として農村を廻って農業振興に情熱を傾けていた。入居した義勇隊の宿舎は、零下40度になる外気を防ぐために厚さ30センチの壁でできた粗末なものだった。つるべ井戸の周りはこぼれた水が凍りつき、井戸に落ちそうになるのが一番怖かったと母は言う。外でおむつを干そうとすると、おむつは瞬時に凍って突っ立った。

１９４３年９月、私はここで産声をあげた。夜中にネズミに頭をかじられて朝起きたら布団が真っ赤に染まっていたことがあった。脳みそをかじるのを手加減（口加減？）してくれたので、少しバカになった程度で済んだ。

⑵ 満州と戦争

日露戦争から満州国建国まで

日露戦争に勝った日本は、ロシアが中国東北部に敷設した南満州鉄道の権益を手に入れた。

第一次世界大戦中の１９１７年、ロシアでレーニンが率いる10月革命が起きてロマノフ朝が倒された。発足したソビエト政権は第一次大戦から離脱した。英仏米ら六つの連合国はソビエト政権を倒してソ連にドイツとの戦線を再び構築させるために軍事干渉した。日本もロシアの極東地域を日本の勢力圏に入れる好機ととらえて、１９１８年８月、極東のウラジオストクから上陸するとともに北満州からも侵攻した。日本は、７万人を超える陸軍で革命軍らのパルチザンを撃破、バイカル湖西部のイルクーツク以東の極東ロシア領をほぼ制圧した。占領に反対する住民を各地で虐殺、村を焼いて抵抗を封じ、無数の一般市民も殺害しながらの侵略だった（シベリア戦争）。

日本はまた、シベリア戦争を利用して南満州から北満州へと軍事行動を拡大するとともに、

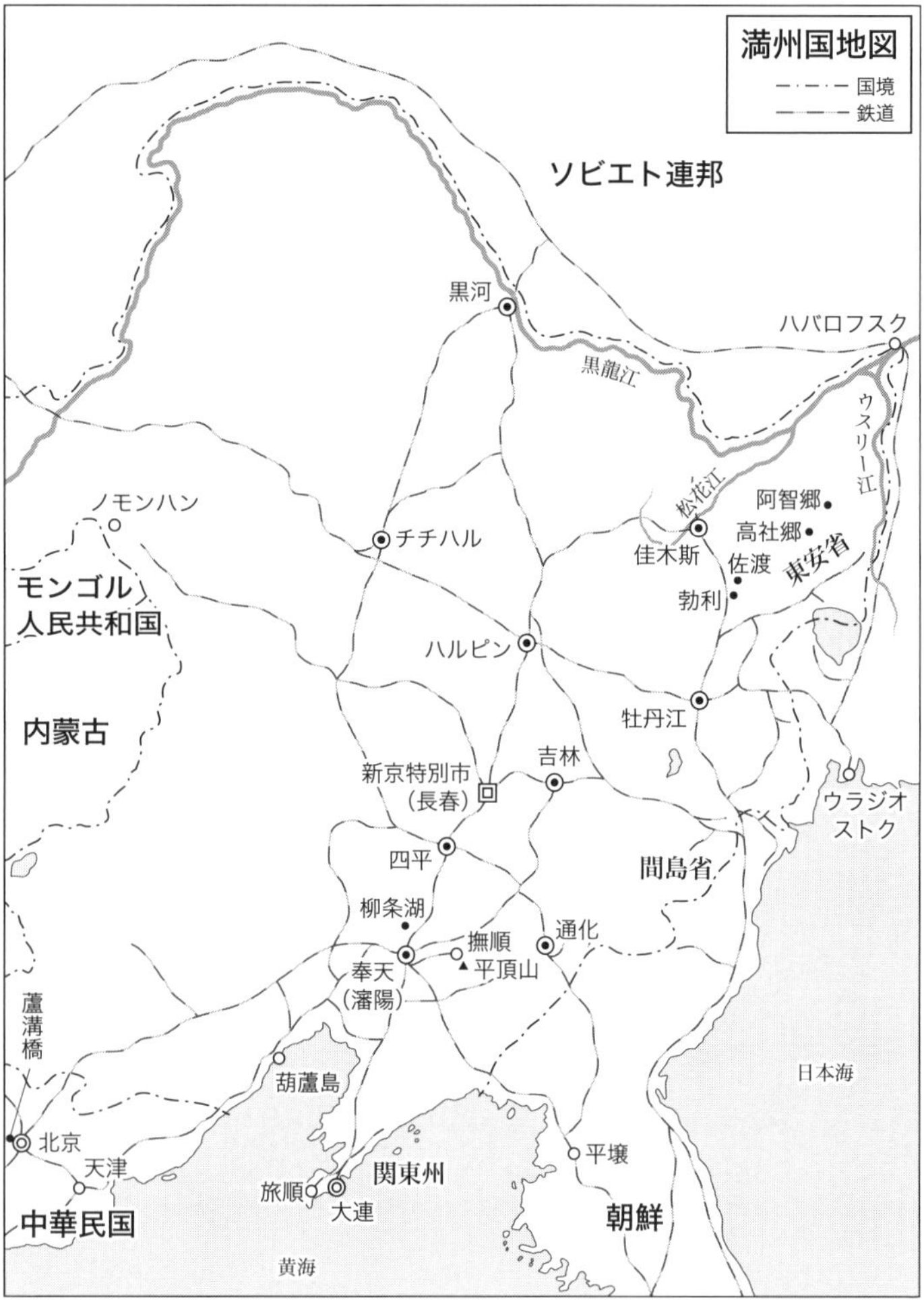
満州国地図
国境
鉄道
ソビエト連邦
黒河
ハバロフスク
黒龍江
ウスリー江
松花江
阿智郷
高社郷
佳木斯
佐渡
東安省
勃利
ノモンハン
チチハル
モンゴル人民共和国
ハルピン
内蒙古
牡丹江
吉林
新京特別市（長春）
ウラジオストク
四平
間島省
柳条湖
通化
撫順
平頂山
奉天（瀋陽）
蘆溝橋
葫蘆島
日本海
北京
天津
平壌
関東州
旅順
大連
中華民国
朝鮮
黄海

1919年に関東州の旅順に司令部をおいた関東軍に、ソ連（成立は1922年）を仮想敵国とする日本の国防の前衛部隊としての役割を担わせた。

1923年2月、陸軍参謀本部と海軍司令部は協定して帝国国防方針を改定した。シベリア戦争に敗北したことが確定した以降の改定である。これによって、日本の仮想敵国の順位を、露国（ソ連）・米国・支那（中国）と定めた。「日中戦争とその延長としての日米戦争さらにはアジア太平洋戦争終盤の対ソ戦も予想して軍備を備えるというものである。歴史はそのとおりに展開することになる[1]」。日本軍がソ連から撤兵したのは1925年になる。

日本は日露戦争まではましな国だったというのが持論の作家・司馬遼太郎は、シベリアへの派兵以降の日本は「キツネに酒を飲ませて馬に乗せたような国になった」という[2]。日清・日露戦争も侵略戦争であり、遡れば、琉球王国を滅ぼして日本の領土にした1879年の「琉球処分」が近代日本の最初の対外侵略戦争だった。

関東軍参謀として赴任してきた石原莞爾らは、日本政府や軍首脳の承認を得ることなく1931年9月に南満州の柳条湖付近の満鉄の線路を謀略で爆破し、これを中国軍の犯行だとして奉天にいた中国軍を攻撃、次々と戦闘を広げていった（柳条湖事件）。いわゆる満州事変である。日本政府も軍首脳もこれを追認せざるをえず、日本は中国と宣戦布告なき戦争を開始した。満州事変は、軍国主義が優勢になる決定打になった。「戦争」の言葉を避けて「事変」とした背景には、第一次世界大戦の悲惨な犠牲の上に1928年に結ばれた「パリ不戦条約」（「戦争放棄条約」）がある。

翌1932年3月、関東軍の主導で傀儡国家「満州国」を建国した。満州国は「王道楽土」と満州・モンゴル・朝鮮・漢（中国）・日本による「五族協和」を掲げた。この後、「皇国の国是は八紘一宇とする大精神に基づく」として、「大東亜共栄圏」を建設する思想的根拠として「八紘一宇」が唱えられた。この用法は田中智学が使い始め、『日本書紀』にある神武天皇の詔勅の「八紘而為宇」に起源がある。私の名前の「紘」はここから採られ、同年代では比較的多用されている。

満州への農業移民の国策の決定

朝鮮や台湾を日本の領土に編入した際は、日本人の大量移民は問題にならなかった。しかし、満州は傀儡とはいえ独立国家という建前をとったので、日本人の比率が著しく低いのは障害になった。かつ、ソ連との戦争に備える必要があった。そこで、関東軍内部で、日本からの満州への移民計画が浮上した。政府は満州への農業移民を決定した。満州だけでなく、現在のモンゴル自治区をも視野に入れ、1937年には、向こう20年間に100万戸、500万人を移住させる計画になった。関東軍、そしてこれに同調した陸軍中央には、ソ連軍と戦闘になった場合に農業移民を「人間の盾」として戦うこと、軍への食糧・軍馬・移民から現地召集する兵士の調達などの軍事目的があった。

背景となった日本国内の要因も大きかった。明治以降、資本主義経済に組み込まれた農村では、寄生地主化した大地主への土地の集中が進み、貧困が深刻になっていた。そこに１９２９年の世界恐慌が襲い、経済的に大きな打撃を受けた農村の救済が急務になった。そこで、農本主義者の加藤完治、農業経済学者の那須皓教授、農林省の石黒忠篤次官らは、小作人対策、農家の次三男等の人減らしのために満州への移民を推進した。広大な満州の農産物で日本の食糧問題を解決するための対策でもあった。

行け、満蒙の新天地

新聞には「行け、満蒙の新天地」の文字が躍った。国内とは1桁違う10～20町もの広大な未墾の原野を開拓して豊かな生活を営むという夢を与えられた。

しかし、行って見たところ、約束された話は違った。極寒の地に暖房も食料も乏しく補助金もなかった。未墾地も相当あったが、多くは既に中国の農民が住み耕している耕作地だった。耕作地は、関東軍の指揮下で銃と軍刀で脅し「満州国」の官憲を動員して強奪し、あるいは満鉄の子会社東亜勧業株式会社が時価の5～10％程度の価格で強制的に買収した土地だった。中国農民の多くは小作人で、自分の土地を失ったというよりも職を失ったというのが実態に近い。土地を追われた農民たちは未墾地に強制移住させられ、あるいは日本人移民の下で苦力（クーリー）になり、あるいは難民同様に流れて行かざるを得なかった。

中国の農村には伝統的に自衛団組織があったが、関東軍は現地住民から武器を取り上げた。日本人移民には土地と武器を与えるという財産と武器の差別が構造化した。土地を追われた若者たちの悲しみを歌った『松花江のほとり』という歌がある(3)。

わが家は東北　松花江のほとり
そこには森林と鉱山　さらに山野に満ちる大豆とこうりゃんがある
いつの年　いつの月　私の愛する故郷へ帰れるのだろうか

農民たちは槍や刀、鎌などを持って土地を奪還に来た。日本人は彼らを「匪賊」と呼んだ。「匪賊」の「匪」は悪者の意味で、「匪賊」とは「徒党を組んで出没し、殺人・略奪を事とする盗賊」のことをいう。

但し、土地を追われた不満だけではなく、満州の伝統的な郷村社会が満州国の強力な中央集権国家によって解体される危機にさらされた地主や実力者も含めた拒絶反応もあった。

現地住民の抵抗を制圧したり、対ソ戦に備えたりするために、１９３６年までは徴兵検査に合格して2年間服役した在郷軍人等からなる武装移民だった。武装移民たちは日本刀、拳銃、小銃のほか、迫撃砲や機関銃も備え、家族ぐるみで男女の区別なくゲリラ戦の訓練を受けた。赤子を背負った婦人たちが銃を構えた。零下40度にもなるのに約束された満足な衣服や資金がなく、襲撃もうける劣悪な環境に放り込まれた武装移民たちは荒れた。3年もすれば自立した自作農になれるなどと約束して移民を推奨した加藤完治が開拓団を訪れた際、団員たちは約束が違う、詐欺に近い、と加藤を詰問した。加藤は、そのようなことは口外したことはないと否定したり、宣伝のためにウソをついたと弁明したりした。東亜勧業の極秘報告書によれば、団員たちの風紀は乱れ、現地住民の鳥や豚の強奪、無銭飲食、暴行、強姦などが発生し、盗賊よりも恐ろしがられた。

日本政府は、「移民」では聞こえが悪いので途中から「開拓」と改めた。次第に農民以外の下層からの移民も増え、満蒙開拓は１９４５年まで続いた。

満蒙開拓青少年義勇軍（満蒙開拓青年義勇隊）

政府はさらに、関東軍や加藤完治らの構想をもとに、１９３８年に14～19歳の青少年からなる満蒙開拓青少年義勇軍を発足させた。成人移民が困難になることが予想されたからだ。少年たちは、片手に鍬、片手に銃を持った「鍬の戦士」として全国の学校から募集により集められ、先述の茨城県の内原の訓練所を経て満州に送出され、現地でさらに3年間農事訓練と軍事訓練を受けたのち、45年の第5次まで総勢8万6530人が渡った。訓練期間が終われば広大な農地を与えられると約束され夢を抱いて渡ったこと、中国人の農地や住居を奪って入植したことは開拓団と同じだ。私が生まれた家も、中国人の家族を銃剣で追い出した粗末な家だった可能性が高いと思われる。

青少年義勇軍は「兵農植民部隊であり、日本軍国主義が仮想敵としてのソビエト軍に備えた第一線兵力の扶植工作であった(4)」。「扶植」とは、勢力や思想を植えつけ拡大する意味である。青少年だけを武装入植させた例は、800年前のヨーロッパ各地から中東に向かった少年十字軍以来の異例なことだった。

義勇軍制度は当初から軍事目的であって、本来の移民政策とはかけ離れた異質なものだった。これは絶対秘密の軍事機密事項とされ、加藤完治らには話さなかった。義勇軍の人たちも知らなかった。関東軍は、義勇軍は軍隊ではないとして「満蒙開拓青年義勇隊」に名称変更した。父は中隊長の指揮を受ける2人の幹部である指導員のうちの1人だった。

義勇隊の単位は300名からなる中隊で、中隊長と指導員が幹部として配属された。父は中隊長の指揮を受ける2人の幹部である指導員のうちの1人だった。

父からは義勇隊の悲惨な話は聞いたことがないが、こうりゃんを主食にしたり野草を食べたり、むしろ囲いの小屋に居住して凍死した少年の例もある。故郷を偲んでノイローゼになる者、食料が乏しかったり心が荒廃したりして（屯懇病）、中国人の作物や家畜を盗むとか中国人に暴行を加える者なども続出した。少年たちの凄惨な記録は読むに堪えない。彼らも日本の軍国主義の被害者だった。訓練期間が終わった少年たちは、１９４１年からソ連との国境沿いの義勇隊開拓団に順次入植し、日本本土からの「大陸の花嫁」と結婚した者も多かった。

第二次世界大戦へ

１９３７年、日本は盧溝橋事件をきっかけに宣戦布告のないまま中国との全面戦争に突入した。１９４１年、世界が激変した。４月、日ソ中立条約締結。６月、ドイツはソ連との不可侵条約を破ってソ連に侵攻。同月独ソ戦の開始を受けて日本は中立条約を破棄して東からソ連に侵攻することを検討、独ソ戦の戦況に目をこらしてソ連に攻め込む機をうかがった。しかし、予想を覆してソ連はドイツに抵抗、さらに、日本も戦争を仕掛けることを予想して極東の兵力をほぼ維持していた。日本は満州に大軍を集結させ続けて、ソ連に東西の２正面作戦を強いた。ドイツへの支援になった。

国家間の中立条約・不可侵条約は実際には駆け引きの手段でしかなかった。国際法は守られなかった。騙した方が勝ちの時代だった。

ソ連との戦争の準備を進めていた陸軍は、１９４１年７月、開拓団を明確に有事の際の後方基地として位置づけた。以後開拓団の有事の際の軍事基地としての役割は敗戦まで変わらなかった。

日本はソ連との戦争を諦めて東南アジアの権益を維持拡大する方針に切り替えた。１９４５年４月に日ソ中立条約を破棄したソ連は批判されているが、日本も虎視眈々とソ連への侵攻を狙っていたことも事実である。

１９４１年12月８日、陸軍はマレー半島のイギリス領コタバルに上陸、イギリス軍との戦争を開始した。日本は前年の１９４０年、タイの中立尊重を保障した日タイ友好和親条約を締結していた。しかしこれを破ってタイを奇襲、８日のうちにタイに侵攻した。イギリスなどの植民地の制圧と石油などの資源確保が目的だった。

コタバルへの上陸から１時間５分後、ハワイの真珠湾を急襲した。アジア・太平洋戦争は真珠湾攻撃で始まったという教育と報道が今も支配的である。侵攻が中国から東南アジアにまで拡大したことを目立たせないためだとされる（高嶋伸欣『朝日新聞』２０２１年12月８日）。

父の徴兵、母子の帰国

父は義勇隊の任務途中で徴兵された。深夜の演習で戦車を運転していたとき、急に体が浮いた感じになると同時に、前方を監視していた上官から頭を思い切り蹴られて急停車させたこともあった。崖から転落する寸前で、戦車は前後にフラフラと揺れていたという話をよく聞かされた。父は、やがて数百人の兵員輸送船で南方戦線に送られていった。途中、船は機雷に触れて撃沈された。父ともう1人だけが長崎県の海岸に泳ぎ着いた。「4キロくらい泳いだよ（ほんとかな?）、泳ぎが達者で助かったよ」と父。戦争は死と隣り合わせだ。

父の徴兵に伴い、1944年の4月、母は私を抱いて朝鮮半島を縦断、釜山港から実家がある栃木県に帰ってきた。義勇隊に参加していた母の末弟の昭さんが実家まで付き添ってくれた。母は道中での朝鮮の人々の親切が忘れられないと言っていた。末弟は私から見ると叔父だがまだ少年だった。とんぼ返りで元の任地へ戻った。

1945年2月8日、米英ソはヤルタ協定を締結した。アメリカの大統領ルーズベルトは、日本の降伏にはソ連の協力が欠かせないと判断した。ソ連の要求に応じる形でソ連が日ソ中立条約を一方的に破棄して対日参戦することが決まった。同年4月、ソ連は日本政府に対して日ソ中立条約の破棄を通告した。

母と私

2　切り捨てた開拓団と青年義勇隊

(1) 撤退した関東軍と満州国政府、残留させた開拓団と義勇隊

ソ連軍の襲来と日本軍

関東軍はソ連が満州に侵攻することを予測していた。ドイツが降伏した1945年5月、大本営はソ連軍が南下する際は関東軍と政府機関は速やかに満州国南部と朝鮮国境付近に撤退する決定をした。在満日本人は避難させずに、17歳から45歳までの男性を対象にした緊急動員を開始した（根こそぎ召集）。青年義勇隊は関東軍に代わってソ連国境の最前線に配備された。関東軍にとって有事の際に開拓民や義勇隊員を投入することは当初から織り込み済みだった。

関東軍が撤退する決定はソ連に漏れないよう、開拓団や青年義勇隊には絶対的な軍事機密とされた。政府は、その後も新たな開拓団を日本から送り出し続けた。7月25日の会議で満州国政府の役人から、4分の1に縮小された防衛圏の外側になった開拓民等をどうするか問われた関東軍の司令官たちは、「彼らは自殺するしかない」と告げて取り合わなかった（L・ヤング

『総動員帝国』)。

6月末に日本を離れた最後の開拓団が満州東北部の牡丹江駅に着いた8月8日の深夜の数時間後、彼らはソ連軍の侵攻に遭遇した。9日、174万人の極東ソ連軍が3方面から満州国に侵入して攻撃を開始した。

青壮年の男性はほとんど現地召集されたため、一般の開拓団や義勇隊開拓団、義勇隊は、老人、傷病者、女子ども中心だった。彼らが頼みにしたのは無敵と言われた関東軍だった。

開拓団や義勇隊の大半は関東軍の第一線よりもソ連との国境に近い前方に配置されていたので、後方の関東軍駐屯地にたどり着きさえすれば安全だと信じて、ひたすら南下した。たどり着いた駐屯地で目にしたものは何だったか。兵士が一人もいない空っぽの兵営だけだった。関東軍は一番乗りで迅速に逃げるときに、ソ連軍の追撃を遅らせるために橋や兵舎や食糧庫を爆破し破壊していった。避難民はソ連軍の砲声を背に、現地住民との遭遇を避けるため、足元が悪い山の中などを急いで逃げた。食べ物や泊まる所はなく、野宿が多かった。冷たい雨に打たれ、幼児や老人が次々と命を落としていった。

国のかたちと人のかたち

この頃東京の天皇や政府の関心事は日本の「国のかたち」=天皇制を生き延びさせることに

あった。満州の意味づけは、国体すなわち天皇中心の国家を死守する時間稼ぎの地に変わっていた。満州は、夢を抱いて渡っていのちをかけ開拓にいそしんだ人々とともに切り捨てる対象になった。天皇制を守るという目的を達成するためには満州に渡った「国民」の生命を守るのは「得策」ではなかった。人間の生命は、大きな目的の達成のためには有効に使ってよいという意味では、一種の功利主義の思想の系譜に連なるともいえるのではないだろうか。

政府は、関東軍の安全で迅速な撤兵のために、ソ連が南下して襲来する予測も、関東軍の撤退（撤兵）も、8月9日に侵攻してきた事実も、開拓団や義勇隊には軍事機密にして、開拓団にはさらに根こそぎ召集をかけた。同時に、開拓総局からの通達で各省公署から避難命令が出された。この矛盾する指示は開拓団を混乱させた。関東軍は、いくつかの開拓団や義勇隊に対して、ソ連軍と戦闘するよう軍命令を出した。

戦争を継続した開拓団、義勇隊

ソ連軍が南下してからの出来事は、末尾に掲載した文献『満州開拓団の真実』と『満蒙開拓団』に詳しい。

占領地に開拓団を組織することは、ソ連を含むヨーロッパでは一般的であり、開拓団は軍事組織だというのが国際通念だった。移民を最初に構想した東宮鉄男は、極東のソ連の武装移民をモデルにした。満州に渡った開拓民にとっては、開拓団は日本国内と同様の「村」としてでしか認識できておらず、関東軍が守ってくれる以上、軍事攻撃にさらされるとは露ほども思っていなかったというギャップがあった。

私が生まれた東安省はソ連との国境に接し、最も残酷なことが次々に起きた。ソ連からみると、開拓団や義勇隊は軍事拠点であり、戦闘能力がある男性はほとんどいなかったことまでは把握しておらず、開拓団を容赦なく攻撃した。例えば、生家があった勃利から20キロあまり北にあった佐渡開拓団が去った跡地には、長野県の阿智村からの阿智郷開拓団や高社郷開拓団など長野県の６開拓団がソ連との国境のウスリー川西方から避難してきた。彼ら彼女らは20日近くも避難を続けるなかで、日本の敗戦を知らされることなくソ連軍と戦った。８月24日に不時着したソ連軍機を射撃して破壊。26日には開拓団にきたソ連軍トラック３台に射撃を加えて炎上させた。翌27日、ソ連軍は重火器で猛攻撃、１４６４人を全滅させた。高社郷開拓団は総勢５９２人中５４５人ないし５７６人が死亡した。半数は集団自決で、その大半は根こそぎ召集で働き手の夫を失った妻たちだった。

熊本県の来民《くたみ》町から行った開拓団は国策で行われた被差別部落出身者が中心の開拓団だった。青壮年は応召して残っていた婦女子中心の団員２７１名の集落は中国の農民に包囲され襲撃を受けて抵抗したが、８月17日に力尽き、生き残っていた全員が１カ所に集まり自決。屍に汚辱が及ばないように家屋に火をつけた。最期を日本に報告するために脱出に成功した宮本貞喜氏だけが生き残った。帰国して待っていたのは「身内殺しの部落民」という嘲笑だった。

8月15日の終戦のとき、日本政府は海外居留民を現地に残留させる方針を採った。死者は終戦日以降の方が多い。戦死、集団自決、病気、飢餓などで、開拓団員の約7万8500人、義勇隊の約2万4200人が死亡した。

「生きるかたち」としての「死ぬかたち」

父の直属の上司だった義勇隊の黒澤中隊長は、中隊を統率するために現地の勃利に残っていた。私が小学生のとき、父母は2人で宇都宮市の黒澤夫妻宅を訪ねた。夫妻は、逃避する途中で集団の足手まといにならないよう、2人の幼女を古井戸に投げ込まされて帰国したとのことだった。黒澤さんでなく父が現地に残っていたら、私が両親から引き離され、井戸の底で大陸の地層になっていたかもしれない。異国での逃避行で死んでも、遺骨にもならず数にさえ数えられない。地層は風景とは言うまい。風景にもならない。生きてこうして原稿を書いているのは運だ。

引き裂かれ　地層と化した　わがいのち
殺されて　数にもならぬ　いのちかな

政治思想史の中島岳志さんは、肉体的な「生命」と人間の尊厳などを含み込んだ概念としての「いのち」を区別している。本書はこれによった。

落とされて橋のない河を、流されないように着衣を頭の上にのせて裸で渡る者も少なくなかったという。それでも急流に流されていった人たちがいた。河を渡れず、此岸のあちこちに一緒に死ぬ子どもの衣服を繕う母親たちの姿があった。破けたままでは可哀想だもんね。最後の「生きるかたち」としての「死ぬかたち」「殺すかたち」。

ののさんになる

国と国の戦争は、死者の誰にもその人にしかない物語があることを忘れさせる。先述の集団自決した高社郷で奇跡的に生き残った高山すみ子さんは、『ノノさんになるんだよ』に書いている。以下抜粋する。(5)

「2人の子どもを胸に抱き、最後のキャラメルを食べさせた。そして、『ノノさん（仏さん）のところへつれていってあげるから、かあちゃんのいうとおりにするんだよ』といい聞かせた。4歳になる旭は、『ノノさんのところへいけば誰がいるの』と聞いた。『ノノさんのところには内地のおじいちゃんもいて、白いごはんがたくさん食べられるんだよ』と答えた。

子どもたちはにっこり笑った。『じゃあ、早くノノさんのところへ連れていって』と旭がいうと、怜子もうなずいていた。『おじいちゃんのところへいくには、どうすればいいの』と聞くので、『こうやって手を合わせていればいいんだよ』と、東の方を向いて手を合わせてみせると、子どもたちは私のマネをして手を合わせた。私を中にして、右に怜子、左に旭を座らせると、間髪を入れず副団長の撃った銃声が聞こえた。怜子は瞬間、兎のようにピョンと2メートルも飛び上がり、旭も血しぶきを上げて絶命した。私は今でも、私をじっと見つめていた2人の子どもの顔と姿が、脳裏に焼きついている。」

「満蒙開拓平和記念館」「高山すみ子さんの証言」でアンド検索すると、高山さんの話を聴くことができる。(6)

(2) 現地残留政策続く

遅れた在満日本人の引き揚げ

終戦のとき満州には関東軍を含めて国民の3%余りに当たるおよそ170万人の日本人がいた。現地に残留させるという戦前の政策はそのまま維持され、同胞の状況は苦難を極めた。現地に残っていた丸山邦男氏（政治学者の丸山真男氏の弟）らの文字どおり命をかけた奮闘によって葫蘆島からの在満日本人引き揚げが始まったのは1946年4月だった。2020年8月にNHK総合でドラマ化されたのでご覧になった方も多いと思われる。葫蘆島からの乗船を待っていた人たちの中でも多くの餓死者や病死者を出した。日本に着いて沖合で停泊中もたくさんの人が亡くなった。定員１３００人の船のうち2割しか生きて上陸できなかった例もある（『東京新聞』２０２０年8月24日）。

中国残留邦人

中国に残された邦人たちの生き様は当然ながら壮絶だった。その中で、中国の人たちに保護され生活を共にするようになった人たちもたくさんいた。同じ苦難を経験した中国人たちの人間としての振る舞いだった。

残された日本人の孤児（残留孤児）や残留婦人の帰国はようやく１９８１年に始まった。私ももし残っていたら残留孤児ならぬ残留孤爺になっていたかもしれない。帰国した人たちへの支援は乏しく、多くが生活保護で爪に火をともすような生活をしてきた。軍人やその遺族に対しては毎年しかるべき恩給を（俸給年額８００万円を超える人もいる）払っている。国策によって満州に渡ったことは、軍人も農民も変わりはない。日本国憲法の下における戦後の扱いの違いを問う。

異国で開拓民、引き揚げてまた開拓民

満州に渡った日本人でも、都市部の人々と開拓民とでは、渡満の歴史的経緯も生活水準も何もかも違っていた。満州に渡った日本人の中では開拓団と義勇隊の死者率が約３割と突出して

高かった。

すべての財産を処分して渡満した開拓民にとって、故郷での生活を再建することは不可能だった。引き揚げた開拓民の多くは、国内の残されていた約6000カ所の未開発の土地に入植して再び開拓農民になった。満州での食糧増産に駆り出された開拓民は、今度は国内の食糧増産政策の対象になった。生活は今度も極めて苦しかった。狭い日本、戦後まで残っていた未墾地の多くは痩せ地で生活できるほどの収穫物を恵んでくれなかった。10年間ほどの臥薪嘗胆を経て農業経営が軌道に乗った一部の開拓民を除いて、多くの人が離村し、廃村も多かった。政府も世の中も冷たかった。開拓民は、戦後経済の高度成長からも取り残されがちだった。

満蒙開拓政策に深く関わった加藤、那須、石黒などのエリートはいずれも東京生まれで、彼らの農村社会の捉え方は都会人の目線であり、「銀座の農政学」と皮肉られた[7]。引き揚げて入植した群馬県の開拓村から見た戦後の農政も都会人が企画しているように見えた。経済のグローバル化や大都市集中の流れの陰で、開拓民が苦闘してきた地域のほとんどは、若者の流出、少子超高齢化、経済環境の悪化、地域消滅の危機にある地域と重なる。食料安全保障のためにも、農業は基幹産業である。個々の農民が主体になって協同し、地産地消の分権・分散型国家を創る必要があると思う。

国は何回棄民したか

国は皇国臣民（元臣民）を何回棄てたのだろう。

【第1回】中国や連合国との勝算なき野蛮かつ無謀な戦争への突入。

【第2回】軍事目的を隠しての満蒙開拓団と青年義勇隊の送り出し。

【第3回】ソ連軍南下の予測と現実に襲来した情報の隠蔽。

【第4回】関東軍の撤退情報隠しと開拓団の退路の遮断（軍隊は国民を守らない）。

【第5回】敗戦を周知させずソ連軍と戦争する開拓団の放置。

【第6回】海外居留民現地残留政策・引き揚げ事業の遅れ、帰国を希望する残留孤児・残留婦人の長年の放置。

【第7回】帰国した残留孤児・婦人の仕事と生活の窮状の放置・戦後の開拓村の放置。

3　満州国を推進した指導者たち

(1) 満州国とはなんだったのか

満州国は日本が作った傀儡国家だった。そしてイスラエルと同様の入植型植民地であり侵略国家だった。シベリア戦争以来のソ連に対する思想的防波堤の意味もあった。満蒙だけでなく、沿海州などソ連領に対する北進論もあった。満蒙の豊かな天然資源を狙っていたことも明らかだ。

満州国の歴史的経過を主として政治学・法政思想史の観点から研究した山室信一氏は自著に書いている。「一般監獄や矯正輔導院における強制労働が殆どの場合において死につながったこと、その逮捕自体が全く恣意的なものだったことに思いを致すとき、満州国を傀儡国家というよりも、アウシュビッツ国家、収容所国家とでも概念付けたい慄然たる衝動に駆られるのもまた自然な心の動きといえるであろう(8)」

満州の遼寧省の平頂山の事件は日本でも比較的知られるようになった。第7章で触れる伊藤塾も塾生たちとスタディツアーを組んでここの遺跡紀念館で学んできた。1932年、「満州国」を受け入れない中国のゲリラが撫順炭鉱の事務所を襲撃した。近くの平頂山村の住民たちがゲリラと通じているとした日本の守備隊と憲兵隊は、報復と見せしめのために婦女子を含む村民3000人を崖下に追い込んで機関銃で掃射した。日本兵は累々と重なり合って倒れている住民の上を隊列を組んで歩き、息のあるものは銃剣で突き刺してとどめを刺した。紀念館を訪れると、小さな子どもに覆いかぶさるようにして白骨化した親たちの姿がある。平頂山村は焼き払われて消滅した。ゲリラは至るところで活動していた。人体実験をした731部隊は満州のハルピンにあった。

(2) 満州国の指導者たち

軍国主義・帝国主義の指導者たち

明治になり、維新政府は欧米の列強国にならい、海外を武力で侵略する覇権国家になって栄える道を選択した（富国強兵）。軍国主義・帝国主義者たちが日本を支配した。

満州国の建国を主導したのは関東軍であり、次いで陸軍中央、日本政府も追認し、やがて徴兵制を敷いて開拓団や義勇隊からも根こそぎ召集、父も戦争をしに出かけた。徴兵は自由意思を抑圧して外国人を殺させる。関東軍の兵士たちは、自らの手で親も妻子もある同じ人間である中国人の喉元をかき切り、心臓を突いて血潮を浴びた。人間であることを一時停止させられた元兵士たちは、生き残って帰国しても、人間復活に戸惑い、「生きる屍」になった人もいた。そう簡単には切り替えられないのが人間の人間たるゆえんだ。

窮状に陥った義勇隊も、ときとして現地住民に対して盗み・暴行・凌辱を加えた。加害者である日本人自身も人間として最低限の価値を捨てた被害者だった。戦争は敵味方双方とも人間であることを奪う。

官僚、学者、思想エリートたち

先述した農林省等の官僚、農業経済学者たち、農本主義者の加藤完治らは、小作人や農家の次三男等を救済し豊かにするという「善意」の指導者だったとされている。官僚に関しては、個々の官僚が無能だったのではなく、彼らは高い理想や理念を持っていたが、国策という集合体となって悲惨な結果を招いたという理解が未だに多い。彼らの学知が本人たちの意図とは異なった形で使われてしまったのであり、戦後も変わらない「無責任の体系」という官僚制の宿痾の問題だとされている。総力戦体制下の官僚制は戦後に持ち越され強化された（『毎日新聞』２０２３年７月29日）。満州開拓政策について関わった官僚、学者、思想エリートたちの誰も検証を行っていない。

「善意」だったと言えるのだろうか。侵略と開拓民を犠牲にすることの2点について問題になる。確かに例えば加藤完治には、義勇隊の目的は軍事的なものだということは秘されていたとのことである。開拓政策を推進した農林次官たる官僚や那須皓東大教授ら専門家も、開拓団の軍事目的を知らなかったかにみえる。開拓推進派は、王道楽土の夢を打ち砕いたのはソ連であり、悲劇の責任はソ連が負うとしている。

しかし彼らの理想主義は、当時の帝国主義の影響を強く受けていた。満州に移民たちを送り込むと現地住民や中国と生存をかけた闘いになる（戦争の一部である）。侵略について悪意だったことは明白である。

彼らは軍事組織と位置付けられていた開拓団の国際通念を知らなかったとは考えにくい。知らなかったとしても、満蒙開拓団の軍事目的を知りうる地位にあった。多くは現地に行って実態調査もしていた。そもそも現地住民や中国との戦いになることは知っていた。開拓団や義勇隊を犠牲にすることについても悪意だった。

彼らは戦後も自ら推進した政策を正当化するか、沈黙したまま出世している。

現代の官僚制における集団性の宿痾を批判すると同時に、関わった個々人の責任も、その地位に応じて厳しく問うべきである。そうしないと、集団性という持病も治らないのは明白である。私も経験した後述の大学闘争では、個々の人間の自覚と責任を問うた。組織における個人の責任の問題は、現在においても戦前の課題を基本的に引き継いでいると思われる。

岸信介の場合

満州国政府は当然高度の統治能力が必要とされたため、内務、司法、大蔵、逓信など各省から将来を嘱望されるエリート官僚が次々に派遣された。商工省から満州国総務庁次長に赴任した岸信介（戦後は内閣総理大臣）は、関東軍憲兵司令官、参謀長だった東條英機のもとで経済・産業の実質的な最高責任者として辣腕を振るった。満州国政府と関東軍が機密資金作りとして目をつけたのはアヘンだった。満州国政府はアヘンの原料になるケシの栽培に力を入れアヘンを独占的に販売する専売制により莫大な利益をあげた。アヘンは闇の謀略資金源だった（『朝日新聞』２０２３年8月17日）。裏ルートとはいえその実誰でも買えた。吸引すれば陶酔感に浸れて不幸が忘れられる麻薬であるアヘンは中国の各層、特に貧困層を虫食んだ。中毒になり廃人にする効果があった。原彬久『岸信介――権勢の政治家』によれば、岸は高官を含む周囲の人たちに惜しみなくカネを与えた。陸軍憲兵大尉当時に発生した関東大震災のときにアナキストの大杉栄・伊藤野枝夫妻とその甥の少年を虐殺して「甘粕事件」を起こした甘粕正彦は、当時関東軍の特務工作を担い満州国の影の帝王ともいわれていたところ、岸は終始親密な関係にあった甘粕に現在の金額で85億円を渡したこともあった。帰国して東條内閣の商工大臣になった岸は東條に政治資金を渡すようになった。岸は戦犯容疑者として収監される際に、恩師から「自決」を促す短歌を送られた。返歌に「名にかへてこのみいくさ（聖戦）の正しさを来世までも語り残さむ」と書いた[9]。

元満州国の政治や行政に携わった高官の多くが戦後の日本でも指導者になって、自分たちがしてきたことを自画自賛をするか、近代国家の基礎を築き遺産を残したことを評価すべきだと主張した。その後継者たちも同じことを言っている。

加藤完治の場合

満蒙開拓移民を推進し、満蒙開拓青少年義勇軍の設立に関わった加藤完治は、東大を卒業後内務省に勤務した。茨城県内原の義勇軍訓練所では所長として「神あそびやまとばたらき」の独特の体操などで徹底して皇国精神を身体ごとたたきこんだ。終戦の翌日の8月16日、早くも「今後は世界平和の使徒として本分を尽くそうと決心」し、戦犯として逮捕されるのを免れた。取り調べで「お前の主張している大和魂とは何か」と問われ、「人に親切を尽くすことなり」と答えたことが心象を良くしたとしばしば語っていたとされる。加藤は旧満州開拓関係のあらゆる団体や組織の枢要な役職に就き、１９６５年には天皇主催の皇居園遊会に農林業功績者として招待された。１９６３年に建てられた東京都多摩市の聖蹟桜ヶ丘の「満洲開拓殉難者之碑」には加藤の筆による「拓魂」の2文字が彫られ、碑文には「満蒙の天地に世界に比類なき民族協和の平和村建設と祖国の防衛という高い日本民族の理想を実現するために重大国策として時の政府により行われたものであります」とある。毎年4月には、ここに全国から数百名が集まり「万世一系たぐいなき　天皇《すめらみこと》を仰ぎつつ　荒地開きて敷島の　大和魂植うるこそ　日本男児の誉なれ」の歌が全員で斉唱されていた(10)。加藤は、1967年に83歳で没した。その後、拓魂祭は事実上消滅した。

「積み木くずし」て「新しい戦前」

中国との戦争には敗れた。米英などとの戦争にまで進まなかったとしたら勝てたのか？勝っていたとしたらその後どうなったのか？　想像したことがあるだろうか。

明治の時代は「栄光の時代」だったとする見方が今なお根強い。何をもって「栄光」と考えるかによる。日清、日露戦争の大きな目的は朝鮮を勢力下に入れることだった。歴史学の故中塚明先生は、一つの民族として長い歴史と文化を持つ隣国を、まるごと植民地として支配したのは世界史に例がないと言われる。

アジア・太平洋戦争の「戦後」はなし崩し的に「終わった」ことになっている。なし崩しはもろい。私たちがそれなりに一生懸命に積み上げてきた平和は「積み木くずし」のように「非行」に走らないだろうか。戦争とは何か、その本性ないし本質の議論が社会という広場で本気でなされてきたか、心もとない。自戒を込めて反省するばかりだ。

自らの手で人を殺めるとはどういうことかの経験知がなく、後方の安全な地帯から戦争を企画し殺人や破壊を命じた特権エリート層の多くが戦後の日本でもリーダーになり、そのリーダーに育てられた戦後第２、第３世代の世襲政治家が今も胸を張って政《まつりごと》をしている。日本の戦前と戦後は東京裁判や日本国憲法の制定によっては、形だけしか遮断されなかった。政財官司法検察報道など多方面に及ぶ人物群が組織の表面的な衣替えによって戦前と連続性をもった「戦後民主主義」「日本のカタチ」の基礎を作ったことを直視したい。

日本は不思議で特殊な国のまま、今また「新しい戦前」に入りつつある。

4　望郷の鐘

(1) 満蒙開拓平和記念館と長岳寺

長野県は最多の開拓団を送り出した。私たちの政府は満蒙開拓団に限らず戦争の記憶の保存に極めて後ろ向きだ。２０１４年、地元民間のささやかな資金を集めて長野県の阿智村に満蒙開拓平和記念館ができた。阿智村は、私の生家があった満州の義勇隊訓練所の東方の阿智郷開拓団を送出した村だ。この開拓団は、敗戦の事実も知らされないまま、逃亡の過程でソ連軍と戦って壊滅的な犠牲者を出した。記念館は満天の星がきれいな山あいに静かに建っていた。入口近くの壁一面に女性の

満州で住んでいたと思われる家
（満蒙開拓平和記念館にて展示）

大きな姿が描いてあった。圧倒された。女性の、狂ってしまったかのような怨念が記念館全体を支配しているようだった。

受付の女性に父のことを話した。女性は非公開の書庫から、「特別ですよ」と言って1冊のノートを出してきてくれた。黄ばんだ紙に亡き父「蓼沼長平」の確かな名前があった。父はここに立ち止まっていたのだ。受付の横に、『信濃毎日新聞』の記事が貼ってあった。平成天皇夫妻が訪問したときのものだ。「これからもこの歴史をしっかり伝えていってください」とのこと。象徴天皇制には賛成できないが、満蒙開拓団からの引き揚げ者の戦後再入植地も数カ所も訪問しているご夫妻は、制度を超えて人間としての役割を果たしておられると思う。故安倍元首相は、首相としては例外的に平成天皇を公然と露骨に嫌っていた。その心は十分に分かる。

先年観た映画『望郷の鐘』の舞台となった長岳寺が記念館の近くにあるので寄った。この映画は「阿智郷開拓団」の一員として満州に行き妻子と生き別れ、戦後は訪中して遺骨収集や残留孤児の肉親探しに奔走された住職の山本慈昭さんの物語だ。山本さんは残念ながら亡くなったとのことだった。

引き継いだ住職が寺の一番奥の部屋に存置してある千体地蔵の彫像を見せて下さった。天明の飢饉で亡くなった1200体ほどの小さな仏像がうす暗い部屋にひっそりと並んでいた。いたいけな幼児の名前まで刻まれた一人ひとりのたたずまいに足が動かなくなった。これは、沖縄のひめゆり部隊の写真を見た時以来の経験だった。どの人も限りなく大切にされてきたんだね。だからどの家庭も限りなく切ない想いで家族を満州に送り出したんだね。

日本国憲法の核心は13条で定める「個人の尊重」（「人間の尊厳」とほぼ同義）であり、欧米から受け継いだものとされている。しかしながら、日本の人々は昔から一人ひとりを人間として大切にしてきたのではないか。欧米発の立憲主義思想の専売特許なんかではない。イングランドの国王から新大陸アメリカのカロライナの地方貴族の身分を与えられたジョン・ロックも一員であるイギリスの「文明人」たちは、新大陸・アメリカの先住民たちを「野蛮人」として銃とだまし討ちによって滅ぼしていった。

外に出て寺の高台でゴーンと低く鐘をついた。満州の異国に果てた人たちに時空を超えて届いただろうか。

⑵ 父の日記　母の震え

母と私は帰国して佐野の母の実家に身を寄せた。帰国の道中付き添ってくれた母の末弟である義勇隊員の昭さんも、戦争が終わって満州から実家に帰ってきた。酷寒の地での過酷な労働と粗食がたたったのか、重い結核を患っており、実家で亡くなった。母は満州に帰すのではなかったと自分が亡くなるまで泣いて悔やんでいた。

帰国して実家に身を寄せていた母は母乳がよく出なくなった。母の妹である若いユキさんが私のために毎朝隣村まで新鮮なヤギの乳を買いに歩いて行ってくれた。冷蔵庫なんてなかった時代だ。ユキさんも間もなく結核に罹患した。昭さんの病がうつったのだろうか。手術して生き永らえたが病と一生闘い、不遇のまま亡くなった。最後に入っていた養護老人ホームでは病弱のためか入居仲間に意地悪をされると言っていた。母のすぐ下の弟の雄三さんは海軍に入り、日米開戦直後の1942年のお正月にアリューシャン列島で米軍機に撃たれて死んだ。18歳だった。雄三さんは制服の凛々しい姿で母の実家の仏壇の上の額に収まっている。

母の姉の長男で私の従弟のTちゃんも3歳のときに小児結核で亡くなった。今なら強制入院だが、同居

叔父たち

左：矢島雄三さん。18歳で戦死。
右：矢島昭さん。満蒙開拓青年義勇隊

が普通の当時は家族からうつされた人が多かった。実家で何人もの世話をし子どもまで亡くした伯母は、脳梗塞で全身不随になった夫を自宅で看病中に胃ガンになり、入院して1カ月で亡くなった。最期まで弱音を見せない類いまれな気丈な人だった。

中学生になりたての頃、中国人の土地を奪ってまでして満州に渡ったことをどう思うか父に聞いた。「仕方なかった。悪いことはしなかったよ」。86歳で父が亡くなった後、母が見せてくれた門外不出だった父の日記の裏表紙に、毛筆の大きな文字で「私の両手は血塗られている」と書いてあった。罪の意識にさいなまれていたのだ。知らなかった。分かってあげられなくてご免なさい。父の渡満の動機は、病気で働けなくなった親の借金の返済と尋常高等小学校を出た2人の妹に手に職を付けさせるおカネを稼ぐためだったと母が言っていた。そのことを父は言わなかった　満州でも食費を切り詰めていた。みんな貧しさのなせる業だった。日本の貧民は中国のより貧民の土地と家屋を奪い、奪い返された。当然である。

母は、テレビでアジア・太平洋戦争の場面が出てくると弟たちのことを思い出して身体中が震え、平静ではいられなかった。私はあわててチャンネルを変えた。特に末弟の昭さんを満州に送り返したことを自分の責任のように感じて、苦しみ、悶え続けていた。「心が広く、度量が大きい子だった。生きていればどんな人になっただろう」「私が殺したようなもんだ!」

テレビに出てきた昭和天皇の映像には特に怒りを爆発させた。母の中では死ぬまで戦争が続いていた。これが人間として正常なのだ。

２０１５年に成立した安保関連法の違憲性を問う訴訟の原告になり、東京の事務局で働くことになった私を母は喜んでくれた。母にも原告になってもらうべきだった。私はぼんやりしていた。この法制は平和な日本の姿を変えた。２０１６年４月の東京地裁を皮切りに原告７７００人が全国22の地裁や支部で25件起こしたこの裁判は、再び戦争することのないよう勝訴を目指して不退転の決意で闘われている。未だ勝訴判決はない（詳しくは第８章で述べる）。母は彼岸でぶるぶると震えているままだ。

⑶　歴史の応答責任

２０１９年８月、歴史教育者協議会の全国大会が地元の埼玉県草加市で開催され、３日間の議論に参加した。歴史を知ることは現代を生きることと不可分だということが再確認できた。開会式で山田朗会長（明治大学）は、戦争を体験した世代が少なくなった今、その子ども世代が親たちから引き継いだ戦争の経験を次の世代にリレーすることが重要になったと挨拶された。

哲学の高橋哲哉教授は、著書『戦後責任論』で、日本人は政府に戦争の法的責任を果たすよう求める政治的責任があることとは別に、戦後生まれも含む日本人としての「応答責任」（レスポンサビリティ responsibility）を論じておられる。「あらゆる社会、あらゆる人間関係の基礎には人と人とが共存し共生していくための最低限の信頼関係として、呼びかけを聞いたら応答する（respond to）という一種の『約束』がある」。教授は、それは「おはよう！」とか「こんにちは！」とかいう挨拶、呼びかけと同じであり、それを受け取らないとしたら社会生活をやめざるをえない、他者と関係をもつことを止めてしまう以外にないといわれる。私たちが今、東アジアという「国際社会」の人たちとまことの関係をもとうとするなら、これが基本だと思う。国境を越えた「殺さないでくれ」「犯さないでくれ」という呼びかけや叫びが現に存在している。

まして私は、侵略者の子どもとして現地に生まれた。応答する責任を負っている。地層に僅かに残っているかもしれない幼子の有機質の声、実体的な声と共に、彼の地の住民たちの声が聞こえる。

⑷ だまされた者の責任

満蒙に渡った人たちは、豊かで広大な王道楽土を建設できると信じた。中国人たちの農地や宅地、家畜を奪って追放した所だとは知らなかった。奪い返しに来るとは知らなかった。だまされていた。仕方がなかった。だから私たちは悪くない。そう思った人が大部分だった。満州に渡った人たちだけではない。アジア・太平洋戦争を経験した日本人の多くは、「勝つとだまされていた。だから、責任を負うべきは、戦争を推進した人たちだ」と考えた。

戦争が終わって１年経った１９４６年の８月、『無法松の一生』のシナリオなどで知られる映画監督の伊丹万作は、『映画春秋』の創刊号に「戦争責任者の問題」を寄稿した。映画監督で俳優だった伊丹十三の父である。以下は、「だまされた者の責任」として知られたこのエッセイの一部である[11]。

「だまされたものの罪は、ただ単にだまされたという事実そのものの中にあるのではなく、あんなにも造作なくだまされるほど批判力を失い、思考力を失い、信念を失い、家畜的な盲従に自己の一切をゆだねるようになつてしまつていた国民全体の文化的無気力、無自覚、無反省、無責任などが悪の本体なのである」

「我々は、はからずも、いま政治的には一応解放された。しかしいままで、奴隷状態を存続せしめた責任を軍や警察や官僚にのみ負担させて、彼らの跳梁を許した自分たちの罪を真剣に反省しなかつたならば、日本の国民というものは永久に救われるときはないであろう」

「政治的には一応解放され」、日本国憲法を持った私たちは民主主義の時代に生きている。幸いにもこの時代のあり様は私たち主権者が決められることになった。それはウソだ、だますなと堂々と言えるようになった。だまされなくて済む時代に生きている。反対からみると、だまされる責任は戦前とは比較できないほど重くなった。

民主主義の時代になると、だますことが統治の要素になるともいえそうである。

「地域の声」、「聞く力」、「身を切る」、「改革」、「世界平和」、「日本人の誇り」、「新しい」、「自由」、「民主主義」、「法の支配」、「憲法改正」……、美しい言葉の洪水に溺れそうになってしまう。コトバが魂を抜かれ、さ迷っている。だまされないために、遅すぎないために、耳を澄ませ、目をこらし、一度立ち止まってゆっくりと足元を見つめたい。伊丹監督の言葉は年毎に光芒を放っている。

第2章

開拓——中学時代まで

1　開　拓

(1)「新田陸軍飛行場」跡の開拓地に入植

長崎県の海岸に泳ぎ着いた父は、千葉県の防空などの兵役に就いた。敗戦後は小学校教員に復帰する勧めもあったが断って開拓農民になった。満蒙開拓に義勇軍として参加して苦難の道を歩んだ青少年たちへの責任感のようなものや、食糧事情が極端に悪く先の見通しが立たない中で、親や妹たちを含めてまずは食べなければならないことを考えたようだ。

はじめは農林省の現地事務官として群馬県新田郡生品村大字市野倉（現在は太田市）の旧中島飛行機の「新田陸軍飛行場」跡の西側に広がる一帯の開拓地の分譲に当たった。中島飛行機は「隼」「疾風」などの戦闘機やジェット戦闘爆撃機など約３万機を製造した日本最大の航空機・航空エンジンメーカーだった。当時、主力は戦艦から航空機の時代の移行期にあり、飛行機の操縦士を大量に養成する必要があった。市野倉の飛行場は操縦技術の実習地で、格納庫や滑走路を備えた飛行場が４面あった。中島飛行機は戦後は財閥として解体されたが富士重工業を経てSUBARUになった。

市野倉の広大な開拓地は、開拓地の開発という政府の政策の下、隣の強戸村出身の須永好が国からの払い下げに奔走した結果である。彼の功績を記念して、市野倉の片隅に小さな「須永地蔵」が建っている。しかし、ここに住んでいたころは須永さんの経歴は何も聞かなかった。後に傑出した人物だと知った。1920年に強戸村で小作争議（強戸争議）を指導、「無産強戸村」を成立させた。さらに日本農民組合に参加し、1937年総選挙に社会大衆党公認で立候補して当選した。戦後は日本社会党の結成に参加し、中央執行委員に就任。日本農民組合の初代の組合長になった。1946年の総選挙で国政に復帰したが、国会で農地制度改革案に関する代表質問中に倒れ、翌日急死した。須永さんといい、第8章で書く蓼沼丈吉といい、時を逸せずに知識を持つことは人間の成長にとって非常に重要だと思う。

自宅前のヒバの垣根の道から見た給水塔

旧中島飛行機の飛行場施設一帯に給水していた。

碁盤の目のように区画された分譲地に入植したのはほとんどが近隣の出身者で、満州からの引き揚げ者はいなかったようだ。父は区画された土地の分譲を終えてから、４面の飛行場の東側にある区画外の荒地の開墾を始めた。劣悪な場所で、灌木を抜き、飛行場一帯に対する戦略爆撃でできたすり鉢状の大きな穴を埋め、石で敷き詰められた道路部分の石を掘り起こして畑を造っていった。開墾は私が中学生時代まで続いた。日常の農作業に加えての重労働だった。

開墾する万能の先に、アメリカ軍が落とした長さ2メートルくらいの円筒の不発弾がカチンと当たった。近くでは、掘り出した不発弾を集めては爆破させる作業が時々あった。爆音と茶色の土煙がすさまじかった。

開墾を始めた最初の頃は1部屋だけの掘っ立て小屋にむしろを敷いて住んだ。土間に1匹のヤギが同居した。風呂はドラム缶。風呂から出るときに尖った縁で尻っぺたを切ったこともあったっけ。

⑵ 小学校2年生まで

父母は愛情が深かった。子どもが読める本やラジオの類いはなく、唯一の架空の世界が父の話だった。父はある頃から川の字で寝る子どもたちに勧善懲悪の寝物語を毎晩のようにしてくれた。疲れているのにね。教員だった時代に覚えた話なのか、あるいは語りながらの作り話なのか。人間の善性に身体が温まっていつの間にか眠っていた。人間の根底には善意があると信じている私の基礎を作ってくれた一因かもしれない。確か5人くらい子どもがいる近所の家に木の樽の風呂をもらいに行くこともあった。

上州北部の山々と南端の利根川の中間にある扇央地のため、井戸を深く掘らないと水が湧かず、3キロ以上歩かないと小川もなかった。そのため水辺の生き物はいなかったが、様々な動植物と友だちになったり格闘したりした。

自宅

旧生品村市野倉の自宅。中二階は養蚕室。

秋になると、犬蓼が可憐な穂状のピンク色の花を咲かせた。粒状の花をしごいて取って赤飯にみたてて、「あかまんま」（「赤の飯〈まんま〉」）と呼んで遊んだ。

赤のまま摘めるうまごに随へり　臼田亜浪

一番面白かったのは、家の周辺の藪の中で近所の友だちとするチャンバラ。刀は木の枝や養蚕用の桑の木をナイフで切るなどして作った。二手に分かれて比較的太い木を中心にそれぞれの秘密基地にした。基地を発見して太い木の幹を先に刀で切りつけた方が勝ちだった。その幹に切りつけられないよう刀で身体を張ってチャンチャンバラバラ。基地となる幹はその日ごとにきめた。その藪も開墾していって、次第になくなってしまった。

周辺には米軍が掃射した機関銃の薬莢もあちこちに大量に散乱していた。不発弾の弾頭の少し下を石で叩いて火薬を抜き、空薬莢を屑鉄商に売って小遣いの貴重な財源にした。薬莢はしんちゅうでできていて、わりと高く売れた。火薬を抜くにはコツが必要だ。弾頭のすぐ下をコンコンと軽くたたく。たたきどころが悪く、手首から先を吹っ飛ばした上級生もいた。

家の畑のすぐ南の方にコンクリート製の大きな溜池があった。飛行場用に造ったものだ。すり鉢状の淵を伝って走り回ったりゲンゴロウなどの昆虫を取ったりしてよく遊んだ。私が一緒でないとき、2回ほど男の子が溜池に滑り落ちた。畑で仕事をしていた父が飛んでいって飛び込んで助け出したが、2回とも意識不明だった。うち1回は胸を押して水を吐かせてもダメなので、両足を持って身体を左右に振ったら助かった。私は冷えた身体を温めるため、木をがんがんくべて燃やした。

小学校1年の冬、大雪が降って1人で4キロ先の小学校に登校した。脚を積雪から抜きながら4時間歩き、着いたのが正午くらい。なんと休校。よく来たねと飴かなんかもらって即下校。家についたら夕方だった。有線放送が引けて学校からの連絡が来るようになったのは3年生のときだった。2年生の時、ブリキの弁当箱を開けたらご飯の上におかずがのっていないことがあった。いつもはいり卵か焼き海苔がのっているのに。「あれっ。おかずがねーや」とでっかい声で言ったら、受け持ちの桑原美津江先生がおかずを半分分けてくれた。糸昆布という超美味い物があると知った。そのうち真ん中辺から梅干しがちゃんと出てきた。先生は、当時19歳だった。そそっかしく茶目っ気もある時代だった。

(3) 小学生時代その後

3年生

3年生の5月の早朝、寝ていた隣の部屋から母の悲鳴のような声がして目が覚めた。ほどなく、「おー。よくやったな」という父の声。母は激しく泣いていた。末弟を出産したのだと分かった。普段は百姓をしている近所のおばさんが産婆さんとして来てくれていた。

母はこの時に身体をひどく痛めて、3カ月間ほど布団に臥したままになった。佐野市の肥料商の娘だった母。慣れない開墾と農作業の連続の日々だった。「はじめに」の冒頭の文章は治りかけていた時の想い出である。出産の直前まで働いていた。母は（父も）、この時も含めて一度も医者にかからなかったと記憶している。弟は高崎の乳児院に頼んだ。貧しさと働きづめは、「愛する権利」も奪う。

農作業と開墾は子どもの身体でできることは何でもしたが、圧倒的な想い出は草むしりだ。いくつから始めたかは覚えていない。梅雨の頃には、雑草の背丈はむしっている頭の丈くらいになった。草の間にか細く生えている陸稲の根っ子が揺らがないように、生え際を片手で押さえながらむしった。草の間から何やら長く太い湯呑茶碗のような物が出てきたことがある。何だろう？　触ったらぐにょっと動いた。２メートル以上ありそうな青大将だった。

日曜日や７日間続く農繁休暇、夏休みに丸一日かけても１はか即ち20ｍむしれるのがやっとのことも珍しくなかった。そうこうしているうちに隣の畑の草が同じ背丈に伸びてしまう。追い付かない。絶望的になった。蚊やブヨに刺された足のあちこちからウミが夏中出ていた。

父は母の分まで猛烈に畑仕事をした。炊事の担当は私になったが、畑の仕事が終わると家畜の世話、板の間の雑巾がけ、前の晩の風呂の湯をバケツで運んで家の裏の堆肥場の堆肥にかけ、次いでつるべ井戸から風呂水を汲むので、炊事の時間はあまり取れなかった。やせた砂地の土地に養分を与えるために日数をかけた堆肥作りはとても重要だ。小学校に入る前の弟にもできることはやってもらった。夕食は手っ取り早く小麦粉をフライパンで焼いて砂糖醤油をつけるか、小麦粉に味噌を混ぜて焼いて食べることが多かった。包丁で十字に切り分けたホカホカしたパンは味噌の香りが口中に広がって美味しかった。山羊の乳と鶏の卵が貴重なたんぱく質だった。

朝は、刈り取った雑木や養蚕の桑の木を枯らして燃し木にして、かまどでご飯を炊き味噌汁を作る。１カ月に１度くらい来る魚の行商からドジョウを買って味噌汁の具にしたことがある。

豆腐は丸ごと水から鍋に入れた。燃やすとドジョウたちはまだ冷たい豆腐に頭から突っ込んでいく。面白かった。でも、後味が悪かったのは味噌汁だけではなかった。この時の感情はサディズムというのだと後で知った。

いつからだったかはっきりした記憶はないが、父方の祖母が同居するようになっていた。祖母は朝から歴史小説を読むか近所の友だちの家に遊びに行くのが日課だった。鎌倉時代の武将で忠臣として名高い楠木正成・正行親子の物語が大好きでその話をよくしていた。同居するようになって、家の雰囲気が変わった。父はわけもなく私を叱るようになり、げんこつがしばしば飛んできた。父ちゃんはやっぱり軍隊上がりなんだと思った。

畑仕事を中断して昼食を作り、祖母が家にいないときは遊びに行った先に見当をつけて「ご飯ができたよー」と走って呼びに行った。3年生の初夏のある日の朝、台所で炊飯をしていた私の目の前で、動けないはずの母が手にした出刃包丁の先端が一瞬の閃光となって横切り突進した。

母は、秋のはじめ頃には徐々に動けるようになった。

4、5年生

4年生になった頃だったろうか、祖母は桐生市で住みこみで働くようになった。

父は母の産後2、3年くらいいらいらしていた。ある日、堆肥場にいる父を木陰から一瞬にらみつけた。そんなだいそれた真似は初めての冒険だった。その途端父はこちらを振り向いて視線が合った。しまった！ でも、父は何も言わなかった。助かった！ 自立心の芽生えだったように思う。母は不意に、「お父さんは毎日働くばっかりだよ。おカネを持って町に遊びに行ってもいいんだよと言ったけど行かないんだよ」と言った。そんなおカネなんかないのにね、と思った。

4年の時、電気が通じた。我が家に一気に文化の光が灯ったように感じた。翌年にはラジオも買って文化のレベルがまた一段上がった。

小1の弟も出てみんなで黙々と草むしりを続けた……はいつくばってひたすら下積みで働く根性のようなものができたとすれば、このおかげだったかもしれない。

とはいえ、8月7日の母の実家の佐野市の七夕祭りには、弟と2人で背中にスイカを担ぎ手には熟れたメロンを持って電車とバスを乗り継いで毎年のように泊まりがけで行かせてもらった。各商店や食堂が1年がかりで思い思いに創作した飾りは平塚などとともに関東の三大七夕飾りと言われただけあって見事だった。秋山川の花火大会と灯篭流しも、ロマンが溢れていた。

開墾地は、土地がやせていたうえ赤城山から利根川に至る扇状地の扇央部分にあったので水位は深く、陸稲の実りは良くなかった。日照りの夏は特に悪く、10アール当たり1俵か1俵半くらいで、それも売れない黒っぽい米だけしか収穫できない年も何回かあった。来る日も来る日もカンカン照りの空を恨めしく見上げていた頃を思い出すとぞっとする。父たちはお神輿を担いで雨ごいをした。横からバケツで白ふんどしの尻っぺた群をめがけて水をぶっかけるのは子どもたちの役割だ。世界では、地球の暑熱化で干上がって作物を栽培することができなくなり家畜も死に絶えて、さ迷い歩く難民になる人たちが増えている。

父が生活するために借金をしていたことを知ったのは、死後に母から日記を見せてもらった時だった。醤油や砂糖などは子どもたちもつけで買いに行っていたが。

皆で朝から畑に出て昼食を取ると、母は「皆で昼寝しよう」と言う。薄目を開けると、起き上がってそっと畑に出て行く母の背中が見えた。浅間山など昔からの火山灰が多い畑は砂地気味で、夏は足がやけどをするくらい熱くなった。父は地下足袋を、子どもたちは通学する運動靴を履いていたが、母は節約のため足元が尋常ではなかったことが時々あった。裸足のこともあり、冬の畑は足をあかぎれだらけにしたこともあった。

5月初旬に始まる春蚕《はるご》から7月からの夏蚕《なつご》、初秋の秋蚕《あきご》、最後の晩秋蚕《ばんしゅうさん》まで年に4回の養蚕が家の土間から居間まで1年の半分を占領する。春蚕の頃はまだ寒い日があり霜が降って餌の桑の葉を枯らしてしまうこともあった。霜にやられないように一晩中畑で草を燃やして煙を流し続けたが、効果はあったりなかったりだった。人間は働くために生まれてきたのか、だとしたら生まれたことにどんな意味があるのだろうと常々思っていた（それ以上の思いをしている人たち——過労死している人たちが暗数を含めて今なお膨大な数に上る）。1年のうち仕事をしないのは正月三が日と年に1度の1泊の県内の温泉への慰安旅行だけだった（どこの家も父親1人だけで女や子どもたちは行かなかった）。母は年によっては1泊で実家に行った。父母は夕食後も養蚕や繕い物などの仕事をしていた。農作業をしていたこともあった。

私は休日がある勤め人の一家をうらやましく思うこともあった。学校の先生から勉強しろ、女の子の4、5人に負けているぞと言われた。それが何だ。4年と5年のとき、家の手伝いをがんばった「生活賞」をもらった。嬉しかった。

5年生のとき、母が足利市の病院に入院した。しばらくして父が母の様子を見に行って来いと言った。母は良く来てくれたねと、売店でミカンを一袋買って土産にしてくれた。母が買い物をして私に与えたのは初めてのことだったのでびっくりした。

1年くらい後になって、母が堕胎した（この言葉ではなかったが）話をしてくれた。小さなものがいとおしくて、何重もの布にもくるんで6畳の間の押し入れの一番奥にずっとしまっておいたとのこと。知らなかった。なんで足利の病院に入院したのかが分かった。生命を慈しむ母が無性にやるせなかった。もし生きていたらどんな人になっていただろう？　ずっと後になって想像したことがある。

６年生

６年生の頃、除草剤が出回り始めて、我が家も買えるようになった。草むしりにそれほど追われなくなった。時間があるというのはこんなにもありがたいのか。自由だ。今、農薬を使わない有機農業の先進性を語る知識人たちの話を聞くと正直複雑な気持ちになる。農業をしていたので有機の意義は十分わかっているけれど。

母は、開拓に入村してすぐから小麦粉の団子のごまあえ、かりんとう、ドーナツをよく作ってくれた。ジャガイモの餡をたっぷり入れたお饅頭もご馳走だった。春秋の彼岸には栽培した小豆でおはぎ、折々の餡入りの小麦の饅頭、子どもたちも時々手伝った。母は、疲れているのにまめだった。

１月15日には米の団子の繭玉をたくさん枝に刺して飾って「おかいこさま」（養蚕）でたくさん繭ができることを祈願した。繭玉はお汁粉にして食べた。ひな祭り。弟妹と４人で折り紙で毎年お雛さまを作って飾った。どんな高価な雛壇よりもきれいで楽しいと思った。桃の花が咲いて餅草が生えてきたら摘んで草餅を作って3回くらい食べた。すぐに柏餅の季節が来た。七夕飾り、盆飾り、十五夜。どこの家も縁側に果物などを飾る。この夜は子どもがそれを盗むのは遊びだ。やった！　と喜んで家に帰るとやられている。規範は余白も含めて遊びながら学ぶ。

十三夜。折々の行事は大事にした。1日の仕事が終わった晩秋の十日夜《とおかんや》には、里芋の茎を稲で束ねて太い藁鉄砲を作った。「とおかんやぁのわらでっぽう！」。大声で叫んで何度も土の庭を力の限り打ちつけた。大地はドカンドカンと波打つように呼応した。

6年生、もしかしたら5年生のとき、学校で「家族会議」なるものを教わった。会議という場であれば自分で議題を提案できるかもしれない。とても新鮮に聞こえた。風邪を引いて学校を休んで寝ていた冬のある朝、枕元を父が通ったので、布団から頭を亀の子のように出して「家族会議」と一言ぼそっと言ってみた。

秋になると、学校帰りに道路脇の桑の木に登って桑の実をいっぱい食べて、みんな口の周りをドドメ色にした。ある時、誰かが仲間のB君を倒したようだった。翌朝自転車で登校中、彼の父親が仁王立ちしていた。「降りろ」。「よくも息子をいじめたな」と一喝、頭を思い切り殴られた。父親の愛情をいたく実感した。

市之倉の私たちは貧しい新参者だったせいか、南の方の水が豊かな昔からの水田地帯の友だちから、「カイタクゥー」と抑揚をつけてバカにされたことがあった。校区の一部には被差別部落もあった。

2　中学生時代

(1) 生品中学校校歌

生品村立（在校中に新田町立、現太田市立）生品中学校は小学校に隣接し、裏手に生品神社があった。生品神社は、新田義貞が後醍醐天皇から鎌倉幕府倒幕の意を受けた際に旗揚げをした所だ。義貞は一御家人から始まり、鎌倉幕府を滅ぼし南朝の総大将として楠木正成と共に足利尊氏と戦い、北陸で戦死した。もっとも、そこから4キロ離れた北の我が家がある市野倉は生品神社や中学校がある地区と違って、歴史も田んぼもない隔絶した一つの開拓村だった。

早稲田実業のピッチャーとして甲子園をわかした斎藤佑樹（元日本ハムファイターズ）さんがなんと後輩だと知ったときは嬉しかった。

在学中に校歌ができた。校長の小川泰先生が作詞し、太田高校の音楽担当の教員だった定方雄吉先生が曲をつけた。毎日見守ってくれる雄大な赤城山を背に理想や希望を志高く歌い、胸に響いた。「自主」は、2番の「文化」、3番の「平和」と共に私の目標になった。「理想に生き、たじろがない自主の心で友と進めば希望の鐘がなる」……すごい歌詞だ。くじけそうになったとき、校歌を聴くと奮い立つ。「生品中学校校歌」で検索して「ファイルを開く」をクリックすると、中学生らしく清々しい歌声が聴ける。

雄々しく高き赤城山
理想に生きるたくましさ
自主の心はたじろがず
友と進めば高らかに
ああ鐘は鳴る希望の鐘が
生品中学我らが母校

⑵ 将来の選択肢

中学の前半くらいまではなんとなく医者になりたいと思っていた。病気になってもケガをしても医者にかかれない父母や弟を見てきたから。３歳下の弟は2、3歳のとき重症の流行病にかかって、初めは隣村の医者に往診してもらったが、その後半年くらいの間医者にかかるお金はなかった。父母と畑仕事をしていたとき、布団の上から障子に指で穴を開けてこっちを見ている弟の目があった。栃木県佐野市の母の実家に住んでいた派出看護婦の伯母がペニシリンを打ちに通ってくれた。先に書いたが、その間に伯母は同じ年齢の長男のTちゃんを肺結核で亡くした。やがて母は伯母から譲り受けたペニシリンを弟に打ち続けた。治った。近くを通りかかったので寄ってみたよという医師がびっくりしていた。お母さんの力ですね、というようなことを言っていた。

医者になるためには大学に6年間も行かなければならないと知ってあきらめた。

中学校ではバレー部に入り放課後は練習に明け暮れた。当然のように思っていたが、父母が時間を作ってくれた。学校の図書館で借りてきて日本の近代文学をいろいろと読んだ。島崎藤村、下村湖人などの自然主義文学・私小説を読んで、中学の後半になる頃は小説家になって人間と世の中の理不尽を暴いてやるのも一つの選択肢だと思った。倉田百三の戯曲『出家とその弟子』がなぜか心に残っている。鎌倉時代の僧親鸞とその弟子たちの激しさを秘めた人間くさいドラマである。なお、親鸞といえば『歎異抄』を読む会の広告に誘われて、難解な本書に挑戦すべく7年ほど前に3回参加した。要するに、「日々明るく楽しく生きましょう」ということを強調している会のように思えて、あまり勉強にならなかった。

⑶ ジラード事件

中１の冬、群馬県内の米軍相馬ケ原演習場で演習中の兵士ジラードが薬莢拾いに来ていた農婦の坂井なかさんを手招きして至近距離から射殺し、『毎日新聞』の群馬版を連日にぎわした。私の自宅周辺にも米軍が戦争中に撃った機関銃の薬莢が大量に散乱していたので目に見えるような事件だった。坂井さん一家は戦時中陸軍に農地の３分の２を強制徴収され、戦後は米軍が進駐したこの土地での弾拾いを副業としていた。アメリカは、公務中なので日本に裁判権はないと主張した。裁判権を認めさせ、検察に傷害致死罪で起訴させたのは輿論の力だった。判決は懲役３年・執行猶予５年だった。ジラードは同年中に帰国した。このとき日米安全保障条約のことを初めて考えたと思う。日米の地位協定の不平等とそれを受け入れている政府に大きな疑問を持った。新聞が視野を広げてくれた。

１９９４年に外務省が公開した本件に関する対米外交文書によると、米側は裁判権を認める代わりに、殺人罪ではなく軽い傷害致死罪で起訴し、裁判では刑を最大限軽減するよう働きかけることという条件を出していた。

⑷ 教員の勤務評定

この頃、戦後改革の重要な柱だった教育の民主化や公務員の労働基本権の保障に対して激しい巻き戻しが起きていた。１９５５年の保守合同で発足した自由民主党は戦後の基本的人権保障、民主主義、非武装平和の進展に対して異議を唱え、天皇を国家元首とする憲法改正、再軍備など戦前の仕組みに戻す一連の主張をしていた。

中学3年の新学期が始まって早々、岸内閣の教員の勤務評定に反対して労働基本権を行使した担任のA先生が逮捕され、2週間ほど勾留されて担任が交代した。A先生は郡の教員組合の委員長だった。新聞やラジオで理解した限りでは、勤務評定は先生たちを正しく評価するとは思えなかった。先生たちの言葉のはしばしから、学校は小川泰校長を中心に温かくまとまっていると実感していた。私はそんな先生たちを尊敬していた。逮捕勾留は青天の霹靂で衝撃だった。

⑸ 15の心

自宅は中島飛行機の新田陸軍飛行場長の居宅の石の土台が残っていた跡地で、築山のある池と広い芝生の庭があった。畑仕事が終わった夕方、芝生によく寝ころんだ。秋の芝生にはピンクの秋桜が咲いていた。脱穀してむせ返るような香りの稲藁の山に疲れた身を投げた。くれなずむ空にアキアカネが乱舞していた。ずっと後になって、岩手県の盛岡城址公園で石川啄木の歌碑を見た。15の心を想い出した。

不来方の　お城の草に　寝ころびて　空に吸はれし　十五の心

第3章

高校にて

⑴ 細谷清吉先生

高校生になって独立した部屋をもらい嬉しかった。中２階の養蚕室の東端で仕切りはなく、右手を伸ばすとザワザワ、バリバリと音を立てて桑を食べている蚕に触れた。

高校は10キロ南の太田高校に行った。

古典国語を３年間担当された細谷清吉先生は、若い頃、アララギ派の歌人を目指しておられた。京都学派の桑原武夫教授の、これからの時代、（俳句は）もう現代を表現することができないという第二芸術論に接して、歌で生きることを断念されたとのことだった。燃えたぎる情熱を歌から教育に転換してぶつけておられるように感じた。目がほとんど見えなかったが、勝気で生徒にはそれを気付かせないようにしていた。いつも出席を取っておられたところ、何回かは出席簿を上下逆さまに持って堂々と読み上げていた。教科書はすべて朗読させた。教科書は机の上にのせたままで見たことはないのに、私たちが助詞一つ読み違えても必ず読み直しさせた。作者の想いや情景についての朗々とした語り口に引き込まれた。私は教科書に載っている以外の部分も知りたくて、解説付きの本を買って丸ごと読むことが多かった。『万葉集』が一番感性にあった。貴族から防人、農民まで、さまざまな身分の人の確かな真情、生命の躍動、感情の激しさが詠まれている。生徒たちは先生のことをあだ名の「にいたやま」で呼んでいた。目が不自由なこと、一風変わった雰囲気をまとっていることを揶揄したニュアンスを感じた。

新田山《にひたやま》　嶺《ね》には着かなな　吾《わ》によそり　間《はし》なる児らし　あやに愛《かな》しも

（新田山が、峰々から離れて端にあるように、私と親しいといわれてひとり皆から離れている娘がなんとも言えないほど可愛い）（巻14－３４０８作者未詳。相聞往来の歌）。新田山は現在は「金山《かなやま》」といい、郷土太田のシンボルである。私の開拓村は当時は太田市に合併されない新田町《にったまち》の北端にあった。

「令和」を考案した『万葉集』研究の第一人者である中西進先生は、「『万葉集』は漢字で書かれています。文字を持たない日本が中国から漢字を採り入れた。それが『万葉集』誕生の基盤にありますね」という問いに対して、「日本文化には、内部に光源を包み持った球体のイメージがあります。外部にあるものを取り込んで新しい輝きに作り替え、それによって内部から輝くのです。『日本文化か、それとも中国文化か』といった二項対立的なモノの見方とは異なる、文化の姿です」と答えておられる（『朝日新聞』２０１９年４月20日朝刊）

近代を相対化する上で時間軸を遡らせて古典から学ぶべきことは多い。思想史家・歴史家の渡辺京二さんは、これほど自分の国の古典から切り離されてしまっている国は世界でも珍しいと言われる。日本が漂流している一因だと思う。

２０２２年４月から高校の新学習指導要領が改定され古典国語は一層軽視された。文科省や政治家、産業界の文化論、人間論の皮相さが気になる。現代の社会を多角的に理解するために、古典を興味を持って学ぶ工夫が足りないと思う。辻井喬さん（本名・堤清二、元西武流通グループ代表）の『伝統の創造力』も参考になる。

細谷先生は、３年の最後の授業で言われた。「私が教えたことは鉄の杭となって君たちの胸に食い込んで離れないだろう」。気迫そのものの先生だった。私たちへの授業を最後に目の病気の悪化のため退職された。大学に入ってから自宅を訪ねるとあんま師になっておられた。静かなたたずまいは別人の感があって寂しかった。

⑵ 自立への道

高校１年の終わりか２年の初め頃、中３の時に逮捕勾留されたA先生と喫茶店で会った。「教頭試験に受かったよ。そのうち校長になれる」とニコニコ。私の胸の中で何かがガラガラと大きな音をたてて崩れ落ちた。確かに音がした。こんな経験はその前も後もない。先生に聞こえないか、一瞬気になった。どんな校長になるかが問題であって、喜ぶべきだったのだろう。そこまで考えられない青い16歳だった。

2年の6月、岸内閣による日米安全保障条約の改定に反対する大規模な抗議行動が起こった。私もアメリカとの軍事的な同盟を重視する政治に大きな疑問を持った。条約の批准が強行された6月は試験期間中だったが勉強なんかする気になれず、夜を徹してラジオにかじりついて、国会前の30万人のデモ隊と機動隊の攻防に圧倒されていた。民主主義に照らしても問題だと思った。

授業が終わると毎日、新聞部の部室でたむろしていた。群馬県高校新聞連盟の会長をしていたので、夏休みに早稲田大学の大隈講堂で開催された全国大会に代表して参加した。何の準備もしなかった。京都の紫野高校が安保条約の国会の批准に関する部の意見を校内紙に掲載しようとしたところ、学校当局に削除を求められたことに抗議して白紙で発行したと報告した。世間は広い。こんなこともできるんだ。ショックだった。こちらは部内で多少の議論をした程度で、新聞に意見を書くことは考えもつかなかった。ちなみに、太田市の商店街は安保条約の強行採決に当たってシャッターを下ろして抗議し、全国に名をはせたことを後に知った。私は地元の行動にも盲目だった。

日本は、子ども・児童・生徒の可能性を封じ込めている。子どもの権利としての表現の自由（憲法21条）や学ぶ自由（憲法23条）をあまりにも制限している。このことは欧米の民主主義国家と比べるとはっきりする。たとえば、鈴木賢志先生の『スウェーデンの小学校社会科の教科書を読む』をみると、小学校高学年から、今起きているニュースを自分で取り上げて考えよう、考えたら発表し議論しよう、議論によって得るものがある、それが社会というものだ、自分も社会も国も変わるものだし、変えられる！　という教育を徹底している。それが民主主義の基礎だと。この本には、スウェーデンの小学校を見学に行った日本の大学生たちが目を丸くして感動しているようすが書かれている。私が最も感動した本の1冊でもある。この国では、中学生になれば生徒は国の選挙の際自主的に各党の候補者たちを学校に呼んで話を聞き質問することができる。ドイツでもデンマークでもその他の国でもこれに近い。激烈な国際競争の中でたくましく生きる自立した国民を育てようという主権者教育に学ぶべきことは多い。

⑶ 高校生活あれこれ

世界史も面白かった。パリとロンドンを舞台にフランス革命を描いたビクトリア時代のイギリスの小説家、チャールズ・ディケンズの『二都物語』など近代市民革命に感動した。

1、2年の時は校内で大きめのパンを買って昼飯にしていたが、3年の時は弁当だった。

弁当箱を開けた

大麦と米が交じっている黒い飯
周りは皆白いご飯　肉や魚も入ったおかず
私はなんとなく恥ずかしかった
腕で隠すまではしなかったが　隠したい気持ちがあった

なんで恥ずかしがるのか
やせた畑なので米は10アール当たり多い年でも4、5俵しかとれなかったけれど高く売れるので最大限売ってしまった
その米をサラリーマン家庭の友だちが食べている
俺が作った米だぞとどうしてどうどうと胸を張れないのか
恥ずかしがる自分を責めるもう一人の自分がいた

東京大学文科1類を受験したが落ちた。受験勉強は1、2年のうちはやる必要がないと思っていた。3年になっても理科系のクラスに入ってのんびりと理科系の勉強をしていた。浪人が許されない家庭でありながら楽観的過ぎた。欠点は今に至るも克服できていない。

⑷ 群馬での生活からの別れ

午後3時間ほど農作業しながら浪人させてもらった。梅雨が明けない7月、父がもうダメだと言って庭の芝生の真ん中付近にへたり込んだ。過労で身体がぼろぼろだった。進学すべきか、今からでも地元の会社に頼み込んで就職し、農業を継ぐべきか否か、迷いに迷った。友人は中学卒が多かったし、１６０余世帯の開拓の市之倉で家から離れて大学に行った人は一人もいなかった。考えてみると長男が開拓村を出るなんてとんでもないことだ。人の道に反する。2、3週間経って父は回復してきた。まだ迷っていたが、勉強を再開することにした。農業を継ぐ選択をしていたとしても、後悔はしなかったと思う。そうだったらどんな人生になったのだろうか。兼業農家として、郷土と家族にしっかりと根を張っていたかもしれない。

３月、「サクラサク」の電報が届いた。母はそっとお勝手の戸棚の向こう側のうす暗い所に行って泣いていた。大学に進学するため家を離れたので弟妹の負担も増えた。

私が大学4年の時の5月、母は喘息と心筋梗塞で入院した。極度に衰弱していたとのこと。九死に一生を得た。司法試験の短答式の発表があり、落ちて論文式の勉強をする必要がなくなった5月末になってから病気の知らせが来て知った。

父母は身体を酷使し続けるのは無理だった。私が大学を卒業するのを機に、開拓した1・5

ヘクタールの農地を総て養鶏業者に売って、父母は埼玉県に移り私と同居した。

私が30歳の頃、父が満州で引率した青年義勇隊のメンバー6人が会社員になった父を自宅に訪ねてきてくれた。父は慕われていた。15歳くらいの少年だった彼らは満州の宿舎に食料や薪などを届けてくれ、乳飲み子だった私もお世話になった。帰国できた6人とも栃木県で農業をしていた。お土産に栽培した新鮮なイチゴをどっさりいただいた。酒が回るほどにTさんに一喝された。「紘明君、おやじを越えられるか！」。Tさんは市之倉の開拓にも何回か来てくれた。小学校代用教員時代以降の波瀾万丈を乗り越えた父の人生を十分に知ったうえでの挑発だった。

開拓地は、荒涼として伝統文化もない更地の思想。森も林もなく砂っぽい畑の土を赤城下ろしの空っ風が思いっきり吹き上げて太陽の光を遮り、晴れていても急に薄暗くなることも珍しくなかった。橙色の太陽を直視してもまぶしくなかった。高校からの10キロの下校時には北風が道の砂つぶてを巻き上げ、前傾した学帽にビシビシ当たった。想像の世界での満州の大地につながるような開拓地だった。国境を越えていかにしてあまねく尊厳ある人間社会を創るか、ゼロからの発想を身体にしみこませてくれた開拓地と両親に感謝している。

当時は気付かなかったが、時が経つにつれて開拓村は大切な四つのものを教えてくれたことを自覚した。

1　萌え出で生長する動植物の生命力。人間もその自然界の一部であり自然を大切にすべきだということ。自然は豊かな恵みをもたらすと共に峻烈な厳しさも持つ。

2　偽ることのない自然と農業が物語る、存在しあるいは存在した事実や事柄は、見たくなくてもありのままに受け入れるべきだという根性。対するは現代の虚構である。

3　父母の深い愛情。身を捨てて4人の子どもを育ててくれた。

4　「ともいき」。農作業の手伝い合い、農機具の貸し借り、屋根葺き、雨乞いのおみこし、もらい風呂など助け合う農村共同体が形成されつつあったと思う。家と家の間は離れ、冬は寒かったが、いつもぬくもりがあった。100メートルくらい西方にある隣家の1学年上の遊び友だちのKちゃんは中卒でどこかの八百屋に勤めた。別れるとき、山と林の風景がある絵を描いてくれた。所々絵の具がはげ落ちたが、今も我が家の居間で見守ってくれている。

農業を継いで専業で頑張っている同級生には頭が下がる。主として農業で収入を得ている人たち（いわゆる基幹的農業従事者）は、大規模経営であるか小農であるかを問わず悪戦苦闘の連続だ。日本は、欧米各国と比べても農業に関する総合的な政策が貧弱で農業を軽視してきた。

農（林漁）民は、グローバリゼーションの最大の犠牲者だと思う。遅きに失したが、食料自給率を上げるとともに、農業や農民のあり方を国民全体が真剣に考えなければならない。

第4章

大学にて

1　新しい世界がどっと入ってきた

(1) 東京の匂い

駒場での２年間の教養学部時代が始まった。大学も東京という都会も匂いは雑多だった。群馬の田舎の村（合併して町になった）からのこのこ出てきたものの、大学に入ったというだけで確かなものはない。それまでの自分から自由になって、いろいろなものを貪欲に学びたいと思った。

東京での生活は校内の一角にある駒場寮から始まった。一晩中酒を飲んで歌って疲れて授業をさぼり、夜には狭い廊下いっぱいに肩を組んでのし歩くストームなど豪放さがあった。

４月下旬、生活費がなくなって都政に関する意見を聞き取り調査するアルバイトをした。対象者に偏りがないよう各層の合計30人ほどの調査先を指定された。詳細なアンケートだった。テンポよく答えてくれる例外的な人でも1時間はかかる。中央区の晴海付近の高層住宅の20階くらいの通路では、ビルごと身体が空の中で揺れているような生理的な感覚になった。大地を踏んで生きてきた人間の生活が高層化されると、長い間には遺伝子も変わってしまうのではないかという錯覚?を覚えた。豪邸に住む医師宅では玄関先で開口一番ずどんと「答える権利もなければ義務もない!」。都会は田舎とはなんか勝手が違うようだ。

英語の羽柴正市先生の最初の授業は、将来やりたい仕事を英語で言う自己紹介だった。決めていなかったが、とっさに「社会保障」と言いたいところ、単語が出なかった。「social security」だとのこと。社会保障はともかく、医師になることをあきらめた代わりに社会の医師になろうとは考えていた。

(2) 無教会派聖書研究会

駒場寮では、政治経済研究会と聖書研究会のどちらに入るか迷ったが、聖書研究会を選んだ。自分の軸になる確かなものとして、手始めに欧米文化の精神的な根っ子にあるキリスト教を学びたかった。それに、親友を様変わりさせたように思えた聖書に対する興味もあった。

とはいえ、キリスト教の教会は偽善の象徴のように思えて大嫌いだった。幸いにも、寮の部屋は無教会派だった。「無教会主義」は、内村鑑三が提唱した日本独特のキリスト教信仰のあり方である。寮の聖書研究会の部屋も無教会派の影響を受けていた。部屋を決めるときに相談した学生部長の西村秀夫先生も無教会派キリスト教だと間もなく分かった。非戦論を掲げて日露戦争に反対した内村鑑三の思想を学べるのもラッキーだ。

内村鑑三は、明治27年、日清戦争があった年に箱根の山上で青年たちに講演した。「正義はついに勝つものにして不義はついに負けるものであるということを世間に発表するものであるならば、そのとおりにわれわれは実行しなければならない(1)」。学言行一致だ。講演は、『後世への最大遺物』としてまとめられ、今もしばしば引用されている。故中村哲医師は著書『天、共に在り』でこの書に触れ、西南学院中学校時代に内村鑑三に出会ったことがアフガニスタンでの活動を可能にしたと書いている。後述する上智大学における「ベグライテン」の講義で、宗教学者の島薗進先生も宗教書として第一にこの書を紹介しておられた。内村は、教育勅語奉読式での「不敬礼」に端を発した一高不敬事件で教職を追われた。

寮とは別に、通学生が集う聖書の輪読サークルにも参加した。西村教授、ドイツ語の杉山好教授ともう１人の教授も顔を見せて下さったうえ、偶に聖書講義もされた。

３人の先生は、内村鑑三の弟子の経済学部の矢内原忠雄教授（戦後は東大総長）の弟子だった。矢内原先生は満州国を含む帝国主義的植民政策を研究し、1937年の盧溝橋事件をきっかけに陸軍中央と近衛内閣が起こした宣戦布告なき日中全面戦争を批判してその年末に辞職に追い込まれた。現代の文明社会では、人々の自由を抑えつけなければ戦争はできない。その意味で戦後の憲法の9条は、学問の自由や言論の自由を制限した矢内原事件など戦前の反省も踏まえ、深いところで自由の基盤を支えている。

矢内原先生は、同じく内村鑑三門下の南原繁先生を継いで総長として旧帝国大学をキリスト教的な自由という概念を基軸としたリベラル・アーツの大学へと改革した（南原・矢内原改革）。南原先生は、サンフランシスコ講和条約の締結の際、「単独講和」の政府に対し「全面講和」を唱え、吉田首相から「曲学阿世の徒」と言われた。「世に阿《おもね》る」とは何か、優れて現在的な問題である。しかし、内村・矢内原先生も時代の制約を受けていた。第8章で触れる。

西村先生は、学生部の教官としての立場もあってか学生の行動には慎重論で、私はたしなめられていた。輪読サークルでは政治の話など誰もしなかったが、それはおかしいと感じた。イエス・キリストを学ぶということは、生きている時代と闘った精神を学ぶということであり、目の前にある日本の現実にどう対応するかという問題と直結するはずである。人間・イエスと向き合うべきではないか。

ずっと後に知ったことだが、3人の先生は、後の東大闘争において全共闘系と民青系の学生間対立が実力行使を含めて激化したとき、政治学の石田雄先生他1人の教官と共に「非暴力連帯」の「呼びかけ人」になって本郷の図書館前に一般学生と一緒に座り込んだ。この時の学生同士の衝突が小競り合い程度ですんだのはそのためだという。私は先生方の現在進行形の生き様を知らなかっただけだったかもしれない。大きなショックだった。

サークルの仲間はみんな敬虔なクリスチャンのように思えた。国際関係論研究科の博士課程のSさんはひときわ熱く輝いてみえた。私は、やけどをしないように気をつけていた。Sさんは、東大闘争が起きたときに「駒場のゲバルト・ローザ」の異名を取った。ゲバルトとは「暴力」のこと。ローザとは、ポーランド生まれのドイツの革命家のローザ・ルクセンブルク。ローザは、労働者に武装蜂起をよびかけるも、レーニンのプロレタリア独裁に反対していた。1919年1月、革命の混乱の中で虐殺された。Sさんは、東大闘争では駒場全共闘で活動し、自分のなかの「プチブル」「東大生」「優等生」を、根本的に否定するようになった。一直線の人で、著書『太陽と嵐と自由を』を著した。

私はこのサークルでは、確か7月初めくらいまではキリスト教に反発していた。「そんなら君は来なくていい」とN君に言われたりした。確かにそうだよね、と思った。

寮の相部屋のS君には刺激を受けた。九州きっての秀才で、3歳で洗礼を受けた。道ばたの名もない小さな花を見てしゃがみ込み、神が宿っていると感動していた。読書家だった。5月だったか、つられてカントの『純粋理性批判』を読んだ。理解したとは到底いえないが、「理性というもの」というか、知性に触れて感動した記憶がある。彼は医学部に進み、ある病気の研究と治療の第一人者的な存在になった。

⑶ クラス討論　デモ　詩　洗濯機

構内では毎日のようにデモの呼びかけがあった。

クラスでは、随時社会や政治の諸問題について全員参加して討論した。私は黙っていられないタイプということもあって、割としゃべる方だった。派手な活動家だと言える級友はいなかったが、気持ちが通じ合える誠実な土俵がクラスにはあると感じた。

「学びて思はざれば則ち罔《くら》し。思ひて学ばざれば則ち殆《あやう》し」は『論語』だが、「学びて行わざればすなはち狭し」と言えると思う。目の前にある課題にどう対応するのか。座視か行動か。

「みち」は、江戸時代までは庶民がコミュニケーションする広場としての「みち」だった。道は「未知」でもある。行動し体感してこそ学べるものがある。手をつないで道いっぱいに広がって行進するデモンストレーションであるフランスデモが好きだった。大学だけではなく

「みち」や街《まち》にも、古い自分を解放してくれる自由があった。デモをすると道行く人たちが意気投合して隊列を厚くしてくれる連帯があった。「みち」をジグザグに行進するジグザグデモは、「まち」と隔絶する感覚があって好きになれなかった。

Plan-Do-See、反省を踏まえて新たなPlan-Do-See。社会にでると仕事ではありふれた文言だ。政治でも変わりはない。なお、アメリカは行動することを評価する「ＤＯの文化」であることと対比して、日本は相互依存が高い「ＢＥの文化」と評されている（『東京新聞』２０１３年7月19日）。

デモで一番多かったのは「日韓会談反対」だった。１９６５年に結ばれた日韓基本条約の交渉が始まったのは、朝鮮戦争中の１９５１年からだ。なぜ15年もかかったのか。植民地支配の問題を巡って紛糾し、何度も中断したためだ。

65年はアメリカがベトナム戦争に呻吟《しんぎん》していた時期だ。そのなかで中国・北朝鮮と対抗するために、米・日・韓関係を連携させようとしたアメリカが、植民地支配の問題について、当時の朴正熙（パク・チョンヒ）政権に妥協させて結ばせた経過がある。それゆえ、当時の韓国社会には「植民地時代の清算がない」という大きな反対があり、抗議した野党議員が総辞職する中で条約が批准された。米日韓の政治指導部によって強引に成立したこの条約は、今日に至るも民族の和解をもたらしていない。２０２３年８月、アメリカのバイデン大統領は、中国を包囲するために日本と韓国の首脳を招いて強引に3国の軍事的一体化を図ったが、日本人の中にある朝鮮人蔑視の風潮の増大、韓国の中にある日本に対する歴史的なわだかまりにアメリカの都合で蓋をした感が強い。

とりたてていうほどの趣味はなかった。5月か6月頃、マヤコフスキーの詩が目に留まった。『ズボンをはいた雲』(2)

優しい人たちよ！
あんた方が好きなのはヴァイオリンだ。
ティンパニが好きなのは乱暴者に決まってら。
でも、僕みたいに自分をくるっと裏返して、
裏表なしの唇ひとつになる芸当はできまい！

ナルシストぶりには辟易したが、革命初期のソ連にあってこの破天荒。自由奔放さに度肝を抜かれた。ソ連とは異なる詩の自由さに惹かれた。神田の古本屋街で10円とか20円で心揺さぶる無名の詩人の詩を見つけるのは無上の歓びだった。貧乏学生にちょうどいいささやかな趣味だ。いつごろからだったか、『詩人会議』を購読して駄作を書いていた。

寮には電気洗濯機やテレビがあった。のうのうと使うのは許されない。家庭教師や道路工事などアルバイトをして、１年の夏休みに洗濯機を秋葉原で買った。浅草駅の改札で荷物が大き過ぎると止められた。送料など払うカネはない。改札を強行突破した。郷里の次郎衛門橋の駅で降り４キロ、むせ返る草いきれがする畑と古墳がある土の道を運んだ。手で回すゴムローラーの絞り器がついた大きな洗濯機だったので重くて休み休みだった。２年の夏は白黒のテレビを運んだ。我が家も少しずつ標準的になって嬉しかった。

学生時代を通じて、奨学金とアルバイトで過ごしたが、家からも時々おカネを送ってきた。その額と私が何等かの形で家や家族に送った額とはほぼ同じだった。

2 聖書

(1) 私の聖書遍歴

結果的には6カ月で聖書から離れた。私は本格的に聖書を学んだわけでもない。しかし、以下の理由により、拙い経験と私なりに理解したことを書かせていただきたい。

人間イエス（と使途たち）の人間と人間社会に対する深い省察とその生き方から学べるものは多いと思われる。現代は、かつての枢軸時代と重なって、精神的な要素を含めて「本当の豊かさとは何か」「幸福とは何か」を求めているように思う。キリスト教ないし宗教の深い思想から学ぶこと、かつ宗教に依存しない強い意思の二つが重要だと思う。

また、宗教はいまなお様々な形で私たちの生き方や社会のあり方に直接間接に影響している。欧米とその植民地になった地域のことは、キリスト教抜きには語れない部分がある。

中世のキリスト教会は堕落した。ローマ教会の贖宥状を批判するルターの宗教改革（プロテスタント）には高校の世界史で関心を持っていた。教会の権威に抗議して、信仰によって与えられる人間の独立性や正しい在り方という意味の「義」を論じたマルティン・ルターの『ローマ書講義』上・下巻を読んで感動した。「義」ないし「正義」という概念の重要性を初めて考えた。このことは、法学における正義の理解に役立ったと思う。

しかし、ルターは後に農民戦争において農民を弾圧する側に回ったと知ってひどく失望した。後に、エーリッヒ・フロムの『自由からの逃走』や中世史を読んだ。これによると、中世末期に資本主義が勃興しつつあるなかで、伝統的な権利を剝奪され搾取された農民は絶望して革命的になっていた。それは当時の経済社会のチャンピオンである中産階級の特権を脅かすことになり、皇帝という世俗的権威に服従していたルターは、農民がでしゃばることを許せなかった。ルターの権威主義的な性格も伴って農民を弾圧したとのことである。

そうこうするうちに、聖書には次第に惹かれていった。

その理由は、以下に述べるように新約聖書は人を惹きつける力があり、その力は、人間にとっても社会にとっても革命的だからだ。欲望に満ちた人間と強い者が他者を支配する邪悪な社会は、正義に反していることが多すぎる。

⑵　新約聖書の革命性

隣人愛（よきサマリア人の譬え話）

「自分を愛するように、あなたの隣り人を愛せよ」という「隣り人とはだれのことですか」と律法学者がイエスに尋ねたところ、イエスは次のように答えた（ルカによる福音書第10章30節以下[3]）。

「ある人がエルサレムからエリコに下って行く途中、強盗どもが彼を襲い、その着物をはぎ取り、傷を負わせ、半殺しにしたまま、逃げ去った。するとたまたま、ひとりの祭司がその道を下ってきたが、この人を見ると、向こう側を通って行った。同様に、レビ人もこの場所にさしかかってきたが、彼を見ると向こう側を通って行った。ところが、あるサマリア人が旅をしてこの人のところを通りかかり、彼を見て気の毒に思い、近寄ってきてその傷にオリブ油とぶどう酒とを注いでほうたいをしてやり、自分の家畜に乗せ、宿屋に連れて行って介抱した。翌日、デナリ二つを取り出して宿屋の主人に手渡し、『この人を見てやってください。費用がよけいにかかったら、帰りがけに、わたしが支払います』と言った。この三人のうち、だれが強盗に襲われた人の隣り人になったと思うか」。彼が言った、「その人に慈悲深い行いをした人です」。そこでイエスは言われた、「あなたも行って同じようにしなさい」。

律法学者とはユダヤ教の「律法」（旧約聖書の創世記など最初の五つの書）を専門の職業とする人。祭司もレビ人も「ある人」もユダヤ人である。ユダヤ人である2人が同胞である瀕死のユダヤ人を見捨てたのに対して、ユダヤ人とは対立関係にあるサマリア人の旅人が隣人だと答えた。

土井健司さんの『キリスト教を問いなおす』によるこの部分の解説の要約は以下のとおりである。(4)

相手が「〜であるから」ではなく「〜であるにもかかわらず」が重要だと言っている。私たちは、「〜であるから」という行動規範に従うことが「普通」だ。しかし、それに逆らって「〜であるにもかかわらず」行動すること、ここにイエスは愛を見た。

新約聖書でいう「愛」を意味する言葉は複数あり、アガペーが有名だが、ここでいう愛はエスプランニクニスティーという動詞だ。この言葉は犠牲獣の内臓→人間の内臓→人間の心情である「断腸の想い」＝「心を強く動かされる」というふうに変化してきた。

よって、愛は、（人の横を単に通過するのではなく）その人を人間として「見て」＝応答し、自分の問題として「心を動かし」、（相手や自分が何者かという属性に縛られず）境界線を越え、（誰が隣人かではなく）「隣人になる」主体的で自由な「行為」をいう。それは家族の中でも同じで、普通プラス1の行為である。

土井さんは以下のような趣旨のことも書いておられる。
「人と接する」ということは、何らかの役割を持った「何者か」として接するのではない。それ以上の仕方で接するのだ。「社会」というものが一定のシステムだとすると、それは「社会」を超えた次元で成立する。人と人の間柄を表す「人間」は、本来は「社会」を超えた所で成立するものではないか。それが「自由」であり「主体性」だ。「平等」もあらかじめ社会に存在しているのではない。可能な限り社会の中で実現しようという努力の中に存在する。これらのことは、家族の間でも、目に見えない外国の人との間でも同じだ。社会はさまざまな境界線から成り立っているのだから。

聖書に接した19歳のときはここまで深く読み込めなかった。

非暴力と愛敵

「『目には目を、歯には歯を』と言われていたことは、あなたがたの聞いているところである。しかし、わたしはあなたがたに言う。悪人に手向かうな。もし、だれかがあなたの右の頬を打つなら、ほかの頬をも向けてやりなさい。」「『隣り人を愛し、敵を憎め』と言われていたことは、あなたがたの聞いているところである。しかし、わたしはあなたがたに言う。敵を愛し、迫害する者のために祈れ」（マタイによる福音書5章第38節以下、第43節以下[5]）。

前半は非暴力を、後半は愛敵を言っている。

「隣人愛」は「非暴力」と「愛敵」も意味すると私は思う。暴力で意思を抑圧するのは愛ではない。戦争は究極の暴力だ。国家として集団でやれば許されるのではない。考えるべき単位は国境を前提にした「国家」でもなく「国家の指導者」でもなく、あくまで「人間」同士である。人間はどこに生まれても住んでいても同じ仲間だ。「敵」と断じることは人を境界で固定して、あらかじめ「隣人」から排除する典型例だ。相手を「隣人にする」のだ。

「ほかの頬も向ける」というのは実際には難しいだろう。「あなたの剣をもとの所におさめなさい。剣をとる者はみな、剣で滅びる」（マタイによる福音書第26章第52節）も非暴力の教えであり、こちらの方が分かりやすいと思われる。

新約聖書は革命を起こしたと思う。

(3)「信じる」とは何か

そうこうするうちに、「信じる」とはどういうことか、「永遠の生命」とは何か真剣に考えるようになった。実存主義神学のキェルケゴールやカール・バルト、エミール・ブルンナーの著書を読み進めた。

キェルケゴールの『死に至る病』。絶望しかけている人があったら、可能性をもってこい、可能性のみが唯一の救いだ、可能性とは神の信仰だと書いてあった。人間が神から自立していく歴史において、神と必死に格闘する様に巻き込まれそうになり苦しかった。

帰省から戻った9月、図書館から借りたブルンナーの『我等の信仰』に熱病のように没頭した。私なりに理解したことは、神を信仰することが「永遠の生命」ではないかということだった。

イエスは言われた。「心をつくし、精神をつくし、思いをつくして、主なるあなたの神を愛せよ」(マタイによる福音書第22章第37節)

これが聖書の核心だと思った。実感として、信じようというのは能動的な決断だ。決断は飛躍を伴い、心の底から信じていない自分と別れることになる。

ブルンナーの直後にルートヴィヒ・フォイエルバッハの『キリスト教の本質』、次いでエンゲルスの『フォイエルバッハ論』を読んだ。唯物論に納得はしなかったが、このときほど理論的にストンストンと腑に落ちていったことは前後を通じてない。手にした本が次々とその時点の問題意識と重なった。9月も末になっていた。但し、これらの本がなくても、遅かれ早かれキリスト教から離れたことは間違いない。目の前の問題にのめりこんでしまうのも私の性格の一つだ。

神学も社会と人間の意識の変化に対応して実存的に変容しあるいは妥協してきたように思う。例えばキリスト教社会主義も、その変容であるキリスト教シオニズムもある。だとすれば、時代とともに変化する社会や人間のありようこそが問われる。

神と人間との対峙を問うキリスト教と格闘した経験は、あいまいだった自己の形成と「正義」を真剣に考えることに役立ったと思う。

(4) キリスト教ないし宗教について

「よきサマリア人の譬え話」を解説した土井健司さんは、次のようなことも書いている。私が最後に格闘したブルンナーの「永遠の生命」とは何かに関わる。(6)

この譬え話は永遠の生命を主題とする文脈に含まれている。ここで語られている隣人愛こそが永遠の生命であり、一人の人間として他者と出逢う関係こそが永遠の生命だ。私たちは「生命」というと有機的なシステムとして、個体を中心に考える。しかし、関係性として考えることもできる。たとえば、気のおけない友人と一緒に過ごす時にこそ、生き生きとした「いのち」を経験するのではないだろうか。

土井さんは、キリスト教を根源的に問い直す作業をしておられる。家族であれ友人であれ未知の人であれ、「隣人になろうとする」行為の中にこそ「いのち」があり、「人間」として生きている手応えがあり、第1章で書いた中島岳志さんの「いのち」の輝きがあるのだと思う。

キリスト教を信じる人の内心において、貧困や差別や戦争を見て、その現実に怒り解決する努力をする気持ちが起きない、あるいは今の理不尽なシステムの恩恵を受けて傲然としているのは、本当の信仰を持っていないのではないか、自分の本心を偽って生きているのではないか、あるいはその本心がないのではないか、劣った人間は差別され利用されても仕方がないと思っているのではないかという疑問を禁じえない。再度の本物の宗教改革をするエネルギーがあるのだろうか。

その後仏教、イスラム教、新興宗教の本も読むようになった。聖書でいう「愛」「エスプランニクニスティー」に相当するものは、他の宗教にも存在しているように思う。当然といえば当然かもしれない。たとえば、仏教の天台宗は「七施」の一つとして身施《しんせ》（自分の身体でできることを奉仕する）を挙げている。

仏教の思想に造詣が深かった宮沢賢治は、『雨ニモマケズ』の中で、「東ニ病気ノコドモアレバ行ッテ看病シテヤリ　西ニツカレタ母アレバ行ッテソノ稲ノ束ヲ負ヒ」と書いている。

「行ッテ」に、イエスが言う「見る」「隣人になる」と通底するものが感じられる。

話のついでだが、民衆思想史の第一人者である安丸良夫さんが大本教の教祖について著した『出口なお』は、田舎の無口で辛抱強い平凡な民衆である女性が、明治時代の資本主義の成立過程におけるすさまじい極貧と苦難の中で55歳にして神がかりを経験する生き様を描いている。

「民衆は、生活についての専門家であり、経験とその伝承を踏まえた知識や、それらを統御している処世知などをもちあわせている。しかし、世界の全体性は（中略）、その存在の仕方や意味について配慮することも、それにふさわしい権威ある人たちにゆだねられている（中略）。支配されている民衆は、現実の社会関係において支配されているだけではなく、この世界を秩序づけている価値や意味においても支配されている。こうした文脈では、民衆とは、自己と世界の全体性を独自に意味づける権能を拒まれている人たちのことである(7)」

救いを求めて宗教に依拠せざるをえない民衆の狂死するような切なさや満たされない孤独と、政治権力と一体化して「全体性の存在の仕方や意味について配慮する」ようになった現代のエセ宗教群のあり方の双方を考えざるをえない。

一神教とその分派は、それぞれの神の意思に従うことを絶対視する傾向があるが、神の意思が何たるかは結局はその時代の人間の意思が決める側面を無視できない。人間の欲求ないし欲望を神の意思として祭り上げて他の宗派や無宗教の人々の利益や人権を侵害した例は枚挙にいとまがない。

信仰するか否か悩み、あるいはスピリチュアルに傾倒する若い人から話を聞くことがある。純粋な人ほど悩み苦しんでいるように思われる。自分に勝てと伝えるようにしている。

人間・イエスがこの時代に生きていたとしたら、何をしただろうか。

⑸ 野の百合空の鳥

信仰することはできなかったが、キェルケゴールは気になった。キリスト者だった彼が新約聖書のマタイ伝をもとに著した『野の百合空の鳥』。野の百合、空の鳥を見よ、思い煩うことなくあんなに美しく咲き、生きる歓びを歌っているではないか、人間もあるがままのいのちを受け入れよと書いてあった。私は、今も寄せ書きなどで書く座右の銘は「野の花空の鳥」と書いている。しかしながら、意に反して思い煩うことは多い。でも、この境地には憧れる。田舎で野の花に囲まれ雲雀の声を聞いて育ったことが関係しているのかもしれない。農作業する麦畑で株の間にある雲雀の巣に出会った時のときめきは忘れられない。

隣人愛では、李秀賢《イスヒョン》さんを想い出した。２００1年1月26日、ＪＲ新大久保駅のホームから酒に酔った50歳台の日本人男性が線路に転落した。韓国から日本語学校に留学生として来ていた李さんは、関根史郎さんと共に男性を助けようと、とっさに線路に飛び降り、走ってきた電車にはねられて亡くなった。「目の前の人が危ない！」というとき国境はない。でも、私がそこにいたとしたらできただろうか？　できないだろう。李さんのこの事件を題材にした日韓合作の映画『あなたを忘れない』が２００７年に公開された。今、日本人の多くは韓国人・朝鮮人を「人間」として見ようとはしない。見る眼《まなこ》は死んでいる。死んでいると言われても、それがどうしたと開き直る。あろうことか、東京都知事もそれを主導している。

あるがままの命が失われようとしている時、間髪を容れずあるがままに救う。李さんの魂は国境を越え野の花となって咲き、空の鳥となってさえずっている。

3　駒場寮聖書研究会の終焉・剣道部

10月からはキリスト教と決別して、同室のS君と岩波文庫100選を何冊読めるか競った。翌年3月に彼が部屋を出るまでに読めたのは共に四十数冊だった。マルクスの『賃労働と資本』などは教養書としても必読だと思う。近代とは何か、労働賃金はどのようにして決定されるか、資本家はいかにして利潤を得るか……。

1年次が終わる3月、2年生として駒場に残る人たちもクリスチャンを含めて全員が部屋を出るという。聖書を読むことを卒業した私も当然出たかった。しかし、私も出ると伝統ある無教会派の駒場の部屋がなくなる。残って新入生を迎え継承すべきだと考え、新入生を勧誘した。青森や鳥取の元気のいい1年生たちが入ってきて続けることができた。しかし、翌春私が駒場から本郷の向ヶ岡寮に移る際は、キリスト教の信者もいたそのメンバーたちも部屋を離れて聖書研究会はつぶれた。歴史のある駒場の一つの灯が消えた。残念でたまらなかった。そして、趣味を楽しむ部屋がまた増えた。その後、世界平和統一家庭連合（旧統一教会）の総裁である文鮮明氏が提唱する〝統一原理〟を研究する大学における団体である原理研究会の火がくすぶり始めた。

2年になり剣道部に入った。日中から竹刀を振り回すとは、この時間も畑で鍬を振り回している父母や弟妹の想いと距離ができたということか。下手同士、脇の空いた胴着の上部の脇の下を思い切り叩かれ紫色に腫れた。脇が甘く肺結核になった一因か(笑)。

9月、道場に先輩の元司法大臣、防衛庁長官の木村篤太郎氏が激励に来られた。木村氏はあいさつで、諸君が剣道に励んでいるのは公のために役立つ人間になるためだと、格調高く修身論を語られた。虚しさが身体を襲った。

氏は全日本剣道連盟の初代会長だった。公職追放解除後は参議院議員になり再軍備や破壊活動防止法の成立にも深く関わった。「日本国粋会」は、終戦とともに解散した大日本国粋会の再編組織である。氏は関東国粋会の梅津勘兵衛

父母　市野倉の自宅の庭にて

に反共産主義の大義の下にヤクザを結集するにはどうすればいいか、助言と支援を求めた。そして、梅津と協働して博徒とテキ屋をまとめ上げ、「護国団」を1954年に結成した。護国団結成の中心にいたのは、戦前に血盟団を結成し、1932年の（軍縮派の井上準之助蔵相らを暗殺した）血盟団事件を企てた井上日召である。児玉誉士夫と笹川良一も同団体に資金提供した。国粋会や護国団等の右翼的暴力団員は新安保条約に反対するデモ隊の制圧に当たった。岸首相も、刑務所時代の仲間である児玉氏や笹川氏に接触して暴力的右翼団の結成に関与した。(8)「暴力は、近代日本政治史において恒久的な原動力だった(9)」

剣道部は9月で止めた。

秋が来て、法学の授業が始まった。友だちは一斉に法学の勉強に専念していく。なかなか熱が入らなかった。憲法学も現実の社会にあるのは泥水なのに蒸留水を論じている感じで、解釈学には興味がわかず、小林直樹先生の『日本における憲法動態の分析』に興味を持った。法的三段論法もまともに学ぼうとしないのんびり屋だった。

内村鑑三から東大在学中に無教会派キリスト教の洗礼を受けたという経済学部の大塚久雄先生の講演を聞いた。端然とした和服姿だった。経済史学や経済的合理性だけを追い求める株式会社の人間観に興味を持った。

４　駒場祭

クラスで秋の大学祭（駒場祭）に参加する企画を話し合った。ある製造業の会社の従業員が組合活動を理由に解雇され、不当労働行為として解雇無効を争っていた事件を調査し考察して展示することにした。クラスは法学部ないし経済学部に進学する人たちからなっていたところ、現実に起きていることから学ぶことが重要だという動機からだった。級友たちはこれをテーマにすることによく賛成してくれたと思う。手分けして労働法の法理や事件の経過を調べて議論した。

分からないことが多々あったので、労働法の教授の本郷の研究室を訪ねて質問した。激怒され面食らった。学生は法律学を勉強していればいい、止めなさい！　凄まじい剣幕だ。心の中で猛反発した。就職してからでは使用者側の視点でしか考えられなくなりがちだ。現実に生起していることから学ぶことは大学教育に欠けていることではないか。

解雇された３人の労働者――20代の男性２人と女性１人――が他の労働組合を回って日用品を行商して歩くのに同行した。行商は生活費を稼ぐ必要があるとともに、支援を訴えるためだ。

出会ったのは、地方から集団就職で上京した若い労働者たちだった。この3人も支援先の人たちもとても素朴で実直だった。都会は人間の匂いを剝奪するのだろうか。展示を仕上げるために級友たちと共に学内に泊まり込んだ。皆でまとめあげた一体感があった。それぞれの道に進んだ友人たちにとって、なにがしかの役に立ったのではないかと思われる。

5　入院生活

⑴ 東京療養所へ

３年になって４月の集団検診で肺結核だと診断された。念のため、２年の秋のレントゲン写真を確認したところ、既に白い影がはっきり写っており治療すべきだったところ、見逃していたとのことだった。

都下の清瀬市にある、結核の専門病院である東京療養所に強制入院になった。

安静のため勉強は禁止された。くそまじめに真に受けて法学の勉強は全くしなかった。ラジオから流れる楽曲をイヤホンでひたすら聴く日々。壮大なベートーベンと、場所がらか明るさを求めてモーツァルトが好きになった。ムソルグスキーのピアノ組曲『展覧会の絵』の地理や歴史、人物の物語性、消え入るような静けさと爆発する激情の対比に引き込まれた。

すぐに細田博之君（前衆議院議長）らクラスの友だちが繰り返し手紙を書いてよこしたり、

数人ずつ交代で退院まで毎月見舞いに来てくれた。寮や高校時代の友人たちもだ。正月には、K君がお母さんが作ってくれたというおせち料理を持ってきてくれた。排菌していなかったとはいえ、病院全体は危険な所だ。すごいことだと思う。申し訳なくて仕方がなかった。

(2) 日本患者同盟支部の文化部

10月になり病状は改善され少しは動いてもいいことになった。病院には結核患者で作る日本患者同盟（万城目明会長）の支部があった。文化部長になった。動けるとじっとしていられない悪癖が出た。結核病棟削減が計画され大きな問題となっていた。当事者である患者が動かないと事態は変わらない。厚生省に計画の見直しを求めて清瀬からバスで陳情に行った。バスは駐車場に停めてもらうことになっていたが、入口の鍵が見つからないという理由で入れなかった。陳情書はなかなか受け取ってもらえない。お昼の休憩時間になって、食事に向かう太って血色のいいお役人さんたちが正面玄関からぞろぞろ出てきた。陳情書は庁舎の玄関で受け取る塩対応だった。

お正月を迎えた。娯楽のため東京オリンピックの記録映画のフィルムを外から借りてきて上映した。寒い講堂、病気を悪化させたら大変だ。コンロをそこらじゅうからかき集めてきて木炭を必死で燃やしていた記憶しかない。

⑶　人間裁判

文化部では、結核の岡山療養所に入院し治療していた朝日茂さんが起こした生存権訴訟を学ぶ講演会を開催した。朝日茂さんは生活保護法による生活扶助を受けていた。扶助額は月額600円の日用品費だった。当時の支払額内訳表によると、肌着は2年に1着、パンツ1年に1着、ちり紙1月1束、タオル1年に2本、鉛筆1年に6本などだった。病気で血痰が出る朝日さんにとってはちり紙も足りない。

憲法25条1項は「すべて国民は、健康で文化的な最低限度の生活を営む権利を有する」として生存権を保障し、生活保護法はこれに基づいて保護基準、生活扶助額を決定している。この保護基準は憲法と生活保護法に違反しているという訴えだった。社会保障の拡充を憲法25条の実現という形で求めた最初の重要な訴訟だ。「人間らしく生きる権利」を正面から、しかも重症の患者がベッドから尊厳をかけて主張した裁判は「人間裁判」と呼ばれ、全国に感動を与えた。1審の東京地方裁判所は主張を認める勝訴判決を書いた。行政訴訟しかも生存権の訴訟で国に勝つのは珍しい。裁判長の名前をとって浅沼判決と称される。

朝日さんは2年前に亡くなって、当時は養子である朝日健二・君子夫妻が訴訟を引き継いで最高裁判所で争っていた。清瀬市内の日本患者同盟を訪問して養子夫妻に会い講師をお願いした。朝日さんは自らの命を縮めて社会保障に関わる政治と行政の冷たさを訴えた先駆者である。浅沼判決を受けて、日用品の支給額は段階的に引き上げられていった。裁判は最終的には最高裁で敗訴したが、裁判によって世論を喚起し、ひいては生活保護行政を改善させた功績はすこぶる大きかった。朝日さんは、「国民に保障する権利を不断の努力によって保持した」(憲法12条前段)。

(4) 懐かしい人たち

入院中多くの方と知り合った。発病した原因は殆ど過労だった。同室のAさんは自治省勤務。勤務時間が終わった後、外出して陳情を受けるなど夜の付き合いで重要な案件が決まることが多く毎晩遅くまでの激務。隣室のTさんは東京国税局で脱税の調査をしていた。いわゆるマルサだ。1人増やせば自分の給料の8人分以上に相当する金額の重加算税を課して国の財政の役に立つことができるのに、増員を要望しても聞き入れられないのでその分働き過ぎた、増員して「成果」を上げられるのを嫌う力が強く働いていると思うとのことだった。相前後して退院した後見舞いに行った。2度目に伺おうとしたところ、結核で亡くなったとのことだった。

患者同盟の支部の活動を共にした中学校の教員のTさんとは退院後一番多く会った。社会科の授業をしていてふと気づくと、校長が廊下に立って聞き耳を立てて監視しているとのことだった。住まいのアパートを訪ねた。狭い部屋につつましく暮らしておられた。Ｔさんは足立区の養護学校の教員として復帰した。訪問したとき、自分より身体が大きい女の子を背負って廊下を歩いていた。慢性的に腰が痛いとのことだった。職業病だよと笑っていた。

私は現場主義なので、これはと思う現場にはできるだけ出向くようにしてきた。行くと発見できることがたくさんある。

6　本郷にて

(1) 友人たち　再入院

3月末に退院した。4月下旬に、駒場時代のクラスの友人たちのほとんどが集まって座敷でお祝いの宴会を開いてくれた。彼らは4年生で、5月の司法試験や公務員試験に備える猛勉強の時期だ。本当にびっくりした。いいことがあるようにと、宝くじ1枚をもらった。病気したことなんかに負けるなという寄せ書きが今も手元にある。

5月。7日間41〜42度の高熱と平熱が毎日上下した。何も食べられない。水しかのどを通らないと1日についてちょうど1キロずつやせることを発見した。8日目に退院後通っていた東大病院に行ったところ、「尋常ではない熱病だ、東南アジアの女と接触したか」と聞かれた。接触だって？　近くの上野の街の雑踏で肩をぶつけた覚えさえなかった。その日のうちに入院した。今晩は親を呼べと言う。そんな大げさな、と思った。急には呼べなかった。寮生のMさんがベッドの横の床にごろんと寝て泊まってくれた。

検査したところ、新しく変えた結核の治療薬の副作用で骨髄の造血機能が損傷して白血球数が正常値下限の5分の1に激減したのが原因とのことだった。既存の治療薬はなく、若いM医師があなたは初めての治験者だと言って新薬を試してくれた。1時間ごとに採血して数値を測る研究熱心。運良く功を奏した。あの時は本当に危なかったよと後から聞いた。東京療養所に入院中に服用した二つの抗生物質も副作用が強く、早々に途中から弱い薬に変えていたので結核も完治していなかった。副作用で内耳の神経細胞が侵され、集中して無理をすると、今でもコンスタントにある高音に加えて中音の耳鳴りが大きくなって机を離れる。

夏に退院して帰郷した。畑の間の細い道でいい年をして働きもせず白いシャツで突っ立った私の横に泥だらけの母が立っている1枚の写真がある。これほど醜悪な私の写真はない。

復学した大学3年の私と母　自宅横の陸田の道にて

また身体をこわすからアルバイトはするなということで、友人たちが毎月カンパをしてくれた。１００円玉があった。10円玉もあった。アルバイトをしている連中からもだ。ある先輩の下宿に行った。風邪のため39度の熱が続いて３日目だが寝ないで勉強しているとのこと。彼女が差し入れてくれたという１パックの卵の半分の５個を帰りにもらった。彼女を含めてみんな貧しい仲間たちだ。先輩、貴重な栄養源をもらってしまってごめんなさい。友人たちを裏切ることは絶対にできないと思った。

１学年遅れて身近に友だちもいないので、４月に法律相談所に入っていた。みんな猛然と法律の勉強をしながら、市民の法律相談を受けていた。勉強をしていない私にとっては無謀な入部だった。後に弁護士として多様な憲法訴訟や情報公開などを担当した秋山幹男君や刑事弁護で名をはせた弘中惇一郎君たちと知り合った。コンパで、声は小さいが不思議と心に染み入る歌を歌った４年生がいた。神田紘爾さん。小椋佳の名でシンガーソングライターになった。幹事長を務めた安田秀士君は岐阜県の長良川のほとりの貧農の長男で、話が合った。明朗快活にして人情が厚い知行合一の秀才だった。弁護士になり、労働者や子どもの権利の保障などで驚異的に働いた。40代でスキルス性胃がんになった。心身を酷使し過ぎていたのだ。中古で買ったという家の周りは日陰の狭い土に雑草がちらほら生えていた。腹水がたまった彼と万感の想いで握手して別れた。帰りに手記をもらって電車に乗った。冷静に病気を見つめて闘いつつ、残していく小学校6年生の長男など家族を想い、社会を想い、人類の未来を想う燃えたぎる文章に圧倒された。もはや行き場がなくなった気迫が厚い鋼鉄の壁に激突しているように感じた。はばかることなく涙が茫漠と流れ落ちた。読み終わって気がついたら、山手線を2周して2、3駅過ぎていた。それから10日後くらいに、彼は還らぬ世界に旅立った。食器を洗いながらその場に崩れ落ちるように倒れたという。死後、手記の一部が出版された。題名のごとく鮮烈な「生命燦燦《いのちさんさん》」の短い生涯だった。

⑵ アルバイト　カムイ伝　妹

ベトナム戦争

体調が戻ってアルバイトを再開した。ベトナムで戦争した米軍戦車の車輪に食い込んだ肉片を深夜に強圧の放水で洗い落とすアルバイトを友だちが持ってきてくれた。どうしよう、週2回の家庭教師を1カ月したよりずっと高い報酬が一晩でもらえる。でも、戦争に積極的に加担することはできなかった。断ったら、この話は誰にも話すなと口止めされた。

ベトナム戦争で真っ先に思うのは、日本は米軍の出撃拠点になって日本から爆撃機が飛び立ち、弾薬や燃料の補給、戦車の修理などを行ったことだ。日本なくしてベトナム戦争はできなかった。日本はその意味で戦争支援者であり当事者だった。しかし、この角度からの自覚を国民が共有することを政府、アメリカ、メディアは嫌った。日本の加害者性が隠蔽されたことも、自衛隊のその後の軍拡の遠因にもなっている。日本の民衆は、望まない戦争に加担させられたという意味では被害者だが、ベトナムの人たちにとってはまぎれもない加害者だった（小田実）。

カムイ伝

毎月27日は月刊誌『ガロ』の発売日だ。お目当ては『カムイ伝』。江戸時代の底辺に生きた民衆の群像を活写している。新しい農業技術の開発に精魂を込め、一揆をはらむ緊張感の中で身体を張る農民の正助。自由を求めて戦い続ける非人（被差別民）のカムイ。下級武士の竜之進。それぞれの階級の生き様がダイナミックだ。歌うような田園風景の描写も天下一品だ。

「（『カムイ伝』の）シーンの一つ一つの向こう側に、江戸時代を生きている現実の人々が生々しい肉体を持って現れ、息苦しくさえなってくる。そのまなざしに見つめられると、『私はいったい何をしているのだろうか』『何のために生きているのだろうか』という思いにとらわれてしまう。」「カムイは常に『いま』を否定し続けているのだ。」「21世紀にもなって、ちゃんと階級もあり、格差もますます健在だ。」「分断され管理されている状態を『自由』と呼んでしまう私たちの社会で、怒りの結束は困難だ。」。以上は、20世紀の末以降、生きた「江戸学」を中心的に研究している元法政大学総長・田中優子さんの『カムイ伝講義』からの抜き書きである。[10]

机やイスを買うカネはないので折り畳みできる食卓を買って、そろえ切れていない法律の本を読んでいたのに、単行本になった「カムイ伝」シリーズは奮発して買った。自慢したら(笑)、10人以上が入れ代わり立ち代わり借りに来た。ボロボロになった本が今でもしまってある。

サルトル

サルトルがパートナーのボーボワールと共に来日した。「私」というものは定まった意味や同一性もなく、まず存在していて自由だ、だから未だ存在しない何者かになるほかはない、「私」は政治という状況の中に生きている、何もしないのは「状況を受け入れたこと」であり自由はないという行動的な哲学にはかねてから共鳴していた(『存在と無』)。サルトルはベトナム戦争を痛烈に批判していた。

アメリカが「石器時代に戻してやる」と公言し全力で戦っているベトナム戦争の反対デモにしばしば参加した。9条を持つ日本が、どうみても侵略であるこの戦争を後方支援していることに我慢できなかった。デモ隊に街頭から「頑張れよ」と声をかけただけの友人は、警察官たちに速攻で狭い袋小路の奥に連れていかれ「袋」叩きにされた。裁判官になった彼は、法廷の檀上でも、ときに頭に激痛が走ると言っていた。

妹

妹が田舎から訪ねて来たことがある。理科系の私立大学に合格したけれど入学金がないとのことだった。農作業や家事の手伝いをしながら現役で合格。よく頑張ったとびっくりした。でも、びっくり止まり。私もカネはない。大学は一部の人たちが優越するためにあり本当に大事なことは教えない、行けなくても仕方がないと心を鬼にして話した。大学とは何かを突き詰めて問うていたこの頃はこのような論も少なくなかった。妹は涙を一筋だけ流した。幼児の頃以降初めて見せた涙だ。御茶ノ水の駅前にあった純喫茶ウィーンの3階の奥まった席だった。大学に行く代わりに受験した専門学校の入学金しか出してやれなかった。女は男よりも勉強する機会が少なくてもやむをえないという気持ちも心のどこかにあった。大学に進学していれば変わった可能性が大きい妹の人生。優しい人間が「敗者」になる兄妹間を含む多重差別。自分が嫌になった。その後妹はケロッとしておくびにも出さない。

アルバイト

アルバイトは大学の掲示板だけでなく、旧山谷地区にある城北労働・福祉センターでも手っ取り早く見つけていた。センターの窓口で日雇いの仕事を探していたある早朝、「秋田の○○さん、お電話です」のアナウンス。電話を聞いた○○さんは泣き出しそうな顔で戻ってきた。「女房が脳溢血で倒れた！」。飛び出して行った。上野に近いこともあってか、出稼ぎに来た東北地方の求職者が多かった。かつて山間部を含め狭い農地で生計を立てていた人たちは、消費経済の時代についていけなくなっていた。○○さんのような生真面目さはなく、ここで仕事を見つけて周辺の簡易宿泊所で長期間暮らしているその日暮らしの人たちの一番の娯楽は映画かと思ったが、競輪だとのことだった。

⑶　東大闘争

序論

１９６０年代後半は、東西両陣営で体制に対する不満やベトナム戦争の激化などをバックに、若者の世界的な異議申し立てが活発になった。日本では、１９６５年の慶應大学の学費値上げに抗議する全学ストライキに始まり、１９６８年には日大や東大など、大学紛争が燎原の火のように燃え広がった。

東大闘争といえば、繰り返し放映される安田講堂の攻防戦のイメージばかりが植え付けられ、あんちょこなエンターテインメントとして消費されている感もある。

留年して近しい仲間が殆どいなくなったこともあって、東大闘争の全体像を理解していたとは言えない。事実の誤認もあるだろう。まして全国の大学紛争の状況をやである。それゆえ無責任な記述は避けるのが筋だとも考えた。しかし、僭越ではあるけれども、ノンセクト・ラジカルである平凡な一般学生の一人である私から見た拙い経験と感想を綴ることはなにがしかの意義があると思われる。機動隊導入反対を主張するデモ隊が機動隊の厚い隊列によって壁に押し付けられ脚が宙に浮き、倒されて踏みつぶされそうになったことがある。圧迫死の恐怖を感じた。

戦後20余年を経た当時、当初はそれなりに民主化された教育が、経済社会の要請に応えて中央集権化の度を強め、従順で有能な人材の養成機関への道を歩んでいることは明白になっていた。大学は国民一人ひとりの幸福を実現するという本来の役割を果たしているのか、学生である自分自身も欺瞞的に生きているのではないか、大学と自分を徹底的に厳しく問い直す熱気があった。「自己否定」という言葉がはやり、学問の自由、大学の自治、大学革新、日本の民主化を厳しく問うた。「今、カネ、自分」の風潮の下、産学共同・軍事利用が懸念される研究が急速に進むとともに、若者や中高年の受け身の姿勢が目立つ今、この時代を知る意義は大きい。

学問の自由と大学の自治、学生の地位

医学部では、厚生官僚と密接に連携した登録医制度反対などの声が完全に無視され、ストライキ、安田講堂占拠に発展した。大学執行部は1968年6月、学生を排除するため機動隊を導入した。学内の問題の解決のために警察力を導入することは「大学の自治」に反する重大な

事件だった。

憲法23条は「学問の自由」を保障している。真理の探求を目的とする学問の自由は学問する人にとっても、社会や国にとっても不可欠な人権である。菅《すが》内閣による６人の学者の学術会議の新規会員任命拒否事件がそのままになっていることは極めて重大な学問の自由の侵害である。日本人全員にとって取り返しがつかなくなることが起きている。

大学は学問研究の中枢的な機関だから、学問の自由の保障は、大学に最大限の自主性を認めることを要請する「大学の自治」も含む。２００４年から国立大学は法人化され、国からの「運営費交付金」の毎年１％削減など大学の自治の内容の一つである財政自治権はほとんどなくなった(11)。軍事力の強化などに誘導する意図が認められ、私たちの生活や自由の制限となる切実な問題である。

大学の施設管理権の自主的な決定も大学の自治の不可欠の内容である。これを露骨に侵害した警察力の導入に抗議する声は広がり、安田講堂前で開かれた抗議集会には６０００人が参加した。

「大学の自治」は、大学と国家権力の間の問題である。闘争では「大学の自治」における大学と学生の間の関係も大きな問題になった。判例は、学生は営造物の利用者に過ぎず、大学の自治の主体ではないというものだった（東大ポポロ事件最高裁判決）。そうすると、医学部の学生は処分されても文句は言えない。これに対して私たちは、教授会の自治と矛盾しない範囲で可能な限り大学の自治の主体的な構成者として管理運営に参加する権利があると訴えた。組織においては、構成員各自の待遇や組織の在り方については、その構成員の地位にふさわしい形で決定に参画できることは基本的に要請されていることは、民主主義の原則から当然のことである。よって、学生の権利の問題は国民にとって普遍的な権利の問題にもなる。

無期限スト、確認書、安田講堂攻防戦

10月までには、全10学部の学生が無期限ストライキを開始した。秋になると、東大闘争全学共闘会議は東大解体を主張し全学バリケード封鎖へと戦術を拡大、校舎の占拠・封鎖を続けた。しかし全学バリケード封鎖は多数の学生の意思に反すると思った。法学部学生大会は封鎖阻止を決議した。11月からは全共闘の暴力に眉をひそめた。大学と政府の権力的な姿勢に対抗するためには一定の実力行使も必要だ。しかし、それが世間で受け入れられる限度を超えると、社会の支持を得られず大学改革はできないと思った。全共闘が封鎖した図書館前では大きな消火器を投げつけるなど生命に関わる暴力も頻繁にあった。全共闘が実力攻撃をかけ民青系が応戦することが多かったようだ。無党派（ノンセクト）の学生は、暴力に反対する側が圧倒的に多いように見えた。民主化行動委員会（民青系）とノンセクトのクラス連合等は統一代表

団を結成して大学執行部との交渉を準備し、これに反対する全共闘と激しく対立した。機動隊が、キャンパスの正常化ということで頻繁に学内に導入されるようになった。暴力の行使自体に反対であること、暴力の行使は大学改革に賛成する世論を遠ざけるうえ機動隊の介入による大学自治の破壊も招き、これらは大学闘争の目的からは本末転倒であると強く主張した。ノンセクト・ラジカルとして民青と共に全共闘に対抗しヘルメットをかぶりゲバ棒を持って、１度全共闘派と対峙した。短い時間で実力行使はしなかった。苦しい理屈だが、大学の自治が機動隊と全共闘によって侵害されようとしている事態であり、自治を守るための正当防衛（対物防衛）（刑法36条）だと考えた。何かしなければならない。我慢できなかった。建物の上から大きな瓦礫を投げつけられた。とっさに拾って投げ上げ返した。右肩が半年近く上がらなくなった。鉄砲肩でない無鉄砲だった。暴力反対なのに首尾一貫しない軽挙妄動だったと猛省した。

１年次に駒場の聖書講義で薫陶いただいた西村秀夫先生ら３名のクリスチャンを含む５人の教官が「非暴力連帯」を呼びかけて一般学生や教官が両派の小競り合いの間に座り込んだことは先に書いた。このことは後に知った。このような方法もあったのだ。知っていればここに参加したと思う。

西村先生は駒場の学生部の教官としての大学の仕事と学生の間に入って筆舌を尽くしがたい苦労をされた。学生の行動を理解し、身を捨てて大学執行部と掛け合った姿に驚く。大学闘争後間もなく退官され、札幌で障碍者と共に生きる道を選ばれた。

1969年1月10日、7学部集会は大学執行部と10項目の「確認書」を締結した。学生約7500人が参加した。全共闘系は締結に反対して参加しなかった。確認書には、「大学当局は、大学の自治が教授会の自治であるという従来の考え方が現時点において誤りであることを認め、学生・院生・職員もそれぞれ固有の権利をもって大学の自治を形成していることを確認する」との項目が入った。

シャーッ　飛び交う高圧放水と火炎瓶
バコバコバコ　ごう音をとどろかせるヘリコプター

安田講堂は、1月18日、機動隊との攻防戦の上封鎖解除された。機動隊側の負傷者710人、学生の負傷者47人、逮捕者457人を出した。立て籠っていたのは全国から集まった他大学の全共闘の学生が圧倒的で、東大の学生はほとんどいなかったと後に知って唖然とした。

闘争が終わって

授業は徐々に再開されていった。

大学闘争は大きなロマンだったともいえよう。当時の学生は相当利他的で身体を張って臨んだ。新入生から適用される学費値上げに対して4年生もストライキで闘った大学もあった。

小杉亮子さんの『東大闘争の語り』は、当事者だった多様な四十数名の学生、院生たちの出自や闘争中考え悩んでいたこととともに、その後の試行錯誤を綴った感慨深い生活史である。民主化行動委員会のメンバーとして奮闘した法学部の河内謙策さんによる『東大闘争の天王山「確認書」をめぐる攻防』も闘争のプロセスを詳細に記録して興味深い。卒業後も闘争の継続に関心を持っていたところ、細かい議論は分からなかったが運動が急速に収束された印象を持った。池上彰さんと佐藤優さんの『激動日本左翼史』『漂流日本左翼史』は、学生たちはなぜ過激化したのか、今後左派は存在感を取り戻せるかを語っている。闘争を「左派」の歴史として総括しているようである。しかし、それだけでは全体が見えないのではないだろうか。自由と民主主義が機能する大学と市民社会を作るという、すべての国民の利害に関わる闘争だったと考える。ヨーロッパにおける大学闘争と比較したい。

２０００年頃、東大の自治会を訪ね歩いた。駒場の教養学部では自治会長に会えたが、昔の面影はなかった。本郷では、自治会の看板がある部屋があったのは理学部だけだった。そこも活動していたかどうかは分からない。何事もなかったかのような銀杏並木は、モノクロの風景画のようだった。喧噪の反動にしては寂し過ぎた。

ドイツやフランスの大学闘争

欧州各国では、学生が大学の意思決定機関に教員や教員外職員、学外者と並んで議席を獲得するに至った。例えばドイツでは、大部分の州において学生代表は大学と学部の双方の段階で選出され、代表は大学と学部の委員会において学生の利益を代表し、さまざまな教育・社会問題において積極的に活動することが期待されている。学生闘争を経て、ナチスの不法な国家体制は克服すべき対象として明確化され、残っていた残滓の一掃が図られた。闘争は初の社会民主党政権を誕生させる流れにつながった。

フランスでは、管理運営評議会を始めとする三評議会に学生は代表（各評議会の7・5〜40％）を選出し、また、同様に日本の学部に相当する教育研究単位（UFR）でも評議会には学生委員が選出される。多くの大学では執行部にも学生が参加している。

大学闘争の評価

怠惰で他者依存的な自己を否定し、自己を革新して社会に貢献しようという気風を身に付けようという大運動は必要不可欠なことだった。卒業後も公共の利益を実現する立場からそれぞれの持ち場で奮闘した多くの人たちに敬意を表したい。市民や勤労者の一員として大学や教育の改革、労働運動、フェミニズム運動、エコロジー運動、障碍者運動、反原発運動、憲法を活かす運動など地味な行動を発展させていったことを社会はきちんと評価すべきである。

しかし、大学の自治や学生の地位の改善の制度化は甚だ不十分だった。東大についていえば、「確認書」の締結を重視して、勝ったという評価も多いようだが、その成果がその後生かされていないことも踏まえる必要があるのではないだろうか。書面で約束されたことを実行する実力が形成されたかが重要だと思われるところ、心もとない。

日本の大学紛争も明治憲法時代から続く権威主義的な側面を克服していない政財官司や戦後の知のあり方を問う世代間闘争の側面もあった。しかし、この問題意識はドイツやフランスのように市民と共有するものとはならなかった。

東大の経済学部長も務めた宇沢弘文さんはこう言う。「大学とは、政治的、社会的な圧力から自由に、人類の社会が築いてきた貴重な遺産を学んで次世代を育てると当時に、貴重な遺産を次の世代に伝えるという、大切な社会的共通資本です。安田講堂事件のあと、加藤総長が坂田文部大臣のところに釈明に行ったのが、日本の大学の独立、自由の終わりだった。その後大学は次から次へと改革されていく（中略）。国立大学法人化で、人事権は教授会にあるという鉄則も破られた。こうして日本の大学が持っている基本的な条件が崩されていった。欧米の大学では見られないことです」。「人間本来の理性、知性、そして感性を失って、人生最大の目的はただひたすら儲けることという、まさに餓鬼道に堕ちてしまった大学人が少なくありません。その象徴が、今回の歴史的規模の金融恐慌（リーマンショック）の直接的な原因をつくりだしたサブプライムと、それを徹底的に悪用した金融工学です。その頃から、工学部の学生たちが競って、金融機関に就職を希望しはじめたのです」。「経済学部の同僚の1人が私にこう言ったのです。『自分のゼミの学生は、その多くが大銀行に就職する。それは、大銀行に入れば、定年になってからも2次的な就職が可能で、生涯所得を最大にすることができる。経済学の基本をちゃんと理解して、賢明だ(12)』」

重大なのは負の遺産になったことだと思う。当初は社会から共感されて出発したが、闘争が過激化、先鋭化するにつれて反発された。最後には新左翼同士の内ゲバや仲間争いで殺し合いにまで発展し、世論が硬化した。デモや集団行動は怖い、一部の暴力学生がやることだとさえ受け止められ、70年代以降の市民運動が衰退し停滞する大きな原因になった。全共闘、民青ともに社会主義の日本を建設するという壮大な目的につなげる意図も持って闘争に臨んだ学生も多かったところ、その実現をはるか先に延ばすどころか、国民の間に新たに疑義も生じさえした。池上彰さんは、日本人を「総ノンポリ」化してしまったと言われる(13)。

なぜ国民にとって負の遺産になったのか

一つ目。学生も政治家も暴力に甘い。

学生同士、対立し敵対するとしても越えてならない一線がある。正当防衛でもない暴力の行使は許容されない。内ゲバは論外だが、目的実現のためには暴力という手段も正当化されたことは、人間疎外をなくすという目的自体とも矛盾する。

日本には暴力の行使を容認する土壌があった。保守のトップレベルの政治家も先述のように暴力を利用してきたし、大学紛争でも国家が協力者を使って暴力を利用した。

これは過去の問題ではない。政治家も国も暴力と加虐の歴史を葬り去っている。「南京事件の犠牲者は言われるほど多くない」「従軍慰安婦は合意による娼婦だったから問題ない」という言説がこともあろうに政権党から「自虐史観批判」としてまかりとおっている。この批判は教科書をも書き換えた。小池百合子都知事は、関東大震災（１９２３年）の際の朝鮮人らの大虐殺による犠牲者を悼む追悼文の送付を拒否し続けている。国民の間でもいじめやＤＶなど諸々のハラスメントは減るどころか増えている。学生運動の問題に限らず、人間を尊重し、人権を大切にして共に生き、暴力を否定する社会になっていない。２０２２年12月の安保３文書の改定は国家の暴力度を高めた。

二つ目。世論に無関心。

当初の学生の運動は、ベトナム戦争反対、核兵器も米軍基地もない沖縄の本土復帰を目指すデモなど、市民と連帯する色彩が強かったと思う。学費値上げ反対も親の負担を軽減させるので親から支持され、学生の諸々の行動には世論を味方にできる基盤があった。しかし、暴力や強制が目立ってくるにつれて世論と乖離した。確かに、学生は若さ、純粋さ、身軽さなどから社会より一歩先を目指して大胆な行動をするものであり（現代はそもそもこれが存在しない）、社会や政治はそれを尊重すべきである。しかし、学生といえども、世論に支持されるか、支持されるようにする展望はあるのか、踏みとどまって必死に考えるべきである。それも学びの対象であるという自覚が欠如していた。

三つ目。メディアの否定的な報道。

小杉さんは、「１９６０年代当時から現在まで続く、メディアなどによる否定的な集合的記憶の形成」を問題にしている。[14] メディアは、運動全体を無分別な暴力と片付ける傾向があった。目読者や視聴者の目先の感情におもねるという自己の利益重視になっていなかっただろうか。目の前の仕事や生活に忙しい一般の国民が大学の自治、組織運営への構成員の参加の促進、文科行政への批判という憲法がらみの問題になじみにくいのは当たり前のことであり、これらについてメディアは世論形成機能ないしその責任を持っているはずである。東大闘争を回顧する新聞やテレビが、運動の主体として全共闘しか記事にせず、多数派であるノンセクト（ラジカル）や民青を無視する傾向があるのも安易過ぎるという以上に意図的なものを感じる。

四つ目。警察による誘導。

看過できないのは、政府＝警察の巧妙な世論操作である。「1960年代後半から1970年代にかけて警察庁がポリシング戦略を巧妙化させて、自分勝手で残虐な過激派という社会運動家イメージをメディアをとおして社会に植えつけることに成功した」[15]。意図的に学生を暴力化させもした。警察に通じた学生が行動の最前線に立ってグループ全体を過激な行動に導いた例もある。東大闘争で逮捕された学生のリーダーが実は公安警察の回しものだったりした。リーダーは形どおり逮捕、起訴されたが密かに公訴が取り消された。彼を信じて行動してきた学生は人間不信に陥り自殺したりした。

警察は中立ではない。現在でも市民の平穏なデモ隊に右翼が暴力を行使しても事実上黙認し、逆に市民を挑発して公務執行妨害罪を仕立て上げて逮捕するのは珍しいことではない。デモ隊の両サイドを警察がはさみこんで行進し、デモ隊は危険だというイメージを作り上げている。付言すると、陸上自衛隊が「反戦デモ」や「報道」を「テロ」などと並んで「敵」とみなす資料を作成していたことが近年問題になった。

五つ目。対立一辺倒。

現時点から振り返っての事後的な問題である。

既得権益を保守したい側は、意見が相当大きく違っても大同団結する傾向が強い。天皇制の復活を目指す右翼から仏教をバックとする人たちまで比較的まとまっている。はては、故安倍元首相の桜を見る会事件やその後の旧統一教会関連事件では、えげつない人たちや反社会的な人たちとも友好的な関係にあることが明らかになった。多くの国会議員にみられるように、議員になって出世することが自己目的だったり、私的な経済的利権・利益を中心にすると、群がりやすく結集しやすい。

これに対して、現状を変革しようとする側は、小さな事柄でも対立し、ときに敵対する傾向がある。個人の間でも政党間でも、近い立場にある者同士の方が近親憎悪的になったりする。イデオロギーや理想、民主主義像が異なるので妥協するのは難しいことも多い。しかし、違いを相互に尊重、リスペクトしつつ大きな目的の実現のためには連帯することにもっと重点を置いてもらいたいと思う。

瀕死しつつある大学の自治

私たちは赤んぼうの時から生きることを学んでいる。憲法26条の教育を受ける権利の背後には、国民各自が一個の人間として、また一市民として必要な学習をする固有の権利（学習権）が保障されている（最高裁判例）。幼児教育、義務教育から大学の高等教育まで、そしてメディア等による社会教育の使命は、学びたいという学習権を保障することだ。

私たち個々人には何が真実か真理かを追い求める学問の自由も23条で保障されている。家族と一緒に勉強をするのも学問であり自由だ。本条は大学の諸々の自治（自由）も保障している。生きること、学ぶこと、学問の自由、大学の自治は表裏一体である。


学問とは何か。『漫画　君たちはどう生きるか』で、叔父さんはコペル君にこんなことを話している。

「一人の人間として経験することに限りがある。（中略）できるだけ広い経験を、それぞれの方面から、矛盾のないようにまとめあげていったものが、学問というものなんだ。（中略）そういう経験を前の時代から受けついで、その上で、また新しい経験を積んできた[16]」。戦前、命をかけて大学の自治の獲得のために闘った先人と、それを支えた国民の経験を想う。


大学の自治の柱には人事の自治があり、教育、研究、大学運営は教授会が自治的に行うことは私の学生時代には当たり前のことだった。さらなる大学の自治、ひいて学問の自由や個人の自立を求めて闘った大学闘争の成果が生かされていない。

逆に、大学の自治は次第に侵され続け、２０２３年12月の臨時国会では、政府与党と二つの野党が結束して、大学や国民に対する説明を省略し、駆け込み的に急いで国立大学法人法を改正した。一定規模の国立大学を突破口に、人選に文科相の承認を要する最高意思決定機関を新設する法改正であり、大学の自治は瀕死しつつあると思われる。公金から支出する大学予算の大幅なカットの連続による目先の産業的な利益に直結しない研究力の急速な低下、研究を経済界に従属させる誘導政策も国民の利益にはならない。これは、「民意」の名のもとに、形成しつつある軍産複合体や外国の多国籍企業の意向を反映させる意図があることは明白ではないだろうか。文科相といえば、日本の軍事大国化を主導し、旧統一教会との密接な関係も問題になった安倍派が最も重要視してきたポストであることはよく知られている。カネに汚く、解散に追い込まれた安倍派の亡霊が生きている。安倍派に限ったことではないが。「1968年」をはるかに上回る大学闘争と国民の大規模な運動が起きる事態だ。二つの野党は、今回もまた非常に重大な局面で、政府与党をこっそり支持した。

ここに至る情報をメディア特にテレビやネットが殆ど報道しないので、国民は危機感を持てずにいる。報道しないので、当の学習権も侵害されている。民主主義の基礎である国民の知る権利、学習権を国民自らの手で獲得することが不可欠である。大学に入っていい所に就職するだけでは集団自殺である。

7　1人は万民のために　万民は1人のために

大学時代になじんだ言葉に「1人は万民のために　万民は1人のために」がある。いつの間にか覚えた。

小学生のころ、アレクサンドル・デュマによるフランスの冒険小説『三銃士』をわくわくして読んだ。田舎から若者ダルタニャンが銃士になるために花の都のパリに出てきて、アトス・ポルトス・アラミスの三銃士と織りなす活劇だ。銃士の友情を示す言葉としてこのセンテンスは有名のようだが、読んだときこの言葉があったかどうかは覚えていない。最近では、ラグビーの結束力を意味する“One for all, all for one”として有名になった。互いに助け合う生活協同組合の理念としても知られている。

マルクス、エンゲルス、レーニンの主要な文献は1年の後半から時々読んできた。マルクスの『経済学哲学草稿』は多くの人が読んでいた。『資本論』は私には難しいし分厚過ぎるので、抄訳を片手に第1巻だけ飛ばしながら読んだ。資本主義の時代になって人間の労働力までもが商品として取引の対象になり、利潤を得るための手段となったことを詳論している。マルクスは労働者に限りない愛を注ぐ強烈なヒューマニストである。現代において、人間は企業にとっては「コスト」であるかのように扱われている。しかし、これは、憲法が個人の尊厳を謳っていることとも相容れない面が大きい。人間が法や政治だけでなく経済を運営する側面においても主役だというのが憲法の人間観だろう。『資本論』が書かれた時から1世紀半以上過ぎた。現代に当てはまらない理屈もあるのは当然のことだ。現代においては通用しないと思われる部分は歴史的叙述として学びつつ、資本主義と憲法が謳う個人の尊厳との関係を深く考え続けなければならないと思う。

資本論の時代とは異なり、生産力は発展し続けるのか、発展させ続けていいのか、ということも今は大きな論点になっている。『資本論』の根底に関わる。

マルクスたちが語ってきたことを、私たちは今、ベストセラーで読んでいる。『漫画 君たちはどう生きるか』。叔父さんは、歴史や生産関係に関する一連の話の中で、コペル君に話す。「(浦川君のうちの)若い衆たちは、自分の労力のほかに、なに一つ生計を立ててゆくもとでをもっていない。一日中身体を働かせて、それで命をつないでいるのだ。(中略)それだのに、残念な話だが今の世の中では、からだをこわしたら一番困る人たちが、一番からだをこわしやすい境遇に生きているんだ[17]」

今、「1人は万民のために　万民は1人のために」という標語の重要性は増している。憲法の核心となる理念は、第13条の個人の尊厳である。誰もが尊厳ある存在だとすると、「ともいき」=「誰一人取り残されない社会」もまた憲法の理念であり、それはこの標語にも通じるものがあると思われる。コミュニティや「コモン」の実体を豊かなものとして追求する必要を痛感する。

当時、北海道大学の今村成和先生や早稲田大学の大須賀明先生は、憲法29条の「財産権」や22条1項の「営業の自由」の内容は、個人の生存に直結する財産権あるいは営業の自由保障であり、それで必要にして十分であると解釈しておられた。財産権の社会性に鑑み、生産手段の私有を絶対的に保障していると解すべき法的根拠はないとのことである。多数説は、これらの条項は資本主義を制度として保障した趣旨だと解釈している。私は専門家ではないので、よくわからない。しかし、専門家の間の論争に止まっていていいのかという素朴な疑問もある。憲法は国民のものであり、解釈も時代の要請によって変化する。

狩猟採集民時代の私たち人類は、当たり前の自然なものとして「1人は万民のために　万民は1人のために」生きていた（山極寿一・尾本恵市先生の一連の著作はこのように読める）。はるかなる山の彼方からのかすかな声に耳をすましたい。

時代が閉塞している要因として、保守革新とも他者たちが作った先入観やタブーに捉われ思考停止していることが多いこともあげられると思われる。

ずっと後になるが、ソ連が崩壊したのは当然のこととして私は歓迎した。平等と生活保障は一定の成果を上げたが、人間が生きる上で不可欠の自由、民主主義、平和の考え方がこの国には欠けていた。翻って、これらの理念を標榜する私たちの日本はソ連を叩くほどには自由も民主主義も平和も重視していない。恥ずかしくないのか。それでは、ソ連（ロシア）批判の声も行動も弱いままだ。

思考停止してしまったら、生きている手応えが乏しくなる。真実を求めて活発な議論をする勇気を持ちたい。

8　就職

司法試験を目指して留年までさせてもらったが論文式試験で落ちた。学説を比較して自分の意見を持つことに意を用い過ぎた。三ケ月章先生の民事訴訟研究や憲法の学術書、勉強から離れた労働農民運動の雑誌を購読するなど手を広げ、試験対策とはほど遠い自己流の勉強をしていた。休学して勉強仲間がいなくなった影響もある。最高裁の判例には賛成できないものが多いので、それを批判したうえで自分の考えを書くので、答案を書く時間がかかってしまった。要領をつかむのも実力のうちだということを軽視し、ムダが多く親不孝な学生生活だった。

公務員試験では厚生省を希望した。面接官から国の社会保障政策についての意見を聞かれた。大企業・中小零細企業という二重構造とそれを反映して分断された社会保障制度の問題点と改革案などを述べた。議論になって面接官の顔が次第に険しくなった。突然「はい、けっこうです」。これが原因だったか分からないが落ちた。その後、きちんと考えを述べることを重視する面接試験に変わったと聞いた。今はどうなのだろうか。是非とも厚生省に入ろうという気持ちがなかったことも大きい。入っても対立して長くは持たない予感もあった。

なお、後に文献目録に記載した小熊英二先生の著書を読んで分かったことだが、当時の厚生省は、なんと北欧型の職業横断的な高福祉高負担の社会保障制度への改革を構想していた。選別主義ではない普遍主義である。しかし、高負担を嫌う大企業労組やそれを支持基盤とする野党が反対して実現できなかったとのことだ。下請け企業や非正規労働者から搾取して企業内福利厚生を実行することができる大企業偏重をこの時改革していれば、現在のように負担と給付をめぐってこれほど苦労することはなかったかもしれない。

どうしても就職したくて、滑り止めとして遠方への転勤が少ない民間会社を受験した。業界No.2の会社だった。面接で、私がデモをした日時と場所が1行ずつ記載してある一覧表を前に確認を迫られた。30行くらいあった。警察はプライバシーの権利（憲法13条）を侵害している し、目的外使用だ。支持政党は？　と聞かれたので社会党ですと答えた。今ここで自民党か民社党に変えなさいと言われたので、それはできませんと答えた。落ちたかもしれないと思ったが合格していた。ベトナム戦争反対のデモをするような若者はプライバシーの権利は剥奪され、企業には有害ということだ。ベトナム戦争反対のデモは、アジアの貧しい農村で働き、抵抗する純朴な男たち、あるいは無抵抗な女たち、子どもたちがしばりつけられ、無雑作に殺されていくことにじっとしていられない気持ちからだった。この意味では、日本の若者は自分の自然な気持ちを殺して就職し、ほどなくして下の者を殺す側に立つ。日本は国民が自立していない企業国家（主義）ではないだろうか。「政治（や外交、戦争）なんていう難しいことは分からないので関わらない」として自己規制し、外国人を含む株主にもうけさせることを優先しがちな企業国家という政治的な鋳型に自らをはめ込んでいく若者が多いように感じられる。

結局、東京都庁に就職した。長男なのでずっと親と同居できる、遠方の勤務地がない所にしたいという思いが強かった。

第5章

東京都庁にて

1　生業資金

福祉国家の建設が後回しになっていた大衆民主主義社会は各地で革新自治体を生み、東京都は美濃部亮吉知事になっていた。知事も力を入れていた福祉行政をやりたいこと、および住民に近い現場の部署であることを希望した。希望がかない、23区でも貧しい区の福祉課に配属された。

担当した業務の一つは自営業者が起業や業務の拡大に必要とする生業資金の貸し付けだった。予想以上の申込数で、隣の係の人たちにも手伝ってもらい、申込者の仕事場にする予定の自宅や仕事場を自転車で訪問し、事業計画の的確性・堅実性や経済的困窮度などを調査した。約束した日時に会えない人、夜遅くや休日にしか会えない人も少なからずいた。美濃部都政が福祉を重視したこともあって仕事が増え、この時ではないが残業が週に50時間になったこともあった。終電がなくなり机に突っ伏して寝た。好きな仕事なので全く苦にならなかった。残業代は定額の月に全員一律23時間分のことが普通だった。

４時半になると靴磨きを始め、定時の５時の鐘と共に去りぬをモットーとしている管理職には知るよしもない。生業資金の貸し付けを申し込んだ全員の調査報告書をまとめて4時頃管理職に提出した。一言、「で。誰がどの議員の紹介かね」。議員たちが管理職や係長の所に持ってきた貸付申込者のメモをその都度確か十数人分預かっていた。管理職はそのことにしか関心がないのは明らかだった。管理職からは、残業代を大幅に超えて調査に協力していただいた職員たちに一言ねぎらいの言葉が欲しかった。私はとっさに「メモは紛失しました」。そう答えた自分も意外だった。20代だけれどその10分の1の青二才なのか。管理職の机の前に立ったままちょうど1時間烈火のごとく怒られた。彼は5時になったので、この日は靴を磨かないで帰って行った。調査報告は貸付審査会にかけて、報告書のとおりの優先順位で貸付を決定した。

この後の裁判所時代も含めてえげつないことを書くのは不本意であり、かなり迷った。書くのは個人の批判のためではない。

生業資金の貸付金の回収も仕事だった。かなり多数の滞納者に延滞金を付加して毎年督促状を発送していた。支払い能力に応じた負担の軽減、回収率のアップ、督促する手間や郵送料の節約を考えた。延滞している世帯を実態調査した。旧バタヤ（廃品回収業のこと。東京都墨田区言問橋のそばの「蟻の町」が有名）が集まっていた地帯では、終戦後間もなく借りた両親は早く病死して20歳くらいの娘さんが応対した。妹を高校に行かせるために中卒で働いているとのこと。区の負担となることとの調整を考えて減額免除条例を審議会にかけ、２回の修正を経て了承され区議会で可決された。

2　老人クラブ

老人クラブを担当した。区内の老人クラブの行事や会合に参加して運営の改善を提案した。クラブには運営費を毎月補助している。補助の条件は教養、健康増進、娯楽の活動を三つとも行っていることだ。ある老人クラブの会長から活動報告書は担当が適当に作れと言われた。毎年そうしてきたとのこと。有力な区議会議員である会長が主催する温泉へのバス旅行に補助金を全額使い、それ以外のことは何もしていなかったので改善するよう指導していたクラブだ。これは、実質的には会長が支持者を増やす目的の横領行為ではないか。報告書は作れないと断ったところ、上司が代わって作った。自分が違法行為に手を染めていないから仕方がないとして済まされる問題ではない。

今、高齢化で退職後の人生が長くなった。高齢者は、老後を第二の人生として新たな目標をもって積極的能動的に生きることが、自身の健康や生きがいのためにも、社会や国のためにも有益であり必要だと思う。老人クラブもそのために役立つ存在だと思うところ、現状はむしろ衰退している所が多い。地方も国も課題として取り組む必要がある。

3　会計検査

東京都から定期の会計検査があった。先輩が会計帳簿にせっせと付箋を付けていた。検査官は付箋がついたページだけを見て早々に仕事を終えた。５時からは管理職や先輩が料亭で接待した。接待費はどこから支出したのだろうか。

以下は一般論である。

元文部科学事務次官の前川喜平さんはいう。「国民の税金を横領して飲み食いするなどという悪習は、もう日本中の役所という役所にあった(1)」

２００３年には、北海道新聞の調査報道や元北海道警察ナンバー３で裏金に直接関与する立場にあった原田宏二氏らによって、北海道警察内部で裏金が組織的に作られていたことが明らかになった。

裏金は国民から見えにくい外務省と検察庁には最後まで残っていた。裏金の歴史は、公務員の違法行為をなくすためには国民の辛抱強い監視が不可欠であることを教えている。公文書の改ざんや隠ぺいなどの問題が解決されるかどうかも国民の努力次第だと思う（憲法12条前段、97条）。

4　地方自治とは何か

憲法92条は、地方自治の基本的な条文であり、「地方自治の本旨」を謳っている。「地方自治の本旨」とは、憲法の目的である人権保障と民主主義を地方団体において実現することである。「国民主権」＝民主主義という点からいえば、国よりも規模が小さい地方団体の方が、より民意に基づく政治を実現しやすい。住民の意思を地方政治に反映させ、その積み上げによって国の政治が行われるシステムのほうが、国民の意思に基づく政治をより実質化しうる（「住民自治」）。人権保障の点でも、国のレベルでの全国画一的な処理よりもそれぞれの地域の実情に応じた処理が求められる領域が少なくない。

東京都における仕事は、このことを実感させた。

近年、東京都に関しては、作曲家の坂本龍一さんの死の床からの訴えもあって、神宮外苑の樹木を大量に伐採する動きが大きな問題になっている。都立日比谷公園の樹木の伐採も論議を呼んでいる。ビルの一層の高層化による土地の財産的な価値の増殖や不動産業界の経済的利益を重視するか、自然環境の保全や住民の健康の増進を重視するかの対立である。後者は、土地や樹木の公共的な性格を主張している。この種の問題は、情報をオープンにして住民が参加する場で地権者や東京都と意見交換して決定することが求められる。まさに、（大きな）財産権（憲法29条）か環境権（憲法13条、25条）かという人権問題を解決するために、住民自治という民主主義の手続きが求められている。

民主主義の立脚点として、ローカル（地域）を重視するローカリズムが世界的に注目されている。ローカリズムの新しい流れは、フランスやスペインで育ってきたミュニシパリズム（地域主権主義）、すなわち、住民の参加・協同と地方自治体の連携によって公共サービスの民主的な管理を実現する運動である。これを推進しようとしている東京都杉並区（岸本聡子区長）の区政が注目される。

5 職員、労働組合

⑴ 自治体職員のあり方

美濃部知事は新しい福祉施策を次々と打ち出していた。しかし、末端の現場から見ると、職員は上から下りてくる仕事を受動的にこなしているだけのようにみえた。現場からの意欲や提案がもっとあればいいいと思った。国の行政も同じだが、上意下達だけになっていてはいけない。区の幹部も自覚的な職員を育成しようとしているようには思えなかった。このままでは革新自治体は長続きしないと感じた。

「個人の尊厳」（憲法13条）は、人権が保障され保護される側としての尊厳を意味するのが通常である。それだけではない。「尊厳ある個人」として個々人が主体的に振る舞うことによってはじめて保護される客体としての「個人の尊厳」は実現される（憲法12条、97条）。この側面を意識的に追求しないと社会も国も変わらない。職員が自覚的な尊厳ある個人になれるかどうかが極めて重要である。そのためには、「住民」が職員を監視することが不可欠である。

時代は巡り、私が在職した当時よりも都知事をはじめ幹部たちは職員や住民の声を聞こうとしない。のみならず、独断的に踏みにじっていると思えることが増えた。東京大空襲を経験した故早乙女勝元さんたち住民が墨田区内の横網町公園内に平和祈念館を建設しようと提案し、東京都も協力して予算をつけ準備を進めていたが、石原慎太郎知事や右翼の反対もあって中止した。アジア・太平洋戦争における日本の加害が強調され、自虐史観だというのが理由だった。はっきりさせたい。これは歴史修正、というか歴史捏造である。

１９２３年9月1日に起きた関東大震災の際、朝鮮人暴動の噂に乗った自警団は朝鮮人や中国人を大量に虐殺した。軍隊や警察も加わり、内務省の関与も疑われている。小池都知事は、従来送ってきた朝鮮人犠牲者追悼碑前で開かれる追悼式典への追悼文の送付を拒否している。さらに２０２２年10月には、東京都人権部は朝鮮人虐殺に触れたアーティストの飯山由貴さんの映像作品について、都人権プラザでの公開を禁止した。「都知事が追悼文を送っていない立場をとっているにもかかわらず、朝鮮人虐殺を『事実』と発言する動画を使用する事に懸念があります」というのが理由である。憲法21条2項の検閲禁止条項に違反する疑いが強い。「職員は、都民を向いてるんじゃなくて知事を見てるんだと推測せざるを得ないし、みんなそう思ってしまう。違うのであれば、違うんだと言う必要がある。他人事ではないと思ってほしい」（外村大東京大学教授）（『東京新聞』２０２３年8月18日）

「民主主義の学校」と言われる自治体から民主主義が崩れている。東京都によって憲法の理念は歴史修正（捏造）主義の下位の規範に落とされた。この事態に都の職員たちの姿が見えないのはどうしたことか。唯々諾々と従っていると、東京大空襲以上、あるいは関東大震災時の虐殺以上の事件も起きうる。その時になって初めて職員たちは反省するのだろうか。あるいは仕方なかったと弁明するのだろうか。

日本の行政は戦前から思想的に連続している側面があるという指摘はそのとおりだと思う。たとえ上司の指示だからといって、歴史を捏造し憲法に違反する無効な行為を部下の職員が一体となって抵抗することをしないで、誰が住民のための法治主義（全体の奉仕者。憲法15条2項）を実現するのだろうか。トップの批判だけでない内部改革がこれからは一層不可欠な時代になる。

⑵ 非正規公務員が3割近くに増加

当時は目立たなかったが、その後大きな問題になってきたこととして、地方自治体における非正規公務員と公共サービスの民間への委託の顕著な増加がある。財政難を理由に減らしてきた正規職員からの「置き換え」が進んでいる。職種は事務職や教員、保育士、給食調理員、図書館職員、ハローワークの相談員、婦人相談員など多岐にわたる。２０２０年の総務省調査によると、地方公務員全体の29％にあたる１１２万人が非正規になり、増え続けている。住民に身近な市区町村では40％が非正規だ。

非正規公務員は、正規と同じ質、量の仕事をしていても、給与に大きな格差があり、正規の年収の３、４割に止まり、生活は極めて困難である。同一労働価値同一労働の実現を目指す国や自治体自らが官製ワーキングプアを大量に作っているのは矛盾も甚だしい。また、年度末の雇い止めなど身分が不安定で生活設計ができない。

非正規の大半は女性で、非正規公務員問題は女性の労働問題であるという指摘がある。ジェンダー不平等を解消する旗振り役であるはずの自治体はこの点でも批判されるべきである。

この結果、やる気と能力がある公務員が育たず、公務の質の低下を招き、住民にとってもマイナスである。話は広がるが、国の公務員の数も不足し諸外国に比べても公務員の比率は小さい。これからは、医療、介護、教育、インフラの整備など公共の領域の拡充が要請されている。それなのに、「身を切る改革」と称して国や地方の公務員を一層削減し、非正規に置き換えることを一枚看板のようにしている政党が支持を拡大している。住民や国民にとって本当に必要なものは何か、省くべきムダは何かをタブーなく徹底的に議論することが緊急の課題である。

⑶ 労働組合員として

勤労者として初めて経験した労働組合は新鮮だった。昼の休憩時や仕事帰りに組合事務所で

1年目から手伝った。「1人は万民のために　万民は1人のために」。協同組合運動の中から生まれたという説もあるこの言葉は労働組合はもちろん、社会の基本だと思う。この区の労働組合の場合、部署ごとの忙しさ、残業代など労働条件の違いが気になった。残業時間は月に100時間くらいになっても、手当は基本的に一律の23時間だった。部署によっては全く残業しないのに手当がついていた。労働組合がこの問題に適切に対応していないので論議した。組合員は組合の力を借りると同時に、組合を含めて他者に依存しない自主自立の精神を持たなければ政治を変えることはできない。この想いは職場は変わってもずっと変わらなかった。私は、転職後も含めて、組合や組合員に対しても厳しい対応をしてきたと思う。ホンネを言ってきたので、公式な場を離れた組合員の間では分かり合えていたように思える。

法律に近い仕事をしたいと思い裁判所に転職することにした。勤務地は自宅から通える範囲で、遠くても東京高裁管内であることも確認できた。

第6章

裁判所にて

1　公文書の保存と廃棄

事務官として東京地方裁判所の事務局の文書係に配置され、司法行政文書の管理や印刷を担当した。その一つとして、保管してある文書を保存するものと廃棄するものに分ける作業を命じられた。保存か廃棄か決定する権限はないので、案に止まる。明治時代の司法省の頃に東京地方裁判所を設置した経緯から始まる80有余年間の膨大な文書が地下２階の倉庫にほこりにまみれて眠っていた。困ったというか驚いたのは分類する基準がないことだった。保存する基準を定める規則を作るのが先でしょうと話した。しかし、それはいつになるか分からないので処分を進めるとのことだった。一番恐れたのは重要な文書を廃棄してしまうことだ。近代国家の形成に関わる歴史はきちんと検証する必要がある。後任者がずさんに廃棄してしまう可能性もある。やむをえず、同僚と２人で、迷う文書はできるだけ保存する方に分類した。規則の整備に備えて分類した基準となるメモを作成し、保存、廃棄候補の文書の目録を作った。規則を作った後に分類し直して処理するよう要望した。無駄な仕事だったたと思う。

近年、森友学園問題で財務省の職員だった赤木俊夫さんが自殺した事件をはじめとして公文書の乱暴極まる管理、改ざん、違法な廃棄が大きな政治問題になっている。これは行政に関する文書で2009年に成立した公文書管理法で定めている。司法に関する文書も基本的には同じ問題である。国の仕事に国民が目を光らせる民主主義が日本では大変遅れていると思った。あれから半世紀。未だ道遠しである。

裁判所の文書で一層重要なのは訴訟の記録である。歴史史料として価値が高い民事訴訟の記録は永久保存することになっている。東京地方裁判所で日本国憲法が制定されてから2020年2月までに永久保存されたのは合計11件だった。政治や生活に大きな変化を与えた歴史的な訴訟の記録も大部分が廃棄された。先述した生存権をめぐる「朝日訴訟」の記録もその一つ。旧満州に開拓団として渡って長く帰国できなかった3人の女性が、2001年に国を訴えた「中国残留婦人訴訟」の記録も捨てられた。原告など20人あまりの女性が、戦争体験や戦後の苦労をまとめ、裁判所に出した陳述書や法廷での証言が含まれている。多くの女性は亡くなって新たな証言を得ることはできなくなった。蒸気機関車の転覆で機関士ら3名が死亡し国鉄や東芝の労働組合員ら20名が起訴されそのうち5名が死刑判決（後に全員無罪）を受けた松川事件の記録も廃棄された。国家による謀略事件の疑いが濃厚と言われた事件である。東京地裁は2020年2月、初めて明確な保存の基準を作った（NHK解説委員室「捨てられる裁判記録保存と公開は」）。

東京地裁はその後２０２１年６月時点で４４４件を永久保存に指定した。この１、２年、報道されるようになった成果である。報道が民主主義にとって決定的に重要であることを示す一例だ。

2 書記官研修所

1年間書記官研修所に通った。管理的な教官（裁判官）に（みえて）反発し、クラスの仲間に呼びかけ授業計画を撤回してもらったりした。他の3クラスや職員と共に研修所の労働組合支部を作ろうとしたが、研修目的の施設ということもあってうまくいかなかった。

事務局長の小野寺規夫裁判官に出会った。「何か要望したいことがあったらいつでも言って来て下さい」という趣旨のことを伺ったのが最初だった。その後も折に触れて謦咳に接し、一身上の相談もさせていただいた。1984（昭和59）年、予防接種による障害児に対して国は損失補償をする責任があるという画期的な判決を出された。山梨学院大学法科大学院の研究科長時代の、学生への圧倒的な愛情に接したこともあった。2010年、ガンで還らぬ人になられる1カ月前に見舞った。民事訴訟の分厚い研究書を読んでおられた。私に足らないものとして、「自分の名前で思うところを書け」とのことだった。翌年、憲法学の泰斗である樋口陽一先生の『いま、憲法は「時代遅れ」か――〈主権〉と〈人権〉のための弁明』が出版された。同大学院での12回にわたる特殊講義の記録だ。あとがきに、「畏友、故小野寺規夫・法務研究科長は、講義を私に託された」とあった。(1)

3　刑事部書記官

(1) ロッキード事件

研修所を経て東京地方裁判所の書記官になった。書記官は裁判所の事件に関する記録を作成、保管し裁判手続きを公証する事務を行う。職務を行うについては裁判官の命令に従うが、一定の独立性もある（裁判所法60条）。

地裁本庁の刑事部では、故田中角栄元首相や丸紅の役員が被告人であるロッキード事件（丸紅ルート）の法廷に補助として入った。元首相はロッキード社からの民間航空機トライスターの輸入をめぐって5億円を受託収賄した罪その他で起訴され有罪になった。法廷を睥睨《へいげい》していた感がある。ロッキード社からは日本側に合計30億円渡されたが、そのうち最多の21億円が政界の黒幕と言われた故児玉誉士夫氏に渡ったルートはその使途を含めて未だ解明されていない。同時に問題になって政治的にはより重要視された対潜哨戒機Ｐ３Ｃをめぐる動きも闇に隠されたままだ。元首相は、アメリカに先駆けて日中の国交を正常化したり、イスラエルがパレスチナの占領地から撤退しなければイスラエルとの関係を考え直す必要があると表明する（二階堂官房長官談話）など日本独自の中国や中東、対ソ外交を行ってアメリカの機嫌を損ねた。このことが逮捕と首相失脚の原因となったことが次第に分かってきた。日本の首相は大局においてアメリカの意思に反しては務まらないことは、政界や政治を知る人の間では常識ではないかと思う。元首相は、上告審の最中に亡くなった。

⑵ 愛のコリーダ

大島渚監督の映画『愛のコリーダ』の脚本と宣伝用写真等を掲載した同じ題名の書籍が発行され、その一部がわいせつ文書図画に当たるとして、わいせつ物頒布罪（刑法１７５条）で監督と出版社社長が起訴された。大島監督はショッキングな題材を採り上げて人間の本質に迫るのがウリだ。モデルにした阿部定の情念と狂気の愛とエロスを描いたこの映画は、当時大きな話題になった。開廷日のたびに証拠物として保管している地検にこの本を借り出しにいくと、ちょっと待ってくれと言われることが多かった。他の人たちが見ているとのこと。他の事件ではなかったことだ。地検に返却する前に他の部の裁判長たちも見せてくれと言ってきた。故岡田光了裁判長は、社会にはこの書籍と同様ないしそれ以上のレベルの書籍が大量に出回っており許容されていることなどを理由として、わいせつ物には当たらず無罪とした。日本では、人間の本性に関わるホンネを闇の世界のこととして隠し、タテマエをきれいごととして前面に掲げて子どもや若者、国民を教育する傾向があることが気になるところ、判決はさすがだと思った。

岡田裁判官の毅然とした裁判と職員を尊重する姿勢に敬服した。飲めば無上の軽妙洒脱、昼休みには職員主催の卓球大会で腕を振っておられた。スマッシュがすごかった。退官後ある大学で法学を教えておられて間もなくの頃還らぬ人になった。手作りの教材作成など指導に精魂を傾けられ過労だったと伺った。

⑶ 令状事件実務マニュアル

刑事部の書記官になって2年目のとき、先輩書記官と連名で、逮捕、捜索差押、勾留、保釈などの令状関係事件における書記官の事務について実務研究することを命じられた。東京地方裁判所における実務の取り扱いモデルを全国の裁判所に紹介するものである。折からの大学紛争では大量の逮捕者を出し令状事務のあり方も問われていた。私は令状事務が効率化に傾きがちなことに疑問を持っていた。そもそも令状事務の経験はない。安易にやるべきではないと考えてその場でお断りした。しかし、2回目の呼び出しで気持ちは変わらないと述べたところ、刑事部書記官トップの管理職は椅子から立ち上がり気を付けの姿勢になって一言。「これは○○命令である」。それは抗命できないことを意味する。そこで、できるだけ刑事訴訟法に忠実に厳格な手続きを記述するようにした。1カ月ほど最高裁判所の図書館に籠って作成して提出した。実務の忠実な紹介からは離れた。理由ははっきりとは分からないが研究報告書は棚上げになった。内心ほっとした。

しかし、その後ベテラン書記官が修正し私たちの名前で刊行された。法や良心と組織の論理のいずれを取るか、民間を含めて組織人が一番悩むジレンマである。

後に簡易裁判所に異動になった際、検察官からの令状請求を見て要件があるのか疑問な例が時々あった。要件をほとんど検討しないで令状の発布を許可する裁判官もいた。問題点を厳格にチェックしてもらうよう、意を用いた。当時の簡易裁判所の令状請求の却下率はほぼ0・5%、地方裁判所はほぼ1%だった。批判を受けてその後徐々に却下率が上がっていった。令状請求の要件を明らかに満たしていないと思われる場合は検察官に請求を再検討してもらったり、裁判官に話して事実上撤回してもらった。

4　人事院研修

刑事部の2年目のとき、各省庁のキャリア4名程度を集めて埼玉県入間市の人事院の研修所で1カ月の合宿があった。省庁の垣根を越えて広い観点から諸問題を考え議論する趣旨だと説明された。職場での型にはまりがちな狭い議論から解放された空間で、日本の将来を本気になって率直かつ活発に議論することができるかもしれないと少しは期待した。蓋を開けたら全く違っていた。太田薫元総評議長の労働問題の講義も行政指導を評価する話だけだった。某大新聞の（当時）現役の科学部長は、日本初の原子力船「むつ」が青森県尻屋崎東方の試験海域での出力実験で起こした放射能漏れについて話した。公表された値とは桁違いの大量が漏れていた、いわば船底がノーパン状態だったという記事を一面トップにしたが印刷寸前にストップがかかった、「今でも国民は騙されたままだ」と話されたが、問題意識を持たせる意図はないと思った。「ここだけの話だが」と前振りをして、エリートとしての仲間意識をくすぐっただけだったという印象を受けた。京都への旅行では、国民に公開されていない寺院を諸君には特別に見学させるという説明があった。

講義が終わる夕方には、経済官庁の研修生たちは連れ立ってタクシーで池袋の繁華街に頻繁に通っていた。私も毎晩同室の大蔵省（当時）の人の大吟醸のご相伴に預かった。各地の製造元から最高級の780ミリリットル瓶が箱で部屋に届いた。買えば1本3000円は下らないとのことだった。一番鼻もちならなかったのは文部省（当時）の研修生で、国民を見下しているようで気持ちが悪かった。

研修生が多様性に欠けていることに危機感を持ち、最終日の全員による自由討論の時間に、ノンキャリアにも実力次第で昇進の道を開く改革が必要だと提起した。反応はなかった。ないのは分かっていても言いたくなるのが私の性分だ。この問題はその後徐々に改善されてきた。国も問題意識は持っていたからだ。しかし今でもかなり不十分で、国民にとっても損失だと思う。

講師陣は経済部門の官僚ないしそのOBが多く、自信を持っているように感じた。確かに経済は高度成長したが、歪みがあった。成長の成果は1973年の「福祉元年」をもたらしたもののこの年だけで、労働条件と社会保障を全体としてみると労働者の福祉生活は後退に向かっていた。「福祉国家」としての北・西欧、「軍事国家」としてのアメリカに対して、日本は「企業国家」と特徴づけられる方向性（宮本憲一氏）がこの時期に決まったように思う。それを跳ね返して、憲法が想定している人権保障、平和、民主主義の社会を創造する主体的な国民を育成することに国はむしろ敵対的とも思えた。研修所では日本がどのようにして国際社会に伍していくのかを含めて長期的な戦略を議論したかったが、やはり場違いだった。全体として、キャリア官僚の一体性を醸成する意図を感じた。

5　司法権の独立

⑴　司法権の独立

裁判所で一番気になったのは司法権の独立だ。裁判所の使命は、個人の尊厳を実現するために基本的人権を保障することにある。基本的人権を保障するためには、個々の裁判官は国会や内閣、さらには裁判所内部の干渉などいかなる外部からの干渉も受けずに独立して憲法など法にのみ拘束され、良心に従って職権を行使しなければならない（憲法76条3項）。この、裁判官の職権の独立が司法権の独立の核心である。そのために司法権は、立法権や行政権から独立しているし（司法府の独立、76条1項）、裁判官の身分も保障されている。

しかしながら、日本の裁判所は基本的人権の保障や平和、民主主義を求める裁判に概して後ろ向きである。詳細は別の機会に触れたい。政治や行政が国民に背を向けて自分たちの利益を図ることに走っても、端的にいうと裁判所さえしっかり仕事をしていれば国民の権利や利益は守れる。三権分立や司法権の独立はまさにそのためにある。

書記官は法を適用する作用に関わる職務を通し、あるいは司法部の職員として身近な司法を監視して事実上司法権の独立に関わっている。当事者から訴状など事件書類の書き方の相談を受けたり、提出された事件書類を最初にみて不備な要件事実の補充を求めるなど法の適用ないし形成も補助する。

⑵ 保全部にて

民事の保全部で仮処分事件を担当していたとき、手元の電話が鳴った。「○○だが。日教組が全国大会の開催のため武道館を使用する件で差し止めの仮処分事件があるだろう。使用させるべきではない」という趣旨だった。テレビでよく耳にしている自民党のボスの声で、本人に間違いなかった。周囲に人がいる気配がした。電話交換手が裁判官につなげるつもりで間違って私につないだのだろう。「それは裁判所が判断することです」と短く話して電話を切った。この集会の開催に当たっては右翼の抗議行動があり妨害が懸念されていた。右翼が時には市民として集会の開催をつぶす目的で、抗議行動をしたり現場を騒然とさせたりする事例がこの頃から目立ってきた。この手法は近年益々増え社会システム化された感さえある。後述する「群馬の森事件」もその一例だ。警察の放置と合わせて表現の自由という核心的な人権の保障や正常な民主主義社会にとって重大な事態が生じている。

保全部は若手のエリート裁判官が沢山在籍する部だった。雑談の場で、超一流の民間会社に出向して帰ってきた成績優秀な20代の女性判事補が経験を話していた。裁判官は世間知らずだという批判を受けて、最高裁は一流の民間企業等への出向に力を入れていた。でも、「大企業にばかり行っていては、世間は分からないでしょう」と私。判事補の言葉と顔つきを鮮明に覚えている。「蓼沼さんは裁判官に向かって中小企業に行けと言うんですか」。「そうです、中小企業を含めるべきです」。働く人は、下請けや孫請け、さらにその下請けの経営者や従業員の方が圧倒的に多い。当たり前のようになって議論も起きないけれど、「国民全体の奉仕者」という目でみるとそうではないことが山ほどあった。裁判官にはせめて自分を客観的に見てもらいたいと思って仕事をしてきた。後述するドイツと対比しても問題は鮮明である。

(3) 民事通常部にて

研さんに来ていた新任判事補が懇親の場で「一度は違憲判決を書いてみたい」と言った。部長裁判官が「国会で決めた法律を軽々しく違憲にするなど慎むべきだ」という趣旨のことを話した。私は「元気があっていいじゃないですか」。「蓼沼、きさまぁ。最高裁へ行って雑巾がけして来い!」。目は笑っていたが鋭かった。

「雑巾がけ」とは、最高裁で司法行政事務を担当して、裁判所とはどういうところかみっちり身に付け修業するということであり、政官司の内部において一元管理を企図する業界用語である。政界なら既得権益層の因習を学びその利益を死守、拡大する人間になりきることを意味する。２０２１年9月の自民党総裁選で、麻生太郎副総理が自派閥の相対的にリベラルとされている（当時）河野太郎氏の出馬を止められなかった反省として、「（河野氏には）もっと雑巾がけをさせるべきだった」と述べたのは一例だろう。「雑巾がけ政治家・裁判官・官僚」が日の当たる道を歩く日本。その人たちが背負っているのは国民である。ならば、背中の国民も日の当たる所に行けるのだろうか。

別の部長裁判官（合議体の裁判長）は、審理が十分に尽くせてても理由をいろいろとつけて判決を書くのを引き延ばしがちだった。結審して欲しいと両代理人弁護士から言われた。私の目の前で担当書記官が裁判長にそのことを伝えた。裁判長曰く。「私の仕事は最高裁で人事をすることだ。青法協の裁判官はあらかた〇〇〇〇」。判決を書くのは苦手だと自覚していたようだ。青法協とは、憲法を学びその理念を生かす仕事をしようという学者や裁判官の研究団体だ。１９５４年に加藤一郎先生や平野龍一先生（共に後に東大総長）らが発起人になって設立された。憲法は国家の最高規範だ。その憲法の理念を生かす仕事をするのは当たり前田のクラッカーだ。裁判官も公務員で国民全体の奉仕者であり一部の奉仕者ではない（憲法15条2項）。それ故に憲法や法律にのみ拘束される。青法協に所属する裁判官を敵視する人たちこそ憲法を無視する一部の人たちの奉仕者である。現在、憲法と法にのみ拘束され法の支配を大切にしている裁判官は以前より少なくなったように思うが、どうだろうか。最高裁が憲法施行後の75年間、現在までに法令の規定が憲法違反だと判決したのは10件に過ぎない。多様な見方があるが、私は異常だと思う。最高裁が国民の一部への奉仕者になったのは圧倒的多数の国民にとっては最大級の不幸の一つだ。

⑷ 司法権の独立のために

法曹一元制

司法労働者として、裁判官、弁護士、大学教員と4者で司法改革について定期的に議論する会議に参加した。司法権の独立の形骸化が進行する時代にあって、重苦しい会議だった。裁判官の人事が深刻な問題になった。日本の裁判官は、司法研修所を出てからいきなり裁判官に任命される。閉じこもって最高裁判例を中心に勉強だけして成績が良いものがキャリアとして任命されてきた。司法権は選挙で当選した多数者や強い者の意思が憲法で保障された少数者の人権を侵害する場合に、少数者や弱者の意見を尊重するためにある。しかし、キャリア裁判官は弱者の生活や感覚にうとく、世の中の機微を知らないという欠陥がある。そこで、英米流の司法制度を採用した日本国憲法は、アメリカ法の影響を強く受けた裁判官の選出方法を採用した。

すなわち、判事の資格として、10年以上の法曹（判事補、検察官、弁護士等）・法律学者としての経験が必要だと規定している（裁判所法42条1項）。いわゆる英米法の「法曹一元制」を採用したとされている。弁護士を中心にした実務を10年経験すれば、主権者である国民の実情や市民感覚が理解できるようになるという、人間社会の経験則に従った民主主義のシステムとして出発したのではなかったか。

しかし、１９５５年頃からはこの制度は無視されるようになった。裁判官も行政官僚と同じキャリア制度を採用したのと全く変わらない運用がなされている。そのため、日本では表現の自由、選挙運動の自由や平和などの憲法訴訟や行政の横暴を戒めようとして訴えられた訴訟では政治や行政が決めたことをそのままトコロテンのように通されることが多くなった。地裁、高裁、最高裁と三審制をとり時間をかけても、司法は通過機関になってしまったという批判をひしひしと感じた。当初の方針通り法曹一元を実現させる議論が続いている。

裁判官任命諮問委員会

もう一つ大きいのは、最高裁判事の任命方法である。内閣は国会の議決により多数者から組閣される（憲法67条、68条）。その内閣が任命する最高裁の裁判官（憲法79条1項）は国会の多数政党、ひいて国民の多数の意見から政治的な思惑で選ばれがちなのは避けられない。日本では、アメリカの連邦最高裁の裁判官が、大統領が民主、共和いずれであるかによってスタンスが決まってしまい、それは中立であるべき裁判官としては不適切であることはかなり理解されている。しかし、当の私たちの最高裁の裁判官については話題にもならない。確かに、国民審査制度で投票者の多数が裁判官の罷免を可とすれば（79条2項）止めさせることはできる（79条2、3項）。しかし、この制度は民主主義のカタチだけを整えたに止まる。実際のところ、内閣による最高裁裁判官の任命が国民から支持されたとお墨付きを与えている役割を果たしているに過ぎないことこそを重視すべきである。最高裁の裁判官は民主主義の方法で選ばれなければならない。１９４７年の第1回最高裁判所裁判官の任命にあたっては、裁判官任命諮問委員会が設置され、同委員会の推薦にもとづいて最高裁判所裁判官が任命された。しかしながら、その後この制度は廃止されてしまった。復活させるべきだと考える。

但し、今度は諮問委員を誰が選定するかが問題になる。内閣による恣意的な任命に任せると、新たな偽装の制度に堕落してしまう。諮問委員をどのように民主的に選ぶかは、最高裁判所裁判官の任命に限らない大きな問題であり、国民の議論が不可欠だと思う。

6　当事者たち

　裁判所に訴えて来る人はいろいろいる。当時の総理大臣を相手に音楽著作権侵害で損害賠償を求めてきた40歳前後の男性がいた。どうみても請求は成り立たない。男性は他の部にもしばしば乱訴をしていたと聞いていた。あるとき、不意にカウンター越しに腕を伸ばして受付の千枚通しを手にして先端を女性の事務官に突き出した。もう少しで怪我をするところだった。このような場合、警務員を呼ぶのが普通だ。私は廊下に連れ出し長椅子の横に座って、どうしてああいうことをするのか聞いた。どこに行っても相手にされない、裁判所だけは訴状を受け付けて法廷を開いて相手にしてくれるから時々来ていた、しかしその裁判所さえもけんもほろろではないかという話をしていた。確かに、荒唐無稽な訴えなので、1回の口頭弁論で終結してあっさり判決をしている。気持ちは分かるけれど、いつまでこんなことを続けているの、あなたが仕事で誠実に人に向き合えば世の中まんざら捨てたもんじゃないですよ、というような趣旨の話をした。長い時間話を聞いてくれてありがとう、もう裁判所に来ませんと言ってくれた。知る限りでは、来なくなった。これは一例に過ぎない。公務員も自らの顔をもって人間関係の基本を大事にして国民と接したい。表面に現れた事柄の対症療法やマニュアル作りだけでは足りないと思う。精神的に追い詰められストレスも多くなった今の時代、考えることは多い。

あるとき弁護士を立てないで100万円程度の貸金返還請求をしてきた原告がいた。単独裁判官は準備室で、「こんな薄っぺらな事件で判決を書く気はしませんよ」と言って和解を勧めた。判決になれば全額を請求できたと思われる事件だった。減額された和解に応じた原告は、帰りがけに裁判ってこんなもんですかねと言っていたのが印象に残った。これは、事件を効率的に処理したい(効率化はもちろん必要であり、私も要件事実の不備を事前に準備書面で補充するよう促す等重視した)という思いを露骨に口外した例外的なケースである。しかし、担当した事件ではないが、国を被告とする重要な訴訟事件において、「こんな事件で証人尋問その他に手間をかけていられるか」と裁判官が内心思っているであろうケースが少なくないのは大きな問題である。

7　記録映画『日独裁判官物語』

日本とドイツは、ファシズムからの離別を目指して戦後再出発したが、日本の裁判所は、戦前の官僚的な体質を色濃く残したままである。

司法の使いやすさと独立の点で「市民のための裁判所」に生まれ変わることに成功したドイツの事例に学べるところは大きいと思われる。記録映画『日独裁判官物語』が伝えているドイツの裁判所の変化は大変参考になる。

多くの方々にお薦めしてきた。目から鱗だ、裁判所に対する見方が変わったという感想ばかりだ。

裁判所を辞めた後、映画の監督の故片桐直樹さんと仕事を共にしたことがある。「民主的な司法制度という点ではイタリア、スペイン、ポルトガル、オランダが進んでいるが、日本はドイツの司法制度の多くを学んで近代国家となった。それゆえドイツの現在の司法の状況を日本に紹介した」とのことだった。

以下は主として『日独裁判官物語』による。

第二次世界大戦前はファシズム、敗戦、戦後の高度経済成長という点で日本とドイツは同じ道を歩んできた。１９６０年代の当初までは裁判官の独立は法の上だけで事実上存在しなかったこと、民主化を求めて激しい学生運動が起きたことも共通している。しかし、その後は違った。

60年代の後半になってドイツでは司法全体が民主的な方向に変わった。市民のためにサービスを提供する開かれた裁判所にするという思想になった。人間の尊厳、言論の自由、三権分立を重視した。

転換の原動力は、60年代後半からの世代交代だ。それまではナチス時代の裁判官が統制していた。若い裁判官たちは彼らがナチス時代にしていたことを問い、戦前との連続性を持った封建的で権威的な構造に挑戦してきた。１９８０年代になると、批判的な裁判官が急増した。特に政治的な発言の制限を積極的に批判した。

開かれた裁判所作りは、法廷の裁判官が座る高い法壇を取り払い、傍聴人席との間の柵を除去することから始まった。裁判官と市民の間の壁をなくしてフラットにした。連邦憲法裁判所の建物もガラス張りの透明にした。

市民のための裁判所にするためには、裁判官は市民と日常生活を共にしなければならない。裁判官たちの社会活動は活発で、文化や芸術など人間的な交流も大切にして書いた脚本で演劇を共に楽しむ。政治活動も活発で、政党に加入したり自治体の議員になったりし、重要な法案が議会に提出されると、裁判官の組合がいくつかあってそれぞれが意見を新聞に出す。裁判官は自分の判決が政治や社会に与える影響力を意識している。それゆえ国家は裁判官に政治に関心を持ち行動することを求めている。核兵器の配備に反対し軍縮を求める署名広告を裁判官として新聞に掲載して、米軍基地の前で検察官と一緒にデモをし座り込んだこともあった。それは市民に圧倒的に支持された。

裁判官は高校でボランティアとして教えている。高校生はデモに積極的に参加している裁判官の行動から学びとる。

裁判官も働く人間であり労働組合を作って活動している。労働者や市民より高い立場にあるのではない。

裁判官にとって最も重要な任務は、社会的経済的な強者から弱者を守ることだ（強者は司法に頼らなくても政治や経済、社会で守られている）。そのためには裁判官は弱者と共に生活し行動して市民や労働者の感性を持つことだ。

日本とドイツの違憲審査の方法の違いはあるが、それを考慮してもドイツの違憲判決は圧倒的に多い。

ドイツの裁判官は、「分かって欲しいです」と、インタビューに身を乗り出すようにして熱っぽく語りかける。

日本ではとりわけ行政に関する裁判では市民は取りつく島もない。裁判所は市民ではなく国家を守っていると思う。ドイツの連邦行政裁判所の裁判長曰く。「私たちは市民を行政による違法行為から守るという使命を負っている。ですから、行政による違法行為には敏感です」

1960年代後半以降、日本はドイツとは逆に裁判官の統制を強化し、重要な問題で立法・行政の襟を正させる判決は少なくなった。


ドイツの人たちはナチスという全体主義の過去と向き合い克服した。裁判所の改革は端的な例だが、克服はあらゆる分野に及び、政治改革では学生運動のリーダーだったシュレーダー氏を首相にした。青雲の志が政治として実った。「過去に目を閉ざす者は現在にも（そして未来にも）盲目になる」。1985年、大統領リヒャルト・フォン・ヴァイツゼッカーが演説の中で述べた言葉だ。

私たちの国では、戦前の日本がアジアの人たちに犯した犯罪事実について未だに真摯な和解が成立しておらず、国民感情を逆なでしたままだ。歴史問題に関する教科書の記述も検閲によって後退させた。戦前との連続性を色濃く残している。

三権分立や司法権の独立を現実のものにしたドイツと、名目だけにして換骨奪胎している日本という違いもある。２００１年におおがかりな司法制度改革意見書が提出され、民事・刑事の司法制度改革があった。しかし、改革の柱となるべき司法権の独立のための改革は未だ手つかずである。裁判所に在籍した者として一端の責任があるのはいうまでもない。

『日独裁判官物語』のＤＶＤは、日本民主法律家協会が販売している。

刑事部のとき結婚した。双方の職場の先輩や同僚たちに、多忙ななか祝う会の実行委員をお願いした人前結婚式だった。裁判所の職員で構成する全司法労働組合の東京支部委員長を務めた白沢守・道子さん夫妻に媒酌人を依頼した。白沢守さんは出身地の山梨県の山々のような雄大な方だった。

妻は働きながら夜間の短期大学に通い教員の免許を取って小学校の教員をしていた。労働組合員は4、5人という職場で頑張っていた。組合がある職場では組合に入ってきちんと活動していることは、私にとっては重要なことだった。私の両親との同居も同意してもらった。

8 労働組合

組合を機能させ、強くするようにしてきた。当局という権力組織だけでは人間が持っている可能性を十全に引き出すことはできないと思う。「職員」としてのスタンスだけでは権力の論理に取り込まれる。この点は政治が革新されても変わらないどころか責任は増える。組合は共に組み合う居場所だ。職員として働く以上、労働条件について職場で改善できる問題や職場だけでは対応できない政治の課題を解決するために組合員になって行動することは自然である。

明治時代以降、困難を乗り越え連帯して労働条件を改善してきて今がある。民間を含めて組合の活動が困難になっていることが憂慮される。その中にあって、もうけ本位の企業再編による切り捨てに抗議する正規労働者のスト、実質は雇用契約だとして個人請負契約の打破を目指してたちあがる人たち等々、各地の勇気ある行動に励まされることも多い。欧米の労組の行動に学ぶべきことも多々ある。

全司法に限らず公務員労働組合の組合員数は相当減ってきた。組合員の減少は仕事に対する内部からの監視機能の低下ももたらす。司法や行政の内容が国民の常識や利益と乖離する一因になっている。

公務員は国民全体の奉仕者である（憲法15条2項）。内部から見たそれぞれ固有の公務の問題点を国民に広く問題提起し認識を共有し国民的な課題にすることは、職務上の秘密を守ることは当然として、どこで働いていても公務員として、また労働者としての責任である。

法を破ることに抵抗する職員・労働者がいればそれを守るのは労組としての最低限の仕事だ。これが疎かになっているのではないかと思われることもあった。最近では財務省の近畿財務局における公文書かいざん事件で、職員の赤木俊夫さんが自殺に追いやられた例もある。職員として、また（職場に組合があったなら）組合として赤木さんを守ることはしなかった。破廉恥な刑法犯罪を指示した人たちの群れは高い地位を維持しさらに出世して恵まれた生活が保障される。法を守ろうとした赤木さんは孤立したうえ、犯罪行為に加担させられた自責の念で自殺した。この構造に乗って利益を得ている政治家たちは、格調高く「法の支配」を連呼することによって自分たちの真の姿を隠している。

9　退職

　裁判所で仕事を続けるかどうか迷った。遠方に転勤する辞令を受けた際は、両親と別居する結果になり、それは無理で避けたい事情があって断ったこともあった。弁護士になりたくて司法試験を受けた。裁判所に入った直後の論文式試験で合格しているかなと思ったが落ちた。主要5科目の答案を再現してある人に見てもらったところ、合格スレスレだとのことで、また再開すれば合格できるだろう程度に考えて受験を中断してしまった。裁判所という場を受験の手段にしてしまうのは、裁判所や職員に対して申し訳ないという気持ちも強かった。受験を続けていた同年代の多くの人たちが合格して辞めていった。私は、その後も受験勉強をしたりしなかったりだった。極めて困難ではあるが、裁判所職員として自分なりに司法権の独立に向けて役に立てることをする方が意味があるとも思った。事実そうだったかもしれない。また、保全事件や強制執行事件に関して、利用者である国民の視点に立って実務を点検し必要に応じて見直す作業をすることにも興味があった。管理職としては比較的自由に仕事をさせてもらった裁判所に申し訳ない気持ちもあったが、司法試験の勉強をする時間を作ろうと思って職を辞した。

　辞めてみて、解放感が広がったのは意外だった。ちっぽけな私だけれど、権力を行使する向こう側の国民を意識して仕事をすることに相当の重圧を無意識のうちに感じていたのだと分かった。しかし、解放感に安住するのは家族にも社会にも、昇進や任地をめぐってわがままを言わせていただいた裁判所や同僚にも申し訳ない限りだ。

いくつかの指導校で公務員試験受験指導等をしたりして生活費を得ながら受験した。指導に当たっては、合格だけではなく公務員倫理を踏まえることにも意を用いた。司法試験の科目の基本書や選択科目を変えたり、細かな新しい論点を知識欲にかまけて深掘りしたりする悪癖がまた出たりした。

第7章

法学館・伊藤塾
法学館憲法研究所にて

1　法学館・伊藤塾の理念

(1) 出会い

早稲田大学で行われた司法試験の論文試験の最終日、校門を出たところに伊藤真さんと西肇さんが立っていた。司法試験の受験指導校であるＬＥＣで働いていたが、最近独立して司法試験塾を設立したとのことだった。渋谷の塾に面接に行った。行ってみて、憲法を学びその価値を実現する法律家を育成し支援することを企業の目的として明確に掲げ、実践していると分かった。びっくりした。とんでもない人と会社にめぐり合ったものだ。共感して、「株式会社法学館・伊藤真の司法試験塾」（現在は伊藤塾）（伊藤館長・塾長、西社長）に入社した。現在伊藤塾は、司法試験の他に予備試験、法科大学院（ロースクール）、司法書士試験、行政書士試験、公務員試験の受験・進学支援、国際事業、日本語教育、農業事業（農学館）などにも力を入れている。伊藤さんは、弁護士として安保法制違憲訴訟や衆参院の一人一票実現訴訟など立憲主義を実現する訴訟にも熱心に取り組んでおられる。

入社後も司法試験を受験したが、少しして止めた。会社の仕事に集中する方が意義があると思った。元々弁護士になることは目的ではなかったのであっさり決断できた。

伊藤さんは憲法13条で「すべて国民は、個人として尊重される」と定めている意義を繰り返し力説している。個人の尊重とは「人は誰もが人間として同じ価値を持っている。そして誰もが違う。違って当たり前であり、それはすばらしいことだ」。『伊藤真の憲法入門』『憲法のことが面白いほどわかる本』からの引用である。

伊藤さんは、憲法を中心とする講演も活発に行っている。講演に同行して中高生に書いてもらった講演の感想文をたくさん読んだ。私なんてダメだ、いい所がないんだと悩んでいる中高生が予想以上に多いことに驚いた。そして、「私はこのままでいいんだ」と綴り、涙が落ちてまだ乾ききれない痕に出会って胸が痛くなった。その想いを隠すことなく表に引き出し、書いてもらっている伊藤さんの力に感銘を受けた。

⑵ 個人の尊重という法の支配

「はじめに」で書いたことと重複するが、私たちの国は、「個人を尊重する」ことを核心とする価値を実現することを最高規範である憲法に明記し目的にしている。一人ひとりがかけがえのない存在であることを認めて、誰もが幸福を追求し命を輝かせるそのためにこそ日本という国がある（憲法13条）。

そのために、個人の権利・自由・平等を保障した。だれもが平等に人権を保障されるということは、私たちは「共生」するということだ。生存権（25条）以下の社会権も認めたことによって「共生」の意味は深まった。日本の憲法はさらに前文で世界にさきがけて「平和に生きる権利」を謳い、９条で戦争を放棄し「戦力」を持たないと定めた。「武力による威嚇」もしないと決心した。平和の領域でも世界の人々と共生するという明確な宣言である。「共生」という言葉は今や使い古された感がある。そこで私は、「ともいき＝共に生きる」という言葉を使っている。憲法は、「個人の尊重（尊厳）」「ともいき」の思想で基本的人権や平和を保障するために国家権力を制限することを目的にしている（近代立憲主義）。権力を行使する恣意的な「人の支配」を禁止し、憲法で権力を拘束するという「法の支配」を原理としている。

一人ひとり誰もがかけがえのない価値や長所を持っており、誰にも気兼ねをしないで胸を張って生きるのは当たり前だ。幼い頃はみんな自信満々に笑顔で走り回っていた。それなのに何が「私なんてダメだ」と思わせてしまったのか。社会や国の根幹が歪んでいるのは明らかではないだろうか。個人の尊厳の保障を意味する「法の支配」の言葉さえも国の最高権力者が口だけで呪文のように繰り返し、それをテレビや新聞、ネットが垂れ流す国になった。

(3) 伊藤塾の現場主義

現実を学ぶためには、書籍や講義によってだけではなく、人権侵害や戦争の傷痕が残っている現場に行って体験することが不可欠だ。そのため伊藤塾は、合格後を考えて毎年塾生や各種試験に合格した人、実務家、社員を引率して沖縄（２０２３年で23回目）、韓国、中国などにスタディツアーに行っている。「実際の場所を自分の目で見る」「経験者・体験者の生の声を聞く」ことを大切にしている。韓国では毎年従軍慰安婦の人たちが集まって暮らしている「ナヌムの家」に行って話を聞いていた。中国では南京や平頂山など戦争の跡が残っている多くの場所を回った。

私は、沖縄平和祈念資料館のひめゆり学徒隊の一人ひとりの写真の前では足が動かせなくなって集合時間に遅刻したことがある。自分の娘と同じ年頃の生徒たちがこの地で青春を永遠のまま終えたのだ。一人ひとりの人間の尊厳に想いをはせた。

2　明日の法律家講座

(1) 法律家のイメージを作る

伊藤塾では各界で活躍している方々を招いて明日の日本を切り開く講演会を毎月開催して現在に至っている。明日の法律家講座である。塾生に具体的なイメージを描いてもらうためだ。

私も、弁護士の内田雅敏さん、裁判官の伊東武是さんら法律実務家などに講師をお願いした。伊東さんは大学の級友で、「開かれた司法の推進と司法機能の充実強化」を掲げて１９９９年に誕生した現役裁判官の集まりである「日本裁判官ネットワーク」の設立に参加した。市民と連携して司法を改革し希望の裁判所づくりを地道に進めるネットワークの活動は注目され、年に1度の集まりに個人として毎回参加した。

２００1年9月のニューヨークの世界貿易センタービルへの2機の飛行機の自爆攻撃を受けて、ブッシュ大統領は「テロとの戦い」を宣言した。青山にある国連大学の元副学長を13年務められた武者小路公秀さんには、「グローバル反テロ戦争の問題性～人間の安全保障の観点から」と題して話していただいた。氏は、「人権は西欧で確立されたが、ほかの地域や国に押しつけられてはならない。内発的に根付かせることが大事だ」というのが持論だった。武者小路実篤を叔父に、日独防共協定に調印した駐独大使を父に持ち、「人の世に熱あれ、人間《じんかん》に光あれ」と説いて日本最初の人権宣言とも呼ばれた被差別部落の出身者による1922年の「水平社宣言」に共感して以来、人権と平和の道を邁進された国際人だった。

⑵ ベアテ・シロタ・ゴードンさん

「第9条の会・オーバー東京」の和田隆子さんがベアテ・シロタ・ゴードンさんを紹介して下さった。ベアテさんはGHQのスタッフとして来日した22歳の時、男女平等を定めた憲法24条の原案を起草した。世界各国の男女平等に関する資料を不眠不休のように精力的に調査して回ったとのこと。女性の権利を具体的に詳しく書いてある諸外国の憲法を参考にして提案したが、上司との議論で抽象的で短い条文になってしまったといささか残念がっておられた。訪日して女性の地位が飛躍的に向上したことを喜ぶとともに、憲法を生かして欲しいと熱く語っておられた。200人の教室が立錐の余地もなく超満員になった。ベアテさんの著書に、『1945年のクリスマス』がある。

⑶ チャールズ・M・オーバビーさん

和田さんは、チャールズ・M・オーバビーさんも紹介して下さった。オーバビーさんは、朝鮮戦争にB－29のパイロットとして嘉手納基地から出撃した。アメリカがイラクにしかけた湾岸戦争終結直後の１９９１年、「第９条の会」をアメリカで設立し、「日本国憲法第９条」を世界中の人々に伝える運動を展開しておられた。「この青い緑の星を守るために『憲法第九条』を世界中の人たちに捧げます」「パイロットから見た地球の景色が戦争の色に染まっている。地球上の全て――大気、水、土、多様な生命を救うのは９条だ」と語っておられる（『地球憲法第九条　対訳』）。

オーバビーさんに懇親会で伺った英語が聞き取れずショックを受けて、駅前のＮＯＶＡに１年間通った。ネイティブと話してその積極性や明るさも学んだ。

3　憲法プロジェクト

(1) 憲法を学ぶ

憲法プロジェクトを担当させていただいた。平和の歴史を学んでいる高校生の「平和ゼミナール」、日中戦争の経験を語る老人たち、平和を創造するためにコツコツと地道に活動している市民があちこちにおられる。高校生の感受性に感動した。中国との戦争の生々しい遺品を塾の校舎内に展示したときは、右翼に襲われるのではないかと警戒した。江戸時代以降、人権や民主主義を獲得するために闘った人たちの資料を集めて校舎に展示した。宝暦3年に平等思想の『自然真営道』を著した思想家・安藤昌益、自由民権運動の植木枝盛、前記のベアテ・シロタ・ゴードン、『人間裁判』の朝日茂等々、塾生さんから熱心な質問があった。力を入れたのは憲法改正問題である。

⑵ 憲法調査会

30近い「憲法改正」案

冷戦が崩壊して、軍事同盟は必要がなくなり、平和共存の時代が来たと世界の民衆は歓迎した。私の中にも憲法９条の理念を積極的に生かせるのではないかという期待もあった。90年２月９日のソ連共産党書記長ゴルバチョフ氏とベーカー米国務長官（当時）との会談記録でベーカー氏は、「もし米国がＮＡＴＯの枠組みでドイツでのプレセンスを維持するなら、ＮＡＴＯの管轄権もしくは軍事的プレゼンスは１インチたりとも東方に拡大しない」と語っている。ＮＡＴＯの不拡大までは約束されなかったようだが、ソ連と東欧諸国が加盟していたワルシャワ条約機構は91年に解体された。一方で99年に旧ワルシャワ条約機構加盟国のチェコ、ハンガリー、ポーランドが加わるなどして、ＮＡＴＯは拡大を続けた。これがロシアとウクライナの戦争に影響しているのは事実である。

日米両政府も軍事同盟を強化する道を選んだ。すなわち、１９９６年の日米安保共同宣言と翌年の「日米防衛協力のための指針」いわゆる「新ガイドライン」は、在日米軍の行動範囲を日米間から広く「アジア・太平洋」のみならず「地球的規模（グローバル）」にまで広げた。

これに伴い自衛隊の役割分担も増やし、日本は軍事大国化に向けて大きな一歩を踏み出した。

障害となったのが憲法9条の戦争放棄と戦力不保持である。そこで、9条を改正しようという動きが活発になった。併せて基本的人権を公共の秩序で制限し、天皇と内閣の地位を強化する諸々の改憲案が出て来た。2002年に刊行された渡辺治氏の『憲法改正の争点』は、90年代に提出された経済同友会、自民党、日本会議、読売新聞社など30個近い改憲案ないし改憲の薦めを紹介している。

憲法の3大原理は、国民主権、基本的人権の尊重、平和主義である。憲法96条で定めている憲法の「改正」は三つの原理を破らない範囲のもの、すなわち今の憲法と同一性がある改定を予定しているというのが通説だ。すると、パックス・アメリカーナの時代、唯一の超大国になったアメリカの軍隊と一体となって自衛隊を「普通の軍隊」として地球規模で展開しようという改憲案の多くはもはや「改正」の限界を超えているのではないかと思われた。これは、憲法「改正」とは呼べない一種のクーデターのようなものだろう。20世紀が終わる1999年に各地の市民運動の中から結成された「許すな！　憲法改悪・市民連絡会」やピープルズ・プラン研究所も「クーデター」という言葉を使った。これは「新憲法の制定」であり、96条による「改正」ではない。ならば、憲法制定会議の開催が必要である。9条を改める必要があることを主張する場合は、正々堂々と憲法制定会議の開催を要求すべきだ。それが民主主義だ。

2015年の安保法制は日本は攻撃されていないが外国を守るためにする集団的自衛権の行

使を可能にし、それに続く２０２２年12月の「安保３文書」改定は専守防衛から「敵」の国土に対する先制攻撃も可能へと転換した。憲法と法制との矛盾は決定的になった。

憲法調査会の設置

「改正」を推進しようという政党とそれを懸念する政党の妥協で、２０００年から衆議院と参議院において「日本国憲法について広範かつ総合的に調査を行う」ことを目的とする憲法調査会が開催された。但し、この目的は多分に名目的で、調査の結果を先取りする改憲の方向性が明らかになった。

各党と市民は、「改憲」「護憲」「加憲」など憲法改正に対する多様な立場から議論を始めた。伊藤千尋さんの「活憲」なども出てきた。議員会館での講演の帰り道に伊藤真さんが言った。「私たちは何で行きましょうか」。私は口ごもった。パンチがある新しい案が見つからず、ずっと考えあぐねていた。伊藤さん曰く「『立憲』はどうですか」。憲法は国家権力の濫用を戒め人権や平和を保障することを目的としているという「立憲主義」に着目していた。なるほど、内実を込めた命名で新鮮だと思った。政府与党は、憲法調査会の議論も無視して、国民の多数が反対する明文改憲の手続きを回避し、独断的に憲法の解釈を変更して事実上の改憲をしようとしているところ、これも射程距離に入れられる。伊藤さんの疲れを知らないエネルギーと行動力に目を見張る毎日だった。

憲法調査会の傍聴

「憲法プロジェクト」を担当して調査会をたびたび傍聴した。前記の市民連絡会の事務局長（当時）である高田健さんは早くから総ての調査会を傍聴して会報や週刊『金曜日』等で問題点を指摘しておられた。高田さんには傍聴券の取得などで毎回大変お世話になった。月刊『法と民主主義』の２０２２年12月号で、弁護士の佐藤むつみさんが高田健さんにインタビューしておられる（「『市民運動家』として生きる」）。

調査会の委員の数が多い自民党席は居眠りが目立った。改憲を主導していた中曽根康弘委員は開始10分後くらいに眠りに入り口を大きく開けて背にもたれる。終わる10分前くらいに決まって目を覚ます。神業のよう。総裁候補にもなった自民党の某委員は、毎回のように自身が発言する寸前に笑顔でさっそうと登場し、終わるとさっと退場して目立った。全体として日程を消化しているような雰囲気があった。そんな中、毎回各党委員が最も真剣に傾聴していたのは共産党の春名直章委員の発言だった。おりしも進行中のイラク戦争に関する政府与党の対応を批判する舌鋒は鋭く、胸を打った。新聞を読んだり雑談していることが目立った委員を含めて春名委員が発言するときは殆どの委員が背筋を伸ばした。党派を超えたものが感じられたのは救いだった。新聞やテレビの報道は臨場感を欠いていた。

姜尚中氏の「東北アジア共同の家」構想も新鮮だった。アメリカ一国のみならず、中国・両朝鮮・ロシア等近隣国全般との多極的な政治的経済的関係を構築するビジョンである。朝鮮半島は中立化し、アメリカを含む関係諸国は、(仮想敵国を持つ集団的自衛権ではなく) 国連憲章による集団安全保障体制を作ることを構想している。中国大陸と朝鮮半島を占領し蹂躙した私たちの祖先がやったことは、ロシア・ウクライナの戦争の比ではない。日本は朝鮮半島が南北に分断され同じ民族同士で血みどろの戦争をする原因も作った。東北アジアを安定した平和の地域にする責任があることは言うまでもない。

敵対して軍拡競争ばかりしていては未来を開けないのは火をみるより明らかだ。すぐには実現しないとしても、思い切って発想を転換する以外にないと思う。中国の東北地帯は発展から取り残され今なお貧しい。関係諸国家の指導層に働きかけるのはもちろん、戦争の危機に直面している民衆に訴える気迫と構想を持ちたい。

学生たちと共に

改憲に関心を持つ、司法試験に合格したばかりの16人に意見を聞いた。東大が最多で早慶も多かった。伊藤塾の塾生以外の方が多かったかもしれない。彼ら彼女らの圧倒的多数は9条改憲を支持していた。但し、これは一般化できない。たまたまだったかもしれない。とはいえ、若者は「護憲」という言葉に守りの姿勢をイメージしてか、改憲志向が強いように感じた。それにしても、学生、受験生が学んでいる授業や憲法の諸々のテキストの情報は、９条を変えることの問題性を指摘しているので、これは予想を超えた。話を聞くと、閉塞した日本の状況を打破する「改革」をしたいというある意味でエリートらしい気概のようなものも感じられた。有志の何人かに、憲法調査会を傍聴して互いに議論してもらった。不足する資料は出典を指示して自分たちで集めてもらった。それを3カ月繰り返した。

9条の他にも環境権など「新しい人権」や首相公選制、憲法裁判所などについて参考人や与野党の委員が議論する調査会は新鮮に映ったようだ。傍聴した全員が9条に限らず改憲は必要ないという意見になった。ニュースはネットでしか見ていない人が多かったので、リアルなやり取りの重要さを学んだと思う。問題に真剣に向き合う場を作ることが若者には特に重要である(彼ら彼女らを取り巻くその後の環境が案じられる)。新聞を読まない理由は、勉強の邪魔になるからというのが一番多かった。しかし、それを理由にしていると、司法研修所に行っても法曹の仕事についても、勉強や仕事が忙しいという理由で新聞はおろか総合雑誌や単行本を読んで体系的に深く考えることができなくなる。そうすると、今の政治や経済、社会で利益を得て現状を変えたくない人たちにとって大変都合のよい働き手になってしまう。新聞くらいは読むべきだと強調した。このことは、若者一般さらには市民一般の大問題である。

塾便りやメールマガジンに調査会での議論を中心にして改憲の争点を連載した。争点に関する基本的な理解の概説をしたうえで、改憲に関する両論を紹介して読者の判断に委ねた。メルマガは毎月平均約３００人ずつ読者が増えていった。塾生、司法修習生、若い弁護士たちから連載したものを出版して欲しいと要望があった。類書はなかったと思う。しかし、ある事情で刊行できなかった。蛮勇がなかった。どうしてもやらなければならないこととそうではないことを見極めることは不可欠なはずなのに。失敗が多い私に失敗がまた一つ増えた。

法学館・伊藤塾で学んだ多くの塾生が法曹界を中心に20代のうちから各界で目覚ましい仕事をしている。２００４年４月、イラク戦争の際にイラクで３人の日本人（高遠菜穂子さん、郡山総一郎さん、今井紀明さん）が武装勢力によって誘拐された。間髪を容れず解放を目指して５人の弁護士が活動を始めた。うち３名が塾生出身だった。若い時代に自分を解放する学びの場を経験することは決定的に重要だと思う。

4　法学館憲法研究所

⑴ 法学館憲法研究所の活動

一人ひとりの生命が輝く個人の尊厳こそ中心となる価値であり、国民主権、基本的人権の尊重と平和主義をうたう日本国憲法の理念・精神を研究し、また、広く市民に情報を発信し共に学ぶため、２００４年5月3日の憲法記念日に法学館憲法研究所（所長伊藤真、主席客員研究員浦部法穂神戸大学教授）は活動を開始し、同僚の大川仁氏らとともに担当した。客員研究員をお願いした山内敏弘教授、森英樹教授、水島朝穂教授（後に村井敏邦教授も）やフェローをお願いした串崎浩現日本評論社社長にご指導、ご貢献いただいた。人権や平和の問題に熱心に取り組んでいる約20の法律事務所を訪問したところ、浦部先生の主著『憲法学教室』は、書棚に最も多く置かれていた憲法のテキストだった。

研究所は、法律学をはじめ、政治学、経済学、社会学、国際人道支援の多角的観点から憲法改正問題を検証した『日本国憲法の多角的検証』（日本評論社）を編集した。市民や学生向けの『世界史の中の憲法――憲法その誕生と成長のものがたり』（法学館憲法研究所双書・共栄書房）は浦部先生の講座をまとめたものである。同先生の『憲法の本』（法学館憲法研究所双書・共栄書房）は現実の憲法事件を図示して憲法を具体的に理解できるようにしている。

研究所は、論文集『法学館憲法研究所　Law Journal』を発行している。伊藤所長は毎回執筆している。２０２３年1月号（第27号）の論文は、巻頭言「戦争の惨禍を繰り返さないために――日本国憲法に基づく平和構築の可能性」である。

研究所の詳細はホームページ及びその「研究所紹介」でご覧いただきたい（www.jicl.jp)。

多くの市民・学生、憲法をはじめとする各分野の広範な専門家の方々、ベテラン、中堅、若手の実務家のみなさんにすこぶる支えられ、ご尽力いただいて研究所がある。内田雅敏、澤藤統一郎、梓澤和幸弁護士にはたびたび相談させていただいた。

取材の仕方や原稿の書き方はアジア記者クラブの講座で現役の記者の方々（朝日新聞の伊藤千尋さん、毎日新聞の明珍美紀さん他）から学んだ。伊藤さんには練習用の原稿に赤ペンを入れていただいた。映画の紹介はサンデー毎日の故木下昌明さんに学んだ。

以下は、関わった研究所の活動の一部である。

⑵ 9条世界会議

2008年5月にピースボートが中心となって、「9条世界会議」が幕張メッセや広島で開催された。当研究所も実行委員として参加した。海外41カ国・地域からの200名以上を含めてのべ3万人以上の方々が集まった。9条を掲げた初めての国際会議だった。研究所は伊藤所長がパネラーとなり、また、9条を解説した英文冊子「Article9 of the Japanese Constitution attracts global attention」を作成し約600部販売した。余部はライシャワー研究所など外国に送ったり、英語で憲法を学ぶ教材などとして使っていただいた。

⑶ 司法改革

司法改革は不可欠である。憲法を尊重する立場から裁判所で精魂を傾けてこられた福島重雄、宮本康昭、石松竹雄さんら裁判官30名による連続講演会を開催して、戦後の司法を証言したりより良い司法について提言いただいた。大学の同級生や寮の友人、裁判所時代に司法改革を共に追求した懐かしい裁判官にも講演していただいた。毎年参加してきた「日本裁判官ネットワーク」の集まりで知り合った裁判官も多数含まれる。「日本裁判官ネットワーク」は、「1999年、一枚岩とされる裁判所に新たな風を吹き込む現役の裁判官によって結成された。とかく顔が見えないと言われる裁判官が、積極的に外部に向けて研究、提言を行ってゆく」(同ネットワーク著『裁判官は訴える！　私たちの大疑問』の解説より)。現役の方々は勇気があったと思う。取りまとめていただいた守屋克彦元裁判官の編著で講演録『日本国憲法と裁判官』(日本評論社)を出版した。

(4) 訴訟研究会

日本の裁判所の第一の特徴は人権保障という本来の役割を果たしていないことである。国民の前に、裁判所さえもが壁となって立ちはだかっていることが少なくない。先に述べたドイツの裁判所との違いは明らかである。

そこで、国旗国歌訴訟や生存権訴訟など重要な具体的事件について、研究者と弁護団による合同の会議を開催して裁判所を如何に説得するか、理論や戦術を研究、検討した。外国人の人権に関する訴訟もその一つである。

人権は、人種や民族、性、身分などの区別なく人間であるという、ただそれだけの理由で当然に享有できる権利である(憲法11条)。これを人権の普遍性という。したがって、外国人にも、権利の性質上適用が可能な人権規定はすべて及ぶ(通説)。しかし、日本は外国人の人権を侵害することがことのほか多いことは、最近の技能実習生の問題やスリランカ出身のラトナヤケ・リヤナゲ・ウィシュマ・サンダマリさんが、名古屋出入国在留管理局の施設に収容され非業の死を遂げた例をみても明らかだろう。

警視庁公安部外事第三課などが東京都内の総てのモスクの人の出入りを監視する他、外国人支援団体、イスラム関係食料品店、エスニック料理店、ムスリムが関係している中古車会社・貿易会社など、考えられる限りの団体などの情報を収集していた事件がある（ムスリム違法捜査事件）。都内のイスラム諸国外国登録数の約89％にのぼる1万人以上の個人情報がデータ化され、その後、ＯＩＣ（イスラム諸国会議機構・世界57カ国）諸国出身者のうちの「7万2000人（把握率98％）を把握」するに至ったとされている。そこで、2011年5月、イスラム教徒の日本人と外国人計14人が国と東京都に対して、信教の自由・プライバシーの侵害、監視社会における個人情報の収集・利用による国家賠償請求訴訟を東京地裁に提訴したことに伴い、研究会を開催した。弁護団の山本志津さんにホームページの「今週の一言」に寄稿していただいた（2011年11月21日）。

その後、1審から最高裁まで、警視庁の情報管理体制が不十分だったため流出して名誉を傷つけたことを理由に請求の一部は認められた。しかし、情報収集自体は「国際テロ防止のためやむを得ない措置」であり信教の自由は侵害していないとされた。イスラムコミュニティーをテロのインフラとみなしてその信者をテロリストもしくはその予備軍とする「テロ対策」を裁判所も認めた。グローバルな人事交流による友好関係の維持増進が求められる今、日本は国際社会の一員としての役割を果たすことができるのだろうか。

訴訟研究会では駒村圭吾、青井未帆両教授にも大変お世話になった。

⑸ 今週の一言

法学館憲法研究所は、政治、経済、社会、思想、文化、芸術等々憲法に関連する領域や生活など広い視点から憲法にアプローチし深めることを意図してきた。また、各界の専門家だけでなく、市民や若者・学生にも発言の場を提供してきた。学びと発言は密接に関係している。「今週の一言」もこの趣旨で、多面的に憲法に光を当てていただいた。「今週の一言」は、現在は「オピニオン」にリニューアルされている。

マスメディアを市民の手に取り戻そう――日隅一雄弁護士

日隅一雄弁護士は記者出身ということもあって表現の自由やマスコミの現状の問題には

ことのほか力を注いでおられた。『マスコミはなぜマスゴミと呼ばれるのか』を刊行された２００８年12月1日、「マスメディアを市民の手に取り戻そう」と題して寄稿をお願いした。一部抜粋する。

「戦後まもなく、日本のマスメディアを民主化させるために、占領軍は、放送行政に独立行政委員会を設置した。ところが、吉田首相は、日本が独立を回復したとたんに、独立行政委員会を廃止した。それ以降、日本のマスメディアは、政府のコントロール下におかれるようになったといっても過言ではない。それこそが、自民党一党支配の根源だった。自民党以外の政党は『頼りない』というイメージを常に発信し続けた」。「日本のメディアは、テレビと新聞が完全に系列化しているため、互いの利権を批判しあうことがなくなり、政府との利権が強くなっているというクロスオーナーシップの問題（他の先進国は規制している）、それを可能にした原因とも言える政府直轄型の放送行政の問題（中略）を抱えている」

表現の自由は個々人がモノを言い表現して自己を実現し、民主主義の社会を作るために基礎的な人権である（21条1項）。国民主権を意見を持ち積極的に表現するためにはそもそも情報を知らなければ始まらない。知ることは幸福を追求するためにも（13条）必要である。そこで21条は明記していないが国民の知る権利を保障している（最高裁判例）。知る権利を含む表現の自由は、国民主権と直結するとりわけ重要な権利である。

２０１１年3月11日、東京電力福島第一原子力発電所が爆発した。東電の会見に連日参加した日隅さんの追及には多くの新聞記者をしのぐ厳しさがあった。取材力によって国民の知る権利に応えた。官僚は自分たちに有利な情報しか出さない、日本は「主権在官」だと言っておられた。

その5月に末期胆のうガンで余命半年と診断されてからも超人的に活動を続けた。1年後の5月、講演会で配布するチラシの袋詰めの際、ふと隣を見ると日隅さんがいつの間にか影のように来て黙々と作業しておられた。日隅さんらしい。講演した後の懇親会にも出席して質問に丁寧に答えておられた。6月11日まで仕事をされ12日に入院、その日に亡くなった。49歳だった。亡くなる2日前まで執筆してできた本が『国民が本当の主権者になるための5つの方法』（現代書館）である。

目の前にある憲法を裁判所が軽視するのでは改憲手続きによらずして憲法が解体される――中村欧介弁護士

たくさんの弁護士が憲法の岩盤となるべく文字通り命をかけて働いておられる。伊藤塾の講師もしておられた中村欧介弁護士には主任弁護人を務めておられた「葛飾ビラ配布事件」について寄稿いただいた。

「葛飾ビラ配布事件」は極めて重要な事件だった。政党の都議会報告・葛飾区議団だより等をオートロック式ではない民間分譲マンションのドアポストに投函した行為について住居侵入罪が問われた刑事事件である。同じく住居侵入罪に問われた立川自衛隊官舎ビラ配布事件で第1審無罪判決が出た1週間後に起きた事件で、ビラ配布という憲法21条1項で保障された言論活動について刑事処罰を科す点で、とりわけ政府与党に批判的な立場の言論内容に着目して言論の自由を封殺しようという意図は明白だった。

第1審の東京地裁は、ドアポストへのビラ投函は、社会通念上容認できない行為とは言えないため、住居侵入罪は成立しないとして無罪とした。しかし2審の東京高裁と最高裁は同罪の成立を認めて有罪とした。

中村弁護士の「今週の一言」は高裁判決を受けてのものだった（2007年12月24日）。中村さんは書いている。

「近年改憲に向けた政治動向に注目が集まるが、目の前にある憲法を裁判所が軽視するのでは改憲手続によらずして憲法が解体される。冒頭の（控訴人の）荒川氏の言葉を背に受けて退廷する3人の裁判官の中には、口元に『笑い』を浮かべている者がいた。私には、それが『憲法』を口にする者への侮蔑・嘲笑と受け止めざるをえなかった。憲法を守る闘いは、最高裁に舞台を移す。絶対に負けることは許されない。」

改憲手続きによらない憲法の解体や憲法を口にする国民への裁判所の態度は、私も裁判所にいたのでよく分かる。あの裁判官ならそうだよね、ということも。

その後、中村さんが講義を終えた帰りに2回目の「今週の一言」をお願いしたくて会った。今度も気軽に引き受けていただいた。その数日後だった。脳梗塞で急死されたとのこと。37歳だった。大きな身体で疲れ知らずですね、なんて私は軽口をたたいていた。自他共に認める「町医者的弁護士」の仕事や後輩の指導で限界を超えて身体を酷使しておられたのだった。それが分からなかった私。原稿で追い込んだ私。

自分を偽らずに生徒と向き合わずして『教育』はできない――前川鎮男さん

37年間都立高校の教員をされ、２００４年3月の卒業式における「国歌斉唱」の際に起立しなかったために再雇用契約を取り消された前川鎮男さん。良心の自由という最も基本的な人権の何たるか、教育とは何かを語っていただいた（２００４年10月４日）。

都立高校では、従来生徒が中心となって各学校ごとに特色のある、卒業生を主人公とする手作りの卒業式を企画し、それが職員会議で承認されて実施されていた。お世話になった先生たちへの溢れる感謝の念や後輩たちへの叱咤激励がまごころを込めてあふれ出す。上下関係、難しくいえば権力関係を超えて、参加者全体の心が一つになる。子どもたちが本来持っている自主・自律の精神を引き出し、育てるという教育方針の実践であり、『君が代』を歌うかどうかも自由だった。自由でのびのびした校風は社会的にも評価されていた。卑近な話で恐縮だが、小学生の孫たち３人が、自分たちや私たち祖父母の誕生日会の式次第を考えて、プログラム、接待、飾り付け、ダンス、ゲーム、あいさつなど生き生きと毎年のようにやっている。見事な構成に、思わず感動して拍手してしまう。学校における卒業式と通底するものがあるように思われる。政府は「家庭教育」が基本だという。家庭と学校の教育の違いについての心のこもった説明があればいいなと思うのは、政治を知らない人間の戯言だろうか。

これに対して、東京都教育委員会は、２００３年10月23日、「教職員は指定された席で国旗に向かって起立し国歌を斉唱する」「児童生徒の席は正面を向いて座るよう設営する」など細部まで規定した「実施指針」通りの式を強制、従わない教職員を処分することを明確にした。通達後、現場への管理が強まり、卒業生と在校生が向かい合う形の式や『君が代』斉唱の前に「内心の自由」について説明することなどが禁じられた。前川さんは次のように話しておられた。

「教師に強制するというのは、教師にロボットになれということです。教師に自由や主体性が保障されてこそ生徒が持っている可能性や能力を引き出せることは近代教育の原点です。教師をロボットにすることによって生徒をロボットにして国のための教育をするというのは、私たちがこれまで行ってきた、一人ひとりの人間のための教育とはまったく違うものです」。「自分を偽って起立すると生徒に分かります。自分を偽らないということが教師にとって一番大事なことであり、問われていると思います。生徒は大人が言うことを見極める鋭さを持っており、鋭敏に読み取ります。『ごまかしてるな』ということでは、信頼関係は生まれません」

前川さんも、若い頃は上から見下ろすような気持ちがあったが、それでは生徒が心を開くということはなかったとのこと。「私が心がけているのは人と人との関係では同じだということです。『教育』とは、『教え育てる』のではなく、『共育』すなわち『共に育つ』ことだと感じています。一緒に学んでいくのです。だから初めは生徒になめられても、『共に育つ』という環境を作っていけば、生徒は『先生』と言ってくるように変わります」

理性を眠らせないようなアニメの作り方をやっているつもりです――高畑勲さん

憲法９条の改正の動きに対してたくさんの方々が個人として、あるいは専門の立場から反対の声を澎湃《ほうはい》としてあげた。「今週の一言」でも、多様な視点からの平和の訴えを紹介した。

「映画人九条の会」の設立呼びかけ人であるアニメーション映画監督の高畑勲さんを訪ねた。武蔵野の面影が残る小金井市の閑静なスタジオジブリで２時間ほどインタビューした。フランス風の哲学思想と平和を希求する深い知性に引き込まれた。

「アニメーションが今大成功しているのは、心に働きかけている没入型のアニメが多いからです。私は実は違うことをやってきています。観たときにその中に没入してしまわないで、理性を眠らせないような作り方をかなり前から一貫してやっているつもりです。没入型のディズニーランド方式をアニメで成功させたのが宮崎駿さんだったとも言えるわけです。没入する方が、観る方も満足です。気持ちが面白いように翻弄されるわけですから。心がカサカサになっていて、バラバラで、現実には本当の心の結びつきとかがないんですね。上から与えられると安心するんです。その一番大きくて恐ろしいものが戦争に引っ張っていくことだと思います」

当時、自分を見つめ直そうとか「自分探し」、「アイデンティティ」という言葉がはやった。高畑さんは、自分探しをして閉じこもり、自分ばかりを見つめていては自分は分からないと言われる。「他人との関係で自分はあります。他人の中に入っていき、他人との関係を知る、作ることによってしか自分を発見することはできません」。そして、歴史を学ぶ地道な努力を積み重ねてこそ未来が見えるとしておられる（２００５年1月10日）。

高畑さんは、『映画を作りながら考えたこと』の中で、制作した『火垂の墓』についての反応に触れている。戦後の幼い兄妹の悲劇を描き、結果的に反戦映画になった。「最も共感を示してほしいと思っていた高校生から20代にかけての人の中に、重苦しい、暗い、視たくない、あるいは涙も出ない、という人がかなりいたことです。『むかつく』という言葉が示すように、快不快でものごとを感覚的に判断しがち」（４４４頁）。このことの回答がインタビューに現れている。

インタビューするに当たって、相手の方について、著書、講演、メディアの報道などでできるだけ予備知識を持ち、聴きたい事柄を整理しておくのはイロハだ。そのうえで、インタビューの醍醐味はそれまで知らなかった相手の世界が話に突風のように現れたときに、それを理解してどこまで付いていけるか、分からないことは分からないとしてちゃんと質問できるかだ。集中していても、東風がとおりぬけてゆく馬の耳になってしまうこともある。この時の最後の方のフランスの哲学の話もそうだった。

私たちは原子核兵器とは共存できないのです——大石又七さん

日本の原水爆禁止運動が大きく盛り上がったのは、１９５４年3月1日、アメリカのビキニ環礁における広島型原爆の１０００倍の水爆実験（ブラボー）でマグロ漁船第五福竜丸が被爆して乗組員が急性放射能症にかかってからだった。広島、長崎に続く第三の被爆である。乗組員だった大石又七さんが都内におられると聞いて、２０１１年の3月1日のビキニデーの直前に訪問して話を伺ってアップした（「原子核兵器の全面廃棄を！——第五福竜丸の被爆者は訴える」２０１１年2月28日）。

この水爆実験で被爆した日本の漁船は延べ１０００隻に及び、第五福竜丸の乗員23人の半数14人が放射能症で働き盛りの40、50代で亡くなった。大石さんは被爆者への無理解と偏見に耐えきれず、地元の焼津から逃げるようにして１９５５年に東京都大田区に移住してクリーニング店を営んだ。ビルの谷間の日当たりが悪い間口の狭い小さな店だった。被爆死は奇跡的に免れたが第一子は死産で奇形児、今もC型肝炎や肝ガンなどでこんなに飲んでるんだよと二十数種類の薬を見せて下さった。大田区でも差別や偏見が家族に及ぶことを恐れ、1983年に都内の中学生にビキニ事件について初めて話すまで28年間沈黙しておられたとのこと。被爆者に限らず政府にとって都合が悪い種々の被害者は封じ込め孤立させる冷たい政策を、ここでも感じた。その後大石さんは病身をおして精力的に講演や核兵器反対運動に携わった。数冊の本も出した。訪問したときは『矛盾：ビキニ事件、平和運動の原点』という新たな本の原稿を書いておられた。教科書や歴史書が机の上に重なっていた。クリーニング店は前年の末に閉店していた。個人的に最後にお会いしたのは、娘さん宅だった。脳出血で倒れたが車椅子で生徒たちに第五福竜丸の話などをしているとのこと。2021年3月のビキニデーのすぐ後に亡くなった。

中学校を2年で中退して船に乗り、何も知らされず被爆。1年余りの入院、冷たい視線、移住、新たな仕事の苦闘と闘病、自ら行う核兵器反対運動……。被爆者に限らず政府にとって都合が悪い種々の被害者は、自国民なのに封じ込められ孤立させられる。それに同調する周囲の庶民と世間。そのような中、不屈の闘志で奮い立ち生活を自立させ、基礎からこつこつと学んで新しい時代に挑戦した大石さん。どこか寂しさを漂わせておられた大石さん。せめて日本も核兵器禁止条約を批准することができましたと報告することができる日を早く。

２０２３年3月1日、広島市教育委員会が中学3年生の平和教育プログラムの教材から「第五福竜丸」の記述を削除する決定をしたことが明らかになった。「被爆の実相を確実に継承する学習内容となっていない」というのが理由であり、世界の核弾頭の数を示す地図などに差し替えた。大石又七さんの義理の妹の河村恵子さんは、記述が削除され風化が進むことに対して強い懸念を示した（２０２３年3月8日、ＮＨＫ静岡放送局）。アメリカにとって不都合な歴史であることが理由であるという指摘が多い。同時に、広島市教育委員会は小学生の平和教材から漫画『はだしのゲン』も削除することを決めた。これらの決定の経過の真実に迫る調査報道を求めたい。

発言する若者たち——清水文明さん、岩崎明日香さん

長い間展望が開けず、閉塞感が漂う。そんな中、若者たちにも積極的に語っていただいた。

仕事で多様な組織や人と会ったり勉強をするため、個人的に多くの団体の会員になって休日に交流し、裾野を広げてきた。支える会の会員として参加している首都圏青年ユニオンの集まりで出会った清水文明さんもその一人だ。

清水さんはコンビニエンスストアに正社員として入社して9カ月目、勤務していた店の店長になった。正社員は彼だけでパートとアルバイトが約20名。異動や離職が多く、新入社員の離職率は3年以内で95％。連続して23時間40分働き、1時間半後にまた23時間、さらに10分空けて17時間こなした。1カ月間で休みは1日だけ。店長は管理監督者だからということで残業代はなく、手取りが8万円減った。うつになって休職した。ユニオンの支援で裁判して「管理監督者」ではないとされ残業代が認められ、会社の長時間労働もかなり改善された。

「会社や社会に貢献したかっただけです。しかし、実際には『普通に働くこと』はできませんでした。実際に闘ってはじめて『生存権』の意義が良くわかりました。今は、人間を安くモノのように扱って経営を合理化、効率化する企業が利益を上げ勝ち残る競争社会です。私たち若者もそのような中でバラバラになって競争に勝とうと必死になって少しでもいい仕事を探しています。でも、これからは大多数の若者は仕事をみつけてもスキルを身に付けることは難しいです」（２０１１年12月26日）

私的に時間を延長して夕食を共にしたりすることが多かった。お酒が入ると「今まで誰にも言わなかったんだけどね」となったりする。この時は「一番辛かったのは、万引きだと分かっていても見逃すことです。捕まえると面倒なことになってその時間の分売上げが落ちますからね。惨めです」。窃盗罪の幇助犯となりかねない。たかがこれしきのことと言っていいのか。

人格の核心である自尊心を損ない人に違法なことを強いる働き方はどこか戦争と似ていないか。今、日本郵政、東芝、三菱電機、日立の社員たちを思う。以上、了解いただいて記載した。

埼玉県の平和ゼミナールの高校生には広島の原水爆禁止世界大会に参加した話を、横浜の若者には手作りの憲法ミュージカルを上演した話を、大学生の岩崎明日香さんには「Peace Night 9」への誘いを、大学生の西之原修斗さんには１０００人を超える若者憲法集会の話をそれぞれしていただいた。

原発の爆発に抗し行動する福島の人たち——中里範忠さん、山崎健一さん、根本敬さん

２０１１年3月11日の東日本大震災に伴う東電福島第一原発の大爆発。この事故で、２５０キロ圏内の住民の避難という最悪のシナリオを当時の原子力委員会の近藤駿介委員長は作っていた。北は盛岡から南は横浜までだ。数々の信じられないような奇跡が重なってこのシナリオは回避された。東日本は壊滅していたかもしれない。そうならないと、知性は原発再稼働を止めないのか。喉元過ぎれば熱さ忘れるか。

この事故は、科学技術に内在する取り返しのつかない危険性をあいまいにしてきたことを強烈に反省させた。大企業である東電や政治家、高級官僚、それらに迎合する専門家や巨大メディアが一体となって作った虚構を信用していていいのか。

無数の市民が自ら起ち上がった。福一の爆発音を背に、福島県南相馬市小高区から一族共々着の身着のままで埼玉県三郷市に避難してきた中里範忠さん（「小高九条の会」事務局長）には、「今週の一言」に興奮冷めやらぬ寄稿をしていただいた（２０１１年5月23日）。中里さんは私の人前結婚式のお披露目を仕切ってくれた先輩だ。退職して郷里で果樹園を経営していた。「私たち避難者はこの中で、田植えをし、トマトやチンゲンサイを育て、杉の枝打ちをし、牛の乳を搾り、草を刈り、山菜を採り、魚介類を捕り、子どもを学校に送り出し、入院患者を見舞い、挨拶を交わし、互いに酒を呑み、語りあってきました。農業者にしてみれば田んぼの畦の石ころ一つひとつにも見覚えと愛着があります。猿や猪との知恵くらべもしてきました」。中里さんは小高区の川房地区からバラバラの各地に避難した人たちをつなげようと長い間毎月「川房通信」を送り届けた。現在は避難先の北海道の雪深い富良野に住んでいる。

同じ南相馬市原町出身の山崎健一さん（「はらまち九条の会」事務局長）は川崎市に避難された。訪ねると、地元の高校の教員をされ、原発が建設される頃から警告を発してこられたとのこと。経験も踏まえて原発の問題点について憲法研究所で講演していただいた。山崎さんは今も避難先の福島市から各地への避難者に向けて通信を発行し、また、小高区に生家がある後述の鈴木安蔵の活動を市民に紹介し続けておられる。

福島市では県農民連合会の根本敬さんの話も伺った。根本さんの「今週の一言」。「キャベツの出荷制限で自らの命を絶った夫の遺影を抱えた須賀川の農家は『うちの父ちゃんは東電への抗議のために命を絶ったと思う』と東電本社で訴えた」

鈴木安蔵と南相馬市

鈴木安蔵は、憲法制定の際に民間の有識者が作った「憲法研究会」のメンバーの中心となって「憲法草案要綱」をまとめてＧＨＱに提出。この要綱はＧＨＱが起草し日本国憲法の原型となった「マッカーサー草案」に大きな影響を与えた。改憲の必要性の論拠として言われている「憲法はＧＨＱからの押しつけ」だという論に根拠がないことを示す事実の一つである。鈴木安蔵は福島県が生んだ代表的な人物で、憲法の誕生を描いた映画『日本の青空』の主人公だ。いい仕事に生かされた俳優たちの姿もまぶしい。日本の政治は自立的な映画の劇場公開を拒んだ。が、自主上映で全国各地を盛り上げ、私も何度もお付き合いさせていただいた。

憲法制定史に限らず、歴史は国家の視点で語られることが多い。しかし、人間の歴史、平たくいえば民衆の視点で語るべきである。それが日本国憲法の理念だ。各都道府県と憲法との関わりは２回ずつＨＰの「日本全国憲法ＭＡＰ」にアップした。地元の憲法の歴史を学ぶ参考になると思われる。鈴木安蔵は福島県の部の第２回で紹介した。

爆発の年の10月、原発問題の講演会の準備として許可を得て有休をとり南相馬市を訪ねた。浜辺には転覆した船がそのままになっている荒涼たる風景があった。仮設住宅では、九州の実家に避難した妻子はもう帰って来ないのではないかと案じる休業者がいた。このまま離婚してしまうかもしれないとのことだった。

市役所では、3月14日、屋上にいた自衛隊員たちが一斉に駆け下りてくる途中、一人の隊員が職員に紙切れを渡したと聞いた。「逃げろ」。一言のなぐり書き。何のことか分からない。後になって、3号機の水素爆発を屋上で観察していたこと、自衛隊は敏捷にはるか遠方に避難したことを知った。それほど一刻を争う事態だったのなら、その時私たちにも知らせて欲しかったとのことだった。自衛隊はいざ戦争になったら国民をどう扱うのだろうかと考えざるをえない。2022年末の安保関連3文書によって、政府は今、全国各地の自衛隊基地に地下シェルターを建設中だ。戦争を遂行する軍人とその基地の安全をまず確保しないと戦争には勝てないというのが軍の論理だ。国民の具体的な避難計画は未だ示されていない。

ザマナイ──核実験と民衆──TOMOKOさん

毎週金曜日の脱原発官邸前抗議行動や経産省前テント広場では沢山の方々に出会った。小さなお子さんや赤ちゃんを連れたお母さんたちも集まっている国会議事堂前の「ファミリーエリア」で『ふるさと』を合唱していた歌手のTOMOKOさんには、旧ソ連によるカザフスタンのセミパラチンスクでの一連の核実験を歌った『ザマナイ～時代よ！』を紹介いただいた。「ザマナイ」とは時代の意味である。https://blog.goo.ne.jp/song_of_eternity

TOMOKOさんから、この核実験で同郷の人々と身内を亡くしたカザフスタンの歌手ローザ・リムバエワさんを教えていただいた。ソ連に自由と大地を奪われ愚弄されたカザフスタンの民衆と彼女が渾身の力で歌う絶望の歌『Zaman-ai』(1)。

https://www.youtube.com/watch?v=U-G-lXYeBtc

男たちの逞しさよ　どこへ　女たちの美しさよ　どこへ
優しき心を欲する　この時代　Zaman-ai　Zaman-ai
悲しいかな　清らかなる故郷は汚された
あわれなり　わが祖国　あわれなり　わが大地
奪われ　苦しめられた　かつての自由は奪われ　悲しみに代わった
大地は核の閃光に　目を開けられないのだろう
先祖の眠る地は壊され　悲しみの結末を見せつけられ
豊かな生活を奪われた　この時代　Zaman-ai　Zaman-ai
カザフの民よ　身を休める地はどこにあるのだ

泉から毒を飲まされているのは　なぜだ　子どもたちを失うのは　なぜだ
故郷が愚弄された　この時代　Zaman-ai　Zaman-ai
恥をさらしながらも　隠れずにいるのは　なぜだ

金曜デモに毎回大勢で熱心に参加していた「商社九条の会」の三浦恒紀さんは、「今週の一言」で「原発でも戦争でも防衛装備でも儲けるのが商社の体質だ。しかし商社九条の会に集う人たちはそんなことを充分知った商社の良心を持った人の集まりだ」と書いておられる。何年か前、原発を廃止する志半ばで故人になられた。三浦さんがデモの後毎回振る舞われたウィスキーの香りがしのばれる。

私も参加した原発事故による業務上過失致死傷を問う刑事告訴団には短期間で1万人を超える方が参加し、告訴団の地脇聖孝さんに「手応え感じる福島原発告訴団運動――99％が連帯し、無責任の時代に終止符を」を寄稿していただいた。

なお、原発の問題点は、ドキュメンタリー映像作家鎌仲ひとみさんに「地球環境をお金に換算すれば」と題して書いていただいた（2006年9月25日）。私がこの問題に関心を持ったのはこの時からであり、遅かった。

鏡を見つめて「私は美しい」と語りかけます――キャサリン・ジェーン・フィッシャーさん

一橋大学で開催されたあるイベントで、１９８０年代から日本に住んでいるオーストラリア人のキャサリン・ジェーン・フィッシャーさんと知り合った。隅っこに青白い顔でひっそりと影のように座っていた。横須賀に入港したアメリカ海軍の空母・キティーホークの乗組員であるDに基地近くの自分の車の中でレイプされたとのことだった。すぐに神奈川県警に事件を届け出たところ、６人の警官に露骨に性的な言葉も口にされたりからかわれたり笑われたりしながら12時間拘束されたが、証拠の採取もされずまともに扱われなかったと。検察は嫌疑不十分で起訴しないとも。事件から8年間は人とご飯を食べられないなどのPTSD（心的外傷後ストレス障害）に苦しんできたということだった。

それから1年後くらいに喫茶店で会った。見違えるような活気があった。３人の子どもを持つシングルマザーで経済的に大変だけれど、自分の事件だけでなく性犯罪の被害者のための組織を作って広範に行動しているとのことだった。話を「今週の一言」にまとめた（２０１２年12月24日)。抜粋する。

「在日駐留米軍に関する日米地位協定は、密約を含めて米軍・米兵にさまざまな特権を保障しており、犯罪の被害者の人権をこのうえなく蹂躙するものです。レイプに反対なら、地位協定（SOFA＝Status of Forces Agreement）を変えるべきです。地位協定の16条には『日本国において、日本の法令を尊重し……』とあります。しかし、もっと強く、従う（obey）義務があると書き換えるべきです。私を動かしているのは、『愛』です。今の時代、おカネや戦争が愛されています。しかし、平和のために人を殺すのはおかしいです。愛はすべての人間に向けられるべきものです。愛は、米軍や政府よりパワフルです」

2023年10月4日、フィッシャーさんは日本の国会内で記者会見した。ジャニー喜多川の性加害が注目されているが、米兵による性加害は忘れられている。沖縄県内では男性の被害者も5件発覚した。日米地位協定の壁に阻まれて今も苦しんでいる被害者が多くいるのに、なぜ私たちを見過ごしているのか、とのことだった。

⑹ シネマde憲法

人間は、知、情、意の統一体だ。憲法は主として「知」に働きかける。しかし、憲法が掲げる自由、平等、平和、民主主義などの理念ないし価値のバックには人間への深い愛があり不正義への強い怒りがある。人間は実際には、快適だ、愛おしい、悲しい、けしからんなど「情」、エモーショナルなもので動く。芸術は憲法の世界を豊かに彩る。芸術は人間が生きるためには不可欠だ。人は言葉を発明するより前に歌を歌ってコミュニケーションしていた（山極寿一『暴力はどこから来たか』）。憲法はずっと後からできたものに過ぎない（但し、理性から離れた情動の怖さについての高畑監督の指摘がある）。

そこで、上映中の映画を憲法の視点から紹介する「シネマde憲法」を毎週連載した。映画は時間外に観た。

現代はタテマエと現実の乖離という虚構性が顕在化している。この問題を提起している以下の２本を紹介したい。

モンスター

実在した女性の連続殺人犯アイリーン・ウォーノスをモデルにした２００３年のアメリカ映画『ＭＯＮＳＴＥＲ』（監督・脚本パティ・ジェンキンス）。シャリーズ・セロンがアイリーンを演じるために13キロも太り鮮やかに変身し、迫真の演技でアカデミー賞主演女優賞を獲得した映画としても知られている。

娼婦だったアイリーンは、１９８９年から１９９０年にかけてアメリカ・フロリダ州で彼女を買った7人の客を次々と殺害して死刑判決を受け12年間服役した後、２００２年10月9日に処刑された。当時のマスコミは「凶悪殺人鬼」という意味で彼女を「モンスター」だと喧伝した。映画を観た人たちの圧倒的な多数も彼女を「モンスター」だとみている。そうなのだろうか。映画は、アイリーンが獄中で幼なじみの親友と交わした７０００通の手紙をはじめ膨大なリサーチを経て制作された。アイリーンの実像と「何が彼女をそうさせたか？」という問いが追求されている。

映画の中のアイリーンは次のとおりである。

8歳の時以来、父親の親友にレイプされ続ける。父親に言ったがとりあってもらえない。父親は彼女が13歳の時自殺。同時に彼女は、「薄汚い娼婦は出て行け！」と家から追い出され、生きるために娼婦として街に立って生活する（実際のアイリーンの母親は15歳でアイリーンを出産した時にはすでに夫と離婚していた。父親は精神に障害があり、少女に対する猥褻行為で入退所を繰り返し刑務所内で自殺した。母親がアル中になって育児を放棄した後、アイリーンは祖父母に預けられたが、祖父にオイルをかけて火をつけられるなど普通でない虐待を受けた。実兄とは近親相姦関係になり、14歳で出産した）。

「私はダイヤの原石だ。いつかはスターになる夢が叶う」と長い間心から信じていた彼女だったが、30歳を過ぎたある日、娼婦としての現実を認めざるを得なくなる。「男には愛想がつきた。だからもう死ぬだけ」。自殺を考えていたある夜、偶然年下の女性セルビーに出会う。アイリーンはそれまで「売女」とののしられ「人間」として扱われてこなかった。セルビーは、そんなアイリーンを一人の人間として認めて愛してくれた最初の人だった。男か女かは重要ではない。「あなたが私のすべてだ。もう最高だ」とアイリーンもセルビーを受け入れる。「もう客をとるのはやめる。最低の仕事だ」と考えるアイリーンは、ひたすら自分を頼ってくるセルビーとの当面の生活を支えるため、これが最後と決めて街頭に立つ。ところが、相手の性的虐待で殺されそうになり、正当防衛で反撃し殺してしまう。

一方でアイリーンは、堅気の仕事を懸命に探し回る。「人生で大事なのは人と自分を信じること。そうすれば夢も叶う」が好きな言葉だ。しかしやはり現実は甘くない。娼婦だったということで冷たくあしらわれる。セルビーとのその日の生活を支えるためには娼婦の仕事に戻るしかないとあきらめ、再び客をとる。その男が極度の変態。体に染み付いた鬱積した嫌悪感を抑えきれない彼女は、男を殺す。一度否定した自分を奥深い声がもう一度否定したようにみえる。「人生は不思議だ。思ってもいない方向に進んでいく」。しかし、これは立派な犯罪であり、その後彼女はセルビーとの「車や家のある普通の生活」を作る手段として2人の男を強殺する。

「人は誰でも娼婦を見下ろす。私らのような存在は虐げられる存在だ」とアイリーン。しかし、娼婦は社会や国家の安定のための必要な手段とされてきた（従軍慰安婦問題などが想起される）。今度はアイリーンが、自分たちの愛のある生活のために、男の財産（車や現金）さらには生命までを手段と化してしまったようだ。

アイリーンは逮捕される。しかし殺人の証拠がない。勾留されている監獄にセルビーから電話がかかってくる。それが彼女の自白を引き出すための囮の電話であることにうすうす気付きつつも、セルビーへの愛を貫くために、セルビーの犯罪行為（贓物《ぞうぶつ》収受）まで否定する会話に応じるアイリーン。そしてセルビーは法廷でアイリーンの犯行を証言する。愛と財産と聖書のある普通の家庭に育ったセルビーに対して、「あなたにとって人間は善良で親切な存在なのね」とその生活を守ろうとしてきたアイリーンは、法廷でも「あなたを永遠に忘れない」と心で叫びセルビーを見やる。

しかし、アイリーンは許せない。死刑の宣告に対して、「レイプされた女を死刑に（するのかよ）!」。「信仰は山をも動かす」（聖書）という言葉に対して、「勝手にほざけよ」とモノローグ。

彼女にとって、「モンスター」は子どもの頃見た町の巨大な観覧車だった。いつかそれに乗れる楽しい生活を送るのが夢だった。性的虐待を受けて健全な自立心を育むことができなかった子ども時代。「自由競争」と「自己責任」が強調され、増大する一方のホワイト・トラッシュ（白人の屑）の中でも最底辺に生きてきたアイリーン。そんな彼女の唯一の理解者であるベトナム帰還兵の老人トムのセリフに、アイリーンが娼婦として生きたことについて「他に選択肢はなかった」とかばうものがある。映画の監督、制作者は、映画の中ではそこまで言い切って弁護してはいない。

しかし、アイリーンを「向こう側」の人間として突き放してもいない。社会に現存する彼女のような層の悲劇を直視している。彼女の生い立ちや生活環境に迫り、行動の軌跡を客観視し緻密に追うことによって、家族、愛、教育、社会、宗教、政治、犯罪、死刑制度などさまざまなことを考えさせ、彼女も自分たちと「同じ人間」なのだということを訴えているように思われる。

実は「モンスター」は、刑罰をもって市民社会を防衛して事足れりとする諸々の装置全体の方ではないか、人間を押しつぶしているではないかと、映画は言っていると思う。

他にもいろいろな問題を考えさせられる映画である。たとえば前述した老人トムは言う。「おれたちも戦場でたくさん人を殺した。これも罪だ。罪にさいなまれ自ら命を絶った者も多い」。戦場での個人の行為も犯罪行為という次元でとらえている。

ジェンキンス監督がアイリーン本人と親しくなりかけた矢先、アイリーンの死刑執行が決まったという。かの女を「モンスター」と煽るマスコミに目をつけたブッシュ大統領の弟のブッシュフロリダ州知事の再選のために利用されたのだと、チラシに書いてある。観てもらうことが目的のシネマの紹介は批評ではないので結末は書かなかったが、この回はあえて書いた。

アイリーンをモンスターとして紹介しているPRや批評ばかりだった。違うのではないか。そこで2回目を観た。モンスターはやっぱりアメリカの現代社会と国家だと思った。この映画はことのほかセリフが鍵を握っている。そこで、3回目はノートを持ち込んで暗闇の中セリフを殴り書きした。担当して最初の頃だったので、その次からは始めからノートを持参した。

アンパンマンが大好きな子どもたちをやがて自己責任意識、無気力、おちこぼれ、風俗、「負け組」、自暴自棄、精神的な病者、自死、犯罪者に追い込む現代って何だろう。私たちって何だろう。

パラダイス・ナウ

パレスチナ人の自爆攻撃を内側から描いた『パラダイス・ナウ』（2005年フランス／ドイツ／オランダ／パレスチナ　監督：ハニ・アブ・アサド）も現代世界に問題提起しているものは大きい。「自爆攻撃」は殺人であり犯罪であるのは勿論だが、非難ばかりを繰り返してきた結果が、それはなくならないという現実である。

パレスチナのヨルダン川西岸地区に住む自動車整備工の２人のパレスチナ人青年は、殺害された二人のリーダーの報復としてイスラエルに対して自爆攻撃を決行するよう、組織の幹部から指示された。青年の恋人も交えた３人の友情と葛藤に息が詰まる。

パレスチナ人の監督がイスラエルに対する抵抗運動が最も激しいナブルスの町を中心に撮影した。９・11以来、「自爆攻撃」というと、日本では当初から「自爆テロ」という否定的な表現が使われている。しかし、監督は、「自爆攻撃」を正面から否定も肯定もしていない。

パレスチナは長い間イスラム国家の支配下にあったが、異教徒が弾圧されることも少なく、ユダヤ人とアラブ人の垣根なしにお互いを認め合いながら共存してきた。しかし第一次世界大戦後、イギリスとフランスによって細かく分割されて保護国の名のもとに植民地となり、しばしば衝突が繰り返されてきた。

１９４８年にはイスラエルが建国され、この地に住む人口で３分の１、所有地で６％を持つに過ぎなかったユダヤ人に、パレスチナの57％の土地が与えられた。イスラエルはさらに、アラブ諸国との1967年の第3次中東戦争で圧勝し、ヨルダン川西岸地区やガザ地区を占領して支配地域を拡大し、ユダヤ人の入植を増加させてきた。さらにパレスチナ人が居住する地域を取り囲むように壁（いわゆる「分離壁」）を構築し続けてきた。

国連は占領地から撤退しないイスラエルを非難する内容の決議案を出しているがイスラエルと極めて関係が深いアメリカが安保理で拒否権を発動、国連はほとんど機能していない。アメリカに忖度する私たちの政府も解決する気はない。世界から見放されたと感じているパレスチナの住民は絶望し、ごく普通の青年が変化を期待して自爆攻撃に走っている。イスラエル軍に殺害されたパレスチナの人はパレスチナ側に殺害されたイスラエルの人よりもけた違いに多い。これは何を物語るか。屈託のない笑顔を持った子どもの時代があった。環境が笑顔を奪い、いのちを奪う。

自爆攻撃は、しばしば、信仰による「聖戦」として固い決意のもとに実行されるようにステレオタイプ化されて報道されている。しかし、家族や恋人、地域の人々、さらには他民族の命を思いやる私たちと変わらない青年の姿が描かれている。恋人の「軍事力のない自分たちは武力に頼らず、別の道を模索するべきだ」と引き留める言葉を重く受け止めつつも、結局は「正義も自由も奪われ、国際社会からも見放された時、人は自ら戦うしかない」と思い詰め、「母さん、父さん、こんな別れ方を許して下さい。でも、すぐに天国で会えるでしょう」。

監督は語っている。「パレスチナ人を近い存在に感じていただければ嬉しいです。物事を『邪悪』と『神聖』に分けるのはナンセンスです。パレスチナの現状を知って欲しい。〝知る〟ことこそが暴力の連鎖をくい止めるのです。物事は複雑極まりない現状に対する人間の反応を描いているのです」

ＨＰでは結末は書かなかったが、自爆のベルトを腰に巻いてイスラエルの兵士が多いバスの座席に座ったパレスチナの青年の眼は、自爆装置が起動する瞬間が迫るにつれてうつろに虚空をさまよう。自爆によってしかパラダイスを見ることができないという生と死の一体化だ。それと共に、うつろな眼は、何も知らない周りのイスラエルの乗客たちを死に追いやる罪悪感が自死の瞬間に沸点に達することも表現しているように思われる。残るのは究極の矛盾という厳然たる事実のみである。

私たちと違うのは、どこに生まれたかだけではないのか。私もパレスチナなど国際社会から見捨てられた地域に生まれていたとしたら、状況によっては自爆攻撃をしない自信は全くない。

世界の目がウクライナに集まっている2023年7月3日の未明、ヨルダン川西岸のジェニン難民キャンプをイスラエル軍が攻撃してパレスチナ人13人が死んだ。20回に及ぶ空爆や銃撃戦で多くの道路や家屋、インフラが破壊されたというのに、この上どこに逃れろというのか。朝日新聞の高久潤記者がジェニンから記事を送ってくれた。頑張って報道していただいてありがとう（『朝日新聞』2023年7月15日）。シリアの人たちもガザの人たちも頼りにならない私たちを含む世界の人々に絶望している。絶望しても、生命がある以上生きなければならない。生きなければならないから生命があるのだろうか。私は混乱したままだ。

自爆攻撃は中東に限らず世界中に拡散している。中東の人たちからヒロシマ・ナガサキも経験し平和を求める仲間として崇敬さえされてきた私たちは、深く考えず湾岸戦争以降中東に牙をむけてきた。日本国内でも自爆攻撃を受ける可能性を作った。国家として戦争を放棄し戦力を持たない憲法を持つ日本にやれることは、想像を絶するほど多いと思う。

日本では（欧米でも）、西欧やアメリカで起きたテロは大々的に繰り返し報道される。一方、中東、アフリカ、中南米などで起きたテロはほとんど扱わないか扱いはごく小さい。

アメリカが現地の組織を使ってしばしば起こすテロは「戦争」として正当化するか、公表されない。日本は報道しない。私たちは自分たちを欧米人と同じランクに入れている。

ちなみに、日本では自爆攻撃を「自爆テロ」と呼ぶ。西谷修先生によれば、「テロ」という言葉は日本独特の表現だ。海外には「テロリズム」という言葉はあるが、「テロ」と短縮しない。グロテスクを「グロ」というのも同じで（「エロ・グロ・ナンセンス」）、侮蔑して否定するという効果を持たせている。自爆攻撃は海外では「カミカゼ」ないし「スーサイド・アタック（自殺攻撃）」と呼ばれている。

⑺ 人間模様

経済同友会終身幹事の品川正治さん。『戦争のほんとうの恐さを知る財界人の直言』の著書がある。読み返して背筋が伸びる。高層ビルの最上階の損保会社の相談役室で２時間のインタビューをして「今週の一言」として紹介した。中国の最前線、１２４０高地の攻防戦の際の迫撃砲の破片が残る不自由な脚で時間をかけてエレベーターまで見送っていただきボタンを押し、扉が閉じるまで頭を下げておられた。「現代の資本は生産のための資本ではなくなった、利潤だけを追求する資本が独立して動き出している」と話しておられた。

94歳（当時）の日本教育学会元会長の大田堯さん。「国の民ではなく、むしろ『人になる＝人なる』ことを当たり前に行いたい」と言っておられる。東浦和のお宅に伺っての帰途、家の前の道に出られて私が角を曲がって姿が見えなくなるまでお辞儀をしておられた。屋敷にがっしりと立っていた大きな樫の木のような風格だった。ご著書『かすかな光へと歩む　生きることと学ぶこと』をいただいた。

反面、残念に思うこともときどきあった。著名な人が席を外した途端に、うって変わって信じられない汚い言葉を浴びせてきた人権派の評論家。やっとのことで代理人弁護士を探し当てて連絡がついた労働問題に理解のあるスポーツマンにインタビューを申し込むと、「あなたのような小さい所とお付き合いするつもりはありません（『原文のままお伝えします』との代理人の言葉付き）」と回答いただいた方などなど。政治家の一部はもっと露骨だ。私も気が付かないで失礼なことをしているかもしれない。

オノ・ヨーコさんに、もう少しのところまでいってインタビューできなかったことは心残りだ。

第8章

「ともいき」への道

1　退　職

70歳で退職した。ある漫才師と高速道路の下の焼き鳥屋で飲んでいたとき、憲法漫才の相方をやらないかと誘われた。彼とは飲むほどに口が滑らかになって、掛け合い漫才風になってしまう。学生時代からドタバタ劇のシナリオなど書くのは好きだった。相方の話は断ってしまったが、乗れば良かったと思うことがある。

退職して、人と会うことがいかに大切だったかを痛感した。本当に多彩な方々の様々な物語に接した。ヤマト便を配達している人は文字通り走っていた。朝出社して夜の9時過ぎまで配達。帰社して報告書を書くと10時を過ぎる毎日だとのこと。いつも来ていた人が急に来なくなったので後任の人に聞いたところ、脳出血で入院したとのこと。彼は半年後くらいに復帰した途端に以前のように走り回って働いていた。帰路に覗いた守衛室のＩさんは家族の話をよく聞かせてくれた。

昔から、集まりや宴会で酒を飲むと最後まで居るのが普通だった。生命をかけてイラクやアフガニスタンに行って取材するジャーナリストの西谷文和さんと話したときも終電に乗り遅れた。サウナやネットカフェに泊まるおカネの分まで使い果たし、渋谷の街をウロウロ。夜通しやっている飲み屋に飛びこみ、４００円のコーラ1杯で朝まで過ごした。店のバイトの学生さんから内輪話を聞いていると、もう1杯サービスしてくれたりする。徹夜もまんざらではない。

2　蓼沼丈吉

(1) 郷土に生きた自由民権の実業家

父母は郷土の栃木県旧安蘇郡三好村・佐野市から離れて群馬の開拓に入ったため、私は栃木県のその土地の事情は殆ど知らなかった。先年、蓼沼家の本家筋の古老から、祖先である蓼沼丈吉の存在を聞いた。丈吉は家業の呉服商から身を起こし、石灰会社などの重役、葛生銀行頭取、佐野鉄道の社長などを務めた実業家だった。自由民権論者であり、下野新聞では同じ安蘇郡の田中正造とともに古河鉱業（現古河機械金属）の足尾銅山がもたらした鉱毒事件反対の論陣を張り、正造の活動を資金面で支えた一人だった。正造が天皇への直訴のため衆議院議員を辞任した後、正造の跡を継いで衆議院議員に当選した。丈吉は「与えて求めない政治家」として知られ、名刺には「商人百姓兼衆議院議員」と書いた。憲政本党で知己を得た大隈重信らからの寄付と私財を基金にして蓼沼慈善団を設立し、郷土の有為の青年に返済期限を定めない育英資金を貸与、人材を育成した。その後寺の住職から、丈吉が関わった蓼沼講は寺の境内で近年まで毎年長く続いていたと聞いた。

(2)「れいわの自由民権運動」

「人類の多年にわたる自由獲得」の歴史（憲法97条）の一つが自由民権運動である。しかし、現実はというと、特に最近10年は自由も民主主義も急速に剝奪されてきた。

2020年、菅前首相は日本学術会議の会員候補6名の任命を拒否して学問の自由（23条）を侵害した。戦後初めてのこの暴挙を岸田政権も追認している。2023年3月には、安倍内閣が放送法の解釈を違法に曲げてテレビ局の報道に介入していたことが判明した。民主主義にとって不可欠な「選挙運動の自由」も表現の自由の一つとして保障されているところ、基本的に1925年の治安維持法の制定と同時に厳しく制限されたままで、世界の民主主義国家には例がない異常さだ。政府与党に都合が悪い歴史の真実は教科書からカットされ、グローバル化の国際社会で世界に通用しない若者にしている。26条の教育を受ける権利の背後で総ての国民に保障している自由権としての「学習権」が侵害されている。

少子化対策が急務になっているところ、これは国家の問題である以前に、経済的理由で結婚や子どもを産むことをあきらめざるをえないという、古代から当たり前なこととして保持してきた、憲法以前の人間が人間であるために不可欠な「愛する権利」「子どもを産む権利」の侵害ではないだろうか。

国会と内閣を見ると、口だけの「丁寧な説明」、法案を個別に審議させない「束ね法案」の連発、野党による臨時国会召集の要求（53条）の無視、衆院解散権（7条3号）の恣意的濫用など、政治部門の横暴はここに極まれりだ。議会制民主主義は死に瀕している。法の支配を担当する裁判所もはなはだ心もとない。

憲法上の権利やシステムの問題もさることながら、そもそも諸々のレベルの権力を持つ人、強い人や集団の声が大きく、個人がホンネを言えず埋没気味な日本は、個々人の力を生かしておらず、国家のダイナミックな力を殺している。

自由と民主主義を維持するためには、「国民の不断の努力」（憲法12条）としての、いわば「れいわの自由民権運動」が必要である。

3　田中正造

⑴「真の文明ハ山を荒さず、川を荒さず、村を破らず、人を殺さゞるべし」

田中正造の名前に比べて、その思想と行動はあまり知られていないのではないだろうか。正造は人間らしく生きる「真実」「愛」「正直」の人だった。正造を知る意義はすこぶる大きいと思われる。正造の思想は、小松裕（近代思想史）の『田中正造　未来を紡ぐ思想人』に詳しい。

出身地が私の父母と同郷で、足尾銅山鉱毒事件で活躍した地域が私が育った町に比較的近くだったこともあって、田中正造には群馬県にいる頃から関心があった。憲法研究所で正造を紹介するに当たり、栃木県の歴史教育協議会の飯田進さんに資料をいただいた。飯田さんは「田中正造を現代に活かす会」の代表世話人である。佐野市で開催された会のシンポジウムに2回参加した。正造の「真の文明ハ山を荒さず、川を荒さず、村を破らず、人を殺さゞるべし」が吟詠された。鉱害の現場からの地鳴りがあった。

佐野市にある郷土博物館に正造の直訴状と遺品が展示してある。正造が河川調査の途中に支援者宅で倒れたとき、身につけていたのは菅笠と信玄袋一つだけだった。信玄袋には書きかけの原稿、新約聖書、鼻紙数枚、川海苔、小石３個、日記３冊、帝国憲法、『マタイ伝』の合本が入っていた。小石収集は正造の唯一の趣味だった。近代が「所有」の時代だとすれば、正造は「非有」ともいうべき人だった。

博物館の見学と我が家の墓参りの帰路、近くにある雲龍寺（群馬県館林市）に寄った。１９００年２月、足尾銅山の鉱毒の被害者農民２５００人が請願のためこの寺に集結した。上京しようとして利根川を渡ろうとした農民に警官隊が「土百姓」という掛声とともに襲い掛かった（川俣事件）。土百姓を自認していた正造の、官憲の切捨御免の暴力に対する激しい怒りの根底には、人間平等観や生命尊重思想がある。雲龍寺では、正造の遺骨が分骨された墓と若干の展示品を見た。

⑵ 21世紀に生きる田中正造の思想

生命権、生存権を中心とした人権思想

正造は、何百年も前からこの地で営々として続けてきた農と生命の営みは「天則人権」だと気づいていた。鉱毒事件の本質が、経済優先主義的な「近代化」（資本主義化）が必然的にもたらした生命と健康、生活を軽視した生存の問題にあることを見抜いていた。「生存権」を最

初に憲法で認めたのは1919年のドイツのワイマール憲法だが、正造はそれを先取りした。所有権を中心にした「近代」から生存権を中心にした「現代」への発展であり、現在では公害規制、環境権保護の問題として引き継がれている。

人間（人命）中心主義的な発想の否定――人間と自然との共生、「永遠の生命」

正造は、「人権尚山河の如し」「人は万事の霊でなくてもよろし。万物の奴隷でもよし、万物の奉公人でもよし、小使いでよし」と言った。「自然界のあらゆる生命の中で、人間の生命が最優先されなければならないという、人間（人命）中心主義的な発想をも否定するかに至ったかのように見える。人間の有限性の自覚のうえに、それを自然との共生の中でとらえ返し位置づけていこうという志向すら見せるに至った」[1]。「真の文明ハ山を荒さず、川を荒さず、村を破らず、人を殺さゞるべし」。小松さんは言う。「『人間は万物の霊長』という言葉は、長い間、自然や他の生物に対する人間の優越性、傲慢さの根拠とされてきた、きわめて人間中心的な発想の濃いものである。しかも、そのルーツは、聖書にまでさかのぼることができる[2]」

人間は、国家と一体化するのではなく、永遠の生命をもつ自然と一体化した生き方を心がけよ、そうすれば、永遠の生命を獲得するだろうとも。

独立自治の精神

「しょくんはひとばかりたよるこじきこんじょうになってはこまります。どこまでもじぶんでやるせいしんはなくさないようにねがいます」[3]。依頼心を排除すること、人民の独立心、自立心を養うことは、生涯にわたって追求した思想的課題だった。日本国憲法の下でも同様である(筆者)。

政府の法律以前の自然権というべき町村の自治権

町村の自治権は、政府が作った「人造法律」によって保障されるような性格のものではなく、国家成立前からの「自然権」ともいうべき「天来の己得権《いとくけん》」であり、何人も奪い去ることができない絶対的な価値をもつものだと強調した。村とは、「自然の地形」に応じて形成され、そこに「数百年人民の生命」を存在させてきたという歴史的な重みがあるという。「国家」に対する村の「先住権」のような権利だ。

ジュゴンやサンゴ礁など生き物たちの宝庫だった辺野古の大浦湾では今、政府が土砂で黒く埋め立て米軍基地を造っている。与那国馬がのどかにひひーんと鳴いていた沖縄の与那国島では、中国に向けた自衛隊の最新鋭のミサイル基地を建設中で、住民たちの恐怖感に応えて核シェルターも作られるそうだ。「地域の声で新たな日本へ」という岸田首相の看板が隣に立っている。主役は地域だということか。

「知識ある官吏ハ一日の計のみ。農民は愚でも百年の計を思ふ」――「経験知」「現場知」

正造は「実学」の人だった。ここで「実学」とは、「事実の学文」「実に付く」学問で、「机上の学文」「読書の長者」「座上の空論」と対極にある。正造は普通の人々の「むれ」の中に入りその現実を知って学んだ。「教えよう」「聞かせよう」という姿勢から、村人から「学ぶ」「教えを受ける」あるいは「聞く」姿勢に転換した。「社会は大学なり」。自らの経験を繰り返し繰り返し反芻して熟思熟考、そのことを通じて譲ることのできない「真理」をつかむという「経験知」あるいは「現場知」を重視した。「知識ある官吏ハ一日の計のみ。農民は愚でも百年の計を思ふ」(正造)[4]。官吏がその部署にいるのは僅かな期間だが、農民は代々その場所で生き、孫子に引き継ぐ。東京都の神宮外苑の銀杏1000本を切る話もこれと似たところがある。真理なんてないという価値相対論が通用する一方において、偉い人たちの権力の行使が目立っている。

「ねり殺す」初等教育に絶望

いく子という3、4歳の子どもがいた。眼光が鋭く、弟2人の世話や鳥獣の世話もしていた。正造は末恐ろしく、はかり知ることができない天性を感じていた。ところが、小学校2年生になったとき、正造がお祭りに行こうと誘ったら、衣服が粗末なのを恥ずかしがり、悲しいそぶりを見せた。着飾った子どもたちの姿をみて羨む自分をみたくない一心で行くのを嫌がったのではないか、正造はものすごい衝撃を受けた。同様のことを他でも書いている。初等教育は、子どもたちがもっている素質（天性）を「ねり殺し」、外見だけ鮮やかな色をつけて――しかも現在では画一的にして――卒業させているだけだ、という。小学校３、４年生くらいになると、それまで伸び伸び育ってきた子どもが周囲を意識して歪められ画一的になってくる傾向があることは、今あちこちで指摘されている（筆者）。

正造は、「人民を救ふ学生は一人もいない」と、「知」のありようも批判していた。大学に行けるのはごく一握りだった時代だ。仕事をすればするほど人民の害になるので、「今の世の官吏、議員ニハ仕事を止めて遊んで居てもらいたい(5)」。時として激する人間くさい正造だが、思わず拍手したくなる方も少なくないだろう。

軍備全廃論――憲法９条の先駆者

正造は、日露戦争の開戦前から非戦論（無戦論）を展開した。日露両国政府に抑圧されている者同士が国境を越えて連帯する必要性や軍備全廃も呼びかけた。「20億の軍事費を全廃すれば、５人家族平均１２５円となり、10年間無税にできる。軍事費をなくして外交費を30倍、３００倍に増やして、日本が世界平和の唱道者にならなければならない。それこそが日本の世界的使命である（中略）。まぎれもなく、日本国憲法第九条の先駆者の１人であるといえよう(6)」

先年、筆者は、福島県の裏磐梯にある桧原湖の湖岸を訪れた。日露戦争の戦死者の名を刻む小さな石像たちが建っていた。農家のいのちを支えた貴重な働き手を国家に奪われた村人たちの無念の叫びが静寂を破って聞こえてくるようだった。

自らの経験に根源を置いた行動する民衆思想人

正造は近代人権思想や大日本帝国憲法も熱心に学んだ。その上で、一人の百姓として幕末維新期の体験と鉱毒反対運動の中から、独自に自然と共生する生命＝生存を中心とする人権思想を磨き上げた。

正造には、キリスト教や儒教、社会主義などを実践のための拠り所として学び自分のものにする柔軟さがあった。自然観や永遠の生命論は聖書と異なる。事実や現場知を重んじ、目の前の困っている人を救済することを一番に考えた。

小松さんは前掲書で、淵源には「一人を重しとする」伝統的な儒教の精神、なかんずく孟子の「惻隠の情」があったのではないかと書いている。子どもが井戸に落ちそうになっていれば、とっさに助ける気持ちである。孟子が人間誰にも善性が備わっていると述べているのは知られている。イエス・キリストは、とっさに助ける行為によって「隣人になる」と言った。

正造は真実と常識の人だった。「正直の頭に神宿る」はよく口にしていた。

4　総合人間学会

２００６年、総合人間学会が設立された。「人類は、高度の物質文明を発展させながら、向かうべき目標を見失い、自ら作り出したカオスの中に、当てもなくさまよい自己疎外が進んでいる。分立した諸学問を総合して、人間の全体像を探求し未来への展望を開く」というのが理解した大まかな趣旨である。市民にも門戸を開いていたので会員になり、毎年の研究大会や談話会に参加してきた。大学1年次に受講した小尾信彌先生の天文学の講演も再び興味深く聴いた。共同代表の1人は恩師の小林直樹先生（憲法学）だった。先生は、大著『法の人間学的考察』で人間はなぜ尊厳ある存在なのかを詳細に論じておられる。人間は負の側面もあるが、本来的に善・美・正を求める精神的・理性的な存在であるという正の側面を尊厳性の根拠にされている。私は、同じ自然界にあって尊厳性は他の生き物と変わることなく、人間同士お互いに尊重し合いましょうという合意をしているに過ぎないと考える。

知らなかった各分野の話は新鮮だった。研究大会で山極寿一先生（元京都大学総長・元日本学術会議会長）の話を聞いた。先生は霊長類学と人類学を架橋され、類人猿やサルとの比較で人間社会の共感や暴力の歴史を研究しておられる。

「私はアフリカのジャングルで26年ぶりにマウンティンゴリラの群れのリーダーであるタイタスに会った。私は『グッ、グフーム』とゴリラ語で挨拶した。するとタイタスも『グッ、グフーム』と答えた。覚えていてくれた」「タイタスたちは、異分子でしかない私という人間を信頼して彼らの方から受け入れてくれた。人間にもかつては共存能力があったはずだ(7)」

「人間はいつからこんなにも戦いに固執するようになったのか。（ヒトと枝分かれした類人猿の）ゴリラの社会と比べたとき、ゴリラの社会は人間よりも道徳的だ。弱いもの、小さいものを決していじめない。序列を作らない。けんかがあれば第三者が割って入り、先に攻撃したほうをいさめ、相手を抹殺しようとするほど激しい敵意を見せることはない(8)」

「家族は人間性の要。何百万年もの間、人類は家族と食を共にしてきた。家族の基本である共に食卓を囲む機会が減って『個食』が増えている。IT化で対面的なコミュニケーションも危うい。勝ち負けを優先し弱いものが常に身を引いて支配するものに非常に効率がいいサル型の階層社会に突き進んでいるように見える(9)」

研究大会では、東大人類学の尾本恵市先生の話も聞いた。尾本先生の『ヒトと文明――狩猟採集民から現代を見る』、山極・尾本先生の対談『日本の人類学』も珠玉の名作だと思う。

2年連続で採り上げられた「エリートとは何か」の一般研究発表にも共感した。堀尾輝久元会長は、若い頃からエリートの冷たさを指摘しておられた。

5　メディアと市民

⑴ アジア記者クラブ

法学館で憲法プロジェクトを担当することになって「アジア記者クラブ」の会員になった。報道を担当しようという人向けに毎年連続講座を開講していた。会長の朝日新聞記者（当時）の伊藤千尋さんや毎日新聞の明珍美紀記者（後に新聞労連委員長）の迫真の講義に感銘を受けた。毎月の例会が終わった後の名刺交換会に出るのも楽しみだった。当時は大手メディアを含む若い記者もけっこう集まってきて賑やかだった。読売新聞に就職して数年の記者に同紙の改憲試案についての意見を聞いた。「無視してるわよ」と威勢のいい返事が返ってきた。この会は、残念ながら会員が大幅に減少していった。

⑵ ベトナム戦争時から続く報道の自由の侵害

憲法21条1項で保障されている報道の自由が大きな危機に瀕して久しい。自由闊達さが失われた。一連の経過は、松田浩『メディア支配――その歴史と構造』が詳しい。これによると、転機になったのは、1960年代のアメリカによるベトナム戦争をめぐる報道である。日本でベトナム反戦運動が高揚したのは、1965年の『毎日新聞』の連載「泥と炎のインドシナ」や朝日新聞などの現地からのルポだった。毎日新聞の大森実外信部長の生々しいルポには私も鮮烈な衝撃を受けた。ベトナム報道のうねりは、アメリカ政府と自民党をいたく刺激し、日本でもマスコミに対するかつてない介入、干渉、弾圧を生み、多くの放送中止事件を引き起こした。アメリカ国内はもちろん、侵略戦争反対の世界的な大運動が起きたことはジョン・レノンらビートルズのロックでも知られている。侵略戦争反対や憲法の理念を実現しようという私たちの普通の（あるいは、崇高な）願いに対して「共産主義だ」「アカだ」というレッテルを貼って排除し国民を分断する政治や社会が続いている。権力をチェックし時間と手間をかけて調査報道をするという本来のジャーナリズムが衰退し、政府側の発表を気軽に流すトコロテン記事が増えていった。

(3) キャスターたちの降板と民主主義の崩壊過程

上智大学の校舎を使用して、「ベグライテン」が毎年市民向けにケアや公共哲学、政治などの講座を活発に展開してきた。一部だが企画を手伝った。カント哲学の大橋容一郎教授や宗教学の島薗進教授が関わっておられ、中野晃一教授など多くの方の講演や講座があった。世田谷一家殺人事件の被害者である故宮川泰子さんの実姉の入江杏さんからは、「共に泣く」ことの大切さを教えていただいた。

ＴＢＳの『news23』でアンカーを務め、『サンデーモーニング』のコメンテーターでもあった毎日新聞元主筆の岸井成格さんも肺腺ガンで亡くなる前年、ベグライテンで講演された。既に頭髪は抜けて帽子をかぶっておられたが講演後の懇親会でも夜遅くまで談論風発だった。「日本を支配しているのは誰ですか」と端的に伺った。「1にアメリカ、２、３がなくて4に財界です」。政治の修羅場を長年見てこられた方の言葉である。岸井さんでもテレビでは本当のことは言えない。テレビなんてしょせんそんなもんだよというあきらめが日本の空を覆い曇らせている。支配している五つ目は「あきらめ国民」かもしれない。

岸井さんは、２０１５年９月にはアーミテージ国務副長官のインタビューに成功。アーミテージはこのとき、安保法制は「自衛隊が米軍のために命を賭けると初めて約束」したものであり、「アメリカ軍のために役立ってほしい」と述べた。つまり、安保法制には憲法上「日本の安全のため」という歯止めがかかっているという説明が嘘であることを番組はあきらかにした。(10) 安保法制の根幹を崩す報道だと思う。

安保法制が成立した後の11月、「放送法遵守を求める視聴者の会」が岸井氏を名指しで糾弾する大きな意見広告を『産経新聞』と『読売新聞』に出した。岸井さんの番組進行は放送法4条違反だとのこと。故安倍首相に近い7人の名によるものだった。広告を見て、バックに政府・与党の意向があるように感じた。「ただではおかんぞ」という凶暴な個人攻撃が白昼堂々全国紙の全面を占領。私は震え上がった。岸井さんに挑みかかるような写真の獰猛な目が今でも私の脳裏に突き刺さっている。安保法制がアメリカと日本の方向性を決める上でいかに重大であるか、重大であればこそ政府与党は一歩も引かずかくも強引に押し切ったか、テレビがいかに日本の民主主義を左右するキープレイヤーになっているかをまざまざと思い知った。

『報道ステーション』の古舘伊知郎さんや『クローズアップ現代』（NHK）の国谷裕子さんがキャスターを降板したのと同じ2016年3月をもって、岸井さんは降板した。この人たちは「左」ではない。報道における中立性は、立証可能な根拠をもって科学的な検証に耐えうるものであるかによって判断すべきである。視聴者の付託に応えて中立を旨としていた人たちが圧力を受けて消えていく日本だ。

2024年4月8日、テレビジャーナリズムの萎縮を防ぐため、テレビ局の株式を買い取り株主総会で建設的な提案を行うことを目的とする「テレビ輝け！　市民ネットワーク」の梓澤和幸弁護士らは、テレビ朝日HDに議案を提出した。賛同株主を募集中である。

⑷　放送法４条の解釈の歪曲

２０２３年３月、放送法の「政治的公平」の解釈を巡り、２０１５年当時の第２次安倍政権内のやり取りを記した行政文書が国会で公表された。文書からは、安倍晋三首相（当時）の意を受け、官邸の礒崎陽輔首相補佐官（当時）が、「けしからん番組は取り締まる」方向で、総務省に放送法の事実上の解釈を変更させた経緯が分かった。東大法学部で芦部信喜教授の講義を受けた礒崎氏は、２０１２年当時、「憲法改正草案に対して『立憲主義』を理解していないという意味不明の批判をもらうが、この言葉は学生時代の憲法講義では聴いたことがない、昔からある学説なのか」という趣旨のツイートをしていた。この頃日本弁護士連合会のシンポジウムでも大真面目で同様の発言をしていたので、あぁやっぱりな、という既視感があった。氏は、緊急事態条項などに関する自民党憲法改正草案を起草した担当者でもあった。

民主主義の時代の政治は結局は世論が決める。世論のあり方にはメディアが巨大な影響力を持つ。メディアは民主主義の帰趨を決する。

日本の報道の自由度は２０１０年には世界で11位だったが、その後急激に後退して、２０２３年には68位になった。エクアドル、ケニア、ハイチなどと並ぶ民主主義発展途上国である。ガザが「天井のない牢獄」ならば、日本（の特に戦争報道）は「天井のない情報牢獄」に近いかもしれない。

先進国は、放送への政府の介入を排除するため放送・通信行政を政府から切り離し、「独立行政」の仕組みを採っている。韓国、台湾も例外ではない。「先進国で独立した規制機関を持たず、旧態依然として通信・放送の権限を政府が直接握っているのは、日本とロシアぐらいだ[11]」（ロシアも先進国？）

6　沖縄アクションツアー

⑴ 高江・伊江島・恩納村

アジア太平洋資料センター（通称ＰＡＲＣ）自由学校は基礎的なものから応用的実践的なものまで多彩な講座を展開している。現代において『資本論』をどう読むかに関する連続講座など、度々参加させていただいた。

２０１６年11月、ＰＡＲＣが主催する沖縄アクションツアーに参加した。初日は北部の東村・高江の集落を取り囲むように建設されている6カ所の米軍オスプレイ用着陸帯工事の阻止のための座り込み行動に参加した。最新鋭輸送機オスプレイは安全性も問題で、翌12月には高江の西方の名護市沖にも墜落した。高江は米軍がベトナム戦争の訓練としてここの住民たちを南ベトナム人に見立てて徴用し、「ベトナム村」と言われた所だ。今回は、山原《やんばる》の森を猛烈な勢いで壊して工事していた。現地に行くとどこでも、案内人以外の方からもできるだけ多くの声を聴くようにしている。住民の方が、「沖縄県内でもここから離れるほど関心が薄れる。残念だけれどそんなもんですよね」とつぶやいていたのが耳に残った。

翌2017年1月2日、TOKYO－MXTVの番組『ニュース女子』が高江の現地からのリポートとして、米軍ヘリパッド建設に抗議している連中はテロリストみたいだ、近づいたら危ない、地元の人は畑にも行けないと報道した。日当をもらっている、組織に雇用されているとも述べた。完全な捏造である。テレビ局を介してこのようにして世論が作られていく。このニュース番組は露骨過ぎるので抗議を受けた。

テレビの報道番組は問題が多い。似たようなケースでは、2021年12月に放送されたNHK・BS1スペシャルで映画監督の河瀨直美さんが東京オリンピックの公式記録映画を制作する際のドキュメンタリーが問題になった。「オリンピック反対デモに参加しているという男性」が、「実はお金をもらって動員されていると打ち明けた」と字幕で紹介した。放送倫理・番組向上機構（BPO）は、「オリンピック反対デモやそれ以外のデモ全般までおとしめるような内容を伝えた」「半ば捏造だ」と指摘した。

1996年、日米政府は米軍基地の集中や米兵による少女暴行事件に対する沖縄県民の激しい怒りに抗しきれず、沖縄県民の「負担軽減」を掲げて沖縄における米軍基地の「整理縮小」と在日米軍基地地位協定の「運用の改善」を発表した（「SACO合意」）。その一環でオスプレイがやってきた。オスプレイは、従来の輸送用ヘリとは積載量も運行距離（空中給油すれば中東まで飛行可能）も格段に進化させ攻撃性を備えている。離陸時の高温の排気ガスによる火災、騒音、低周波などによる人体や動植物への加害は従来のヘリとは比較できないくらい大きい。返還された部分の北部訓練場はアメリカにとって元々不要な所だった。危険なため、アメリカ本土では住宅地上空での飛行訓練は禁止されているが、日本は世界で唯一の例外扱いだ。２０２３年11月には鹿児島県の屋久島沖に墜落し、乗員８名が死亡した。「負担の軽減」は分断策の一つであり口実に過ぎない。ＳＡＣＯ合意の真実は、辺野古基地の建設にもみられるように、基地の強化・日米安保の強化だった。

沖縄を含む全国各地の基地機能の強化と恒久化が進行している。沖縄と本土の基地、米軍と自衛隊という二つの一体化が急ピッチで進んでいる。

２０２２年２月、米軍那覇軍港にオスプレイが着陸して海兵隊が訓練した。日米合同委員会で合意していない基地の目的外使用である。３月末、那覇軍港での警備訓練を施設外で取材していた琉球新報の記者が米兵から銃口を向けられた。

ツアーの翌日は伊江島に渡った。ここは沖縄戦最大の激戦地の一つだった。沖縄の米軍基地は、「銃剣とブルドーザー」で建設されたと言われているが、その程度ではない。火を放ったり爆弾を落として家や畑を焼き払ったりして餓死など多様な死者も出したと住民から聞いた。阿波根昌鴻さんが建てた「反戦平和資料館　ヌチドゥタカラの家」では、すさまじい実物の展示物に圧倒された。米軍基地内に作付けされた畑をたくさん見た。米軍はこれを許容している。住民には高額な貸地料（農水省の「隠れ思いやり予算」もある。このダブルの思いやりも報道されていない）が入る。収穫物と借地料、２重の収入を得る住民は米軍基地に賛成している。

恩納村では地元の農民・仲西美佐子さんにガイドしていただいた。仲西さんの話。「沖縄が誇る文化は三つです。すなわち、①私たちの祖先は自然との付き合いを大切にすることを国造りの根幹にしてきました。②非武の文化です。伝統芸能には殺す・殺される場面もないし言葉もありません。中国や朝鮮の人たちとも仲良くやってきました。③地域の人たちは他家への出入りが自由でつながりあって来ました。前の道を通る人たちをお茶を飲む輪の中に気軽に呼び寄せました。日本政府はこの三つとも奪いました。私たちはいろいろな面で分断されつつあります」

社会学の岸政彦さんによると、沖縄には、「いちゃりばちょーでー」（一度あったら兄弟）や「ゆいまーる」（助け合い、共同作業）といった言葉が象徴するような家族主義や共同体主義がある。

⑵「へいわってすてきだね」

へいわって　なにかな。
ぼくは、かんがえたよ。
おともだち　となかよし。
かぞくが、げんき。
えがおで　あそぶ。
ねこが　わらう。
おなかが　いっぱい。
やぎが　のんびり　あるいてる。

2013年6月23日、沖縄慰霊の日に小学校1年生の安里有生《あさとゆうき》君が読んだ自作の詩『へいわってすてきだね』の冒頭である。(12) 安里君が住む与那国島は八重山諸島にあり、日本の最西端の島だ。年に数回は水平線に台湾島が臨める。1400年代から歴史に登場したこの島はサトウキビを栽培しカジキマグロが捕れる平和な漁業の島だった。今、2022年の年末の「安保3文書」の改定によって、地対空誘導弾部隊がある陸上自衛隊の最前線のミサイル基地に変貌している。やぎがミサイルになって中国大陸を目指す。

(3) 4回に及ぶ琉球（沖縄）「処分」

第1回

明治政府は、1872年の琉球藩設置に始まり、1879年には武力で首里城を明け渡させ琉球王国を滅ぼし沖縄県とした。琉球王国は独立した平和国家として約500年間続いていた。日本が外国を併合したのはこれが最初である。いわゆる「琉球処分」という名の琉球侵略である（なお、琉球王国は、1609年以降薩摩藩によって財宝や織物などを搾取され続けてきた）。

琉球・沖縄の先住民族ら住民（うちなんちゅう）の意思を踏みにじって大和人（やまとんちゅう）の意思を強制し屈服させたという意味で「処分」という言葉を使えば、この第1回を含めて、4回の「処分」が認められると考える。

第2回

アジア・太平洋戦争が敗戦必至になった1945年2月、降伏を上奏した近衛文麿首相に対して、天皇は「もう一度戦果をあげてからでないとなかなか話はむずかしいと思う」と拒否、3月末からの米軍攻撃を招き沖縄を本土防衛の捨て石にした。民あっての沖縄である。島民の4分の1を犠牲にしたのは「処分」だと思う。

第３回

１９５１年９月のサンフランシスコ平和条約で日本は独立した。沖縄を対ソ封じ込めの世界最高の戦略拠点として維持した恩恵で、日本は独立できた。同年の全国の世論調査では、沖縄の占領継続を不満だと回答した人は６％に過ぎなかった。米軍は沖縄各地で住民の土地を激しい暴力を使って強制収容した。日本政府はそれを許した。

政府は、サンフランシスコ平和条約と合わせて日米安全保障条約を締結した。その「全土基地方式」によって、アメリカが安保条約の目的のために必要と判断すれば、原則として日本のどこにでも基地を置くことを許した（新安保条約では６条と地位協定２条が根拠）。

本土では各地で、米軍基地にする土地の接収や拡張に反対する住民運動が燃え広がった。住民を税金で懐柔するカネとの闘いでもあった。口火を切った石川県・内灘村では「金は1年、土地は万年」をスローガンに村議会議決など村ぐるみで闘った。東京・砂川町でも町議会が反対した。標語は「土地に杭《くい》は打たれても心に杭は打たれない」。砂川は江戸時代初期から続く農村で、東西に走る五日市街道に沿って農家や畑、住宅などが街道を挟み込むように並んでいた。農家の16代目だった故宮岡政雄さんは砂川闘争の副行動隊長として闘った。その娘さんの福島京子さんがプレハブの小さな資料館「砂川平和ひろば」を建てた。十数年前、柿の実が里を朱に彩るのどかな晩秋に訪れた。

闘争の結果、本土の米軍基地は各地で撤去され本土における基地闘争は収束していった。基地の行き着く先は沖縄への移転である。米軍基地の沖縄と本土の面積比率は、52年の1対9から沖縄の本土復帰後の70年代半ばには3対1へと、およそ27倍に激増した。

ベトナム戦争の長期化で財政危機に陥ったジョンソン大統領が沖縄の基地を手放したいと伝えてきたとき、佐藤栄作政権は、沖縄の米軍基地を引き止めた。

1972年、沖縄県は日本に復帰した。県民は、本土並みになると心躍らせた。しかし、本土では憲法9条を理由に適用されなかった土地収用法を、「駐留軍用地特別措置法」という名称に変えて適用し、巨大な米軍基地を沖縄に押し付けた。表向き「核抜き・本土並み」だったが、「緊急時の核持ち込み」の密約があった。沖縄は、核配備でも基地の面積比率でも「本土」にはならなかった。

第4回

政府は、普天間基地の早期返還をはじめ沖縄の米軍基地の整理縮小を決めた1996年のSACO合意以降も県民の度重なる反対の意思を無視して米軍基地機能を強化し、あるいは高江、辺野古、八重山諸島に新基地を建設している。2022年12月の岸田政権による敵基地攻撃論に基づく大陸に向けた急ピッチの自衛隊ミサイル基地化は、台湾を巡る米中戦争の前線基地化だ。沖縄の人たちからは、米中戦争で最初に犠牲になる新たな「処分」だという声が盛んだ。やまとんちゅうは、今回もまたうちなんちゅうの無念さを他人事とするのか。

名護市に限らず自治体選挙で基地を黙認ないし容認する候補者が当選する例が目立つ。当面の生活やおカネを得るために、政府が沖縄県越しにばらまく税金などに依存せざるをえないためだ。政府は沖縄では本土のように工業や農業を育成することなく、基地に依存させる産業政策（農民自らは働かないで基地に土地を貸し付けて得られる高額な地代、基地労働、米兵の欲望にサービスする風俗産業などで生活する政策）を採ってきた。その結果沖縄県の相対的貧困率は全国で最も高く、進学率は低い。食べて命を守り、子育てすることを延期できない住民が追い込まれて基地に反対しない交換条件として、倫理よりもカネを求めるのは短期的でミクロな合理的な選択だとされる。沖縄の人たちが「金は１年、土地は万年」だと言って土地を取られることに抵抗する自己決定権（憲法13条）は、やまとんちゅうという多数派国民が剝奪したままだ。

全国各地で燃え広がった基地反対闘争は沖縄に基地を移したことによって沈静化した。大和人は、沖縄各地の土地、どこまで深く打てばいいのか見通しも立たない辺野古の海、そして心にも杭を打ち込んだ。自尊心という人間にとって一番大切なものも「処分」してはばからない大和人。

政権党のポスター「地域の声で新たな日本へ」が全国津々浦々に張り巡らされている。沖縄を「地域」から除外するのは「処分」である。美しい言葉で国民を騙す手法は、満蒙開拓団時代も今も変わっていない。

政府の戦術を追認するだけの裁判所

普天間基地の移転先とされた辺野古の大浦湾のマヨネーズ並みの軟弱地盤は深さ90メートルに達し、埋め立て工事は世界に例のない難工事とされる。政府の地震調査委員会は沖縄でマグニチュード8の巨大地震が起きる可能性を公表した。

国は2020年に、軟弱地盤の海底に7万本の砂杭を打ち込む設計変更をした。この変更にお墨付きを与えた国の技術検討委員会の委員2名は、工事受注業者から計230万円の奨学給付金を受け取っていた。現地の実測もしていない。国は設計変更を沖縄県に申請したが、県は護岸崩落の恐れや住民の不安などを指摘して承認しなかった。この種の事情は地方自治体が知悉しているので県に承認権限が与えられている。普通なら、ここで一件落着である。しかし国(国交大臣)は、県に代わって承認した(代執行)。地方自治は憲法で民主主義の基礎として保障され、地方自治法も国と地方は対等だとしている。この地方自治の根幹を否定する代執行は、誰が見ても納得できるような非常識で違法な事務を自治体が行った場合に認められる例外中の例外である。それ故従来執行されたことはなかった。今回初めて国は代執行し、２０２３年12月には福岡高裁那覇支部も代執行を認める判決をした。判決は、設計変更を承認しないと「著しく公益を害することが明らか」だということを理由としている。「公益」とは、国がいう「世界で最も危険と言われる普天間飛行場の早期の危険性の除去」を指す。

１９９６年に国がこの危険性の早期除去を目的に掲げてから既に27年。これから埋め立て工事をしても最低12年はかかる。計画当初からは39年だ。国も裁判所も、頭上低く飛ぶ米軍機の轟音で授業もままならず落下物におののく普天間飛行場の危険が固定されることや辺野古の現場を見ず、「事実」から目をそむけている。国だけではなく、裁判所までが中身に触れないムナシイコトバノラレツで地方自治を葬り捨て、「お上に逆らったら損する」という上意下達の日本を作っている。後述するとおり、「お上」のトップはアメリカであり、あえて言えば、裁判所も（後述する）「戦争を作る日本」に加担していると思う。

一般論だが、「すべて裁判官は、その良心に従ひ独立してその職権を行」う（憲法72条３項）。「裁判官としての良心」すなわち、政治や行政ではなく憲法や法律の方を向いて職権を行使するのが裁判官である。すると、政治家、国民、裁判所の上司、外国などから圧力を受けて不利益な処分を受けやすい。それゆえ、裁判官は憲法で身分が保障されている（78条）。さらに、定期的に相当額の報酬が保障され、その減額は禁止されている（79条6項、80条2項）。議員や行政職の公務員にはない特別な保障である。しかし、実際には、政治や行政や出世の方を向いて仕事をしてはいないだろうか。出世と安定した高い報酬の二重取りではないだろうか。

沖縄の裁判所は、どうなのだろう。私が裁判所にいた当時、那覇にはエリート裁判官を送りこむという話があった。

沖縄をピースパワーの発信拠点に

これからは「ともいき」の時代である。沖縄を、例えば人類の平和創造のために世界各国の研究者と市民、企業、公的機関が集う一大拠点にすることも考えられる。海洋の生物や環境などの研究をしてもよい。沖縄のミサイル発射基地を、世界のピースパワー発信基地に転換するのだ。中国やロシアの人たちにももちろん呼びかける。いずれ、太陽の風で北朝鮮にも参加してもらう。

地政学的に米中の対立の弧の中にあり大陸と対決しなければならないという発想は「富と戦争」の時代の既成観念にすぎず、沖縄を従属的で手段的な地位に見下ろしてもいる。朝貢貿易に腐心していたとはいえ、明治のとば口まで四方との平和と実質的な独立を保った琉球王国の

５００年の歴史と比べてどちらが「野蛮」でどちらが「文明」なのだろう。発想を逆転させれば、沖縄は地理的歴史的に、アメリカや日本本土を含む太平洋と大陸をつないで共存共栄させる絶好のポジションにある。「殺さない」文化は内発的なエネルギーとしてのポジションも持つ。「殺さない」方がアクティブでしんどいことだ。変わらないサトウキビ畑の風は何を伝えているのか。このような沖縄や日本を誰が攻撃してどんな利益を得るのか。これからも銃剣とブルドーザーとオスプレイとミサイルという暴力に貴重なカネを使うのか。憲法９条が海に灯す希望を語ろう。

今、与那国、石垣、宮古の三島では戦争が起きたときの九州への全島民避難計画が公然と議論されている。その九州から北海道までも長距離ミサイルが配備され本土の要塞化が進められている。本土の沖縄化である。

7　戦争と平和に関する世界の歴史と現状

⑴　いのち輝け——平和に生きる権利

退職後、戦争と平和の問題には大きな関心を持ってきた。2015年に突如として集団的自衛権の行使を認めることに踏み切った安保法制では、違憲訴訟の原告になるとともに、訴訟の事務局に参加した。2022年12月の閣議で決めた安保3文書で、私たちは軍事を最優先にして、世界で米中に次ぐ第3位の予算規模を持つ軍事大国を目指し、兵器も随時輸出することにした。端的にいえば、「平和国家」から「戦争する国家」へと国の形を大転換させた。生活を一層きりつめて戦争に備える覚悟、いざ戦争になったら戦う覚悟が求められている。戦争なんてありえないという楽観的な「正常性のバイアス」を持ち続けることは危険な時代になった。転換する理由は「国際的な安全保障環境の悪化」である。

2024年1月の今の瞬間にも、パレスチナ・ガザやウクライナでおびただしい数の人たちがいとも簡単に殺し、殺されている。苛烈極まる。アフガニスタンでは米軍は撤退こそしたが、アメリカによるアフガニスタン中央銀行の資産の凍結によって、国連は数百万人の餓死者が出ると警告した。１９９０年代の半ば以降、第二次大戦後最大の死者５４０万人を出したコンゴ民主共和国の内戦も大問題である。10年ほど前、この戦争に関する東大でのシンポジウムに来ていた某大新聞の記者に、記事にするよう要望した。「読者は関心がなく、読まないので書きません」とのことだった。

　関心がなくなったものにシリアの内戦がある。コロナ禍でほとんどの映画館が閉まった２０２０年の３月、『娘は戦場で生まれた』を観た。無差別空爆で死と隣り合わせのアレッポで赤子を片手にカメラを回し続けた若い母親のドキュメンタリーだ。戦争映画は数えきれないほど観てきたが、一番息を呑んだ。ラストの言葉「What's Justice」「世界は私たちを見捨てた」が忘れられない。絶望したのだ。肉親を殺された男たちは、仕返しとして一層残虐なテロに走る。後藤健二さんたちの首をはねたＩＳ（イスラム国）に各地から若者が集まった。そして、当然のようにミサイルで殺された。「正義」の対テロ戦争の結末である。ガザで生き残った少年たちの相当数が復讐に起ち上がるだろう。思い止まらせるにはどうしたら良いのか。諸々の有力な国家が真剣に考えているとはとうてい思えない。

　２００１年のニューヨークのビルを破壊した９・11以後、欧米は中東や南アジアで「対テロ戦争」を開始した。しかし、実は、中東や南アジアでテロや紛争が増加したのは、「対テロ戦争」、特に２００３年に大量破壊兵器があると虚偽をいってアメリカが実行した無慈悲なイラク戦争以降である。(13)

戦争と平和について概観してから、「国際的な安全保障環境の悪化」として問題になった三つの戦争について考えたい。

⑵ 戦争をするのは人間の本性か

人間ほど自己の欲望を満たすために同種を殺し合う醜悪な生物はいない。

欧米では、戦争は人間の本性であり、狩猟が人間の攻撃性を増したという考え方が支配的だった。欧米の人々は狩猟採集して暮らしているアフリカを「暗黒の大陸」と呼び、黒人を野蛮で好戦的な人々と考えた。そして、文明の光を浴びていない未開人たちは、キリスト教の神の意思や人間の理性に目覚めさせるよう指導すべきだと考えていた。小学校5年くらいの頃、図書館で借りて読んだ冒険物語も、アフリカを恐ろしい「暗黒大陸」だと描いていた。

20世紀の後半以降、歴史学や人類学の発展によってこの見方は否定された。先述の山極先生は、人類史の99％以上の狩猟採集民の時代は戦争のない時代であり、定住し農耕牧畜を始めてから、食物を1カ所に備蓄することが可能になり、耕作し領有する土地を拡大するために戦争するようになったといわれる。私は狩猟採集民の時代にも戦争はあったと考えているが、細かな論争は重要ではないと思う。農耕牧畜時代になってから戦争が格段に増したことが重要である。21世紀の今でも、人間は戦争とは縁が切れないものだと何となく思っている人が多いようだ。心のどこかで、戦争人間本性論を肯定しているのかもしれない。疑問である。戦争や軍備増強をやりたい人たちにとっては都合がいいことだろう。

山極先生によると、人間は農耕時代になってからも共感力をもって他人同士が助け合うことに喜びを見出し、共生する社会をつくってきた。だからこそ人口が増加し、今がある。先生は、人間は自然状態においては「闘争状態」にあるというホッブスの説や、ダーウィンの自然淘汰説には懐疑的である(14)。

(3) 人間はなぜ戦争するのか

人間はなぜ戦争をするのだろうか。アインシュタインは、フロイトに送った手紙で、国家の指導的な地位にいる人の権力欲や武器を売って利益を得ようという層の金銭欲が戦争の原因だと書いた。一般の国民の領土拡大等の欲望の有無ないし程度との関係は多様だと思われる。

第二次大戦以後今日まで続いている大きな戦争に限ってみれば、すべてロシアを含む欧米の大きい国が小さい国に対して戦争をしかけてきた。ベトナム、イラク、アフガニスタンに対するアメリカ。アフガニスタン、ウクライナに対するソ連・ロシア（パレスチナでは米欧をバックにした非対称的な軍事強国イスラエル）。それは、キリスト教（ユダヤ教）の国によるイスラム教や仏教の国に対する戦争でもあった。最も進んだ国が最も悲惨な戦争を起こし、最も多くの人を殺してきた。アフガニスタンの人に言わせれば、「羽振りのいい国は必ず戦争をする」。ウクライナの戦争を受けて、アメリカのバイデン大統領は、世界は「民主主義と権威主義ないし専制主義」の対決だと語った。岸田首相も間髪を容れず同意した。自らは民主主義を実践しているのだろうか。

いずれにしても、戦争は人為であるから、人為で抑止できるはずである。以下において、現在の問題につながる歴史をごく短くみてみたい。少なくとも、11世紀の西欧による十字軍の遠征の時代まで遡ってみる必要がある。「物質的な利益の獲得」のために「ダマシ・暴力・戦争」という手法を選択してきた歴史である。

⑷ 西欧中心の「世界史」

地球上の一定の地域から他の地域に対する大規模な戦闘行為をした歴史として、11世紀末から13世紀末まで7回繰り返されたヨーロッパによるエルサレムを中心にした中東に対する十字軍による攻撃がある。エルサレムにおける大虐殺はすさまじかった。ユダヤ人の虐殺と居住区の破壊も行われた。鯖田豊之著『世界の歴史9　ヨーロッパ中世』によると、十字軍の原因ないし動機として四つ挙げられている。

①イスラム世界を新たに支配するようになったセルジューク・トルコ人が、それまでのアラビア人と違って、ヨーロッパのキリスト教巡礼者を迫害したこと、②エルサレムの聖地奪回と聖遺物崇拝という宗教的熱狂、③キリスト教を信仰するヨーロッパ人による異教徒への優越感と聖戦観念の発達、④商人層や都市の興隆などに基づくヨーロッパの東方への経済的膨張気運である。このうち、①は直接的な原因として唱えられたが、事実ではないことがその後明らかになった。鯖田氏によると、④が本当の原動力であり、②③は「膨張エンジン」を始動させる働きをしたに過ぎない。

しかし十字軍は、未だ地球規模の世界史ではなかった。

「世界史」を学問にしたのは15世紀末からの西欧である。

近代を生み出した火薬、羅針盤、印刷術などはアジア、主にインドや中国などアジアが発明したもので、18世紀までは、技術水準でも農業や製造業の生産力でもアジアの方が高かった。海外への航海も中国が先に展開し、15世紀前半には明の廷臣鄭和が大艦隊を率いてインドからアフリカ沿岸まで7回にわたって遠征した。基本的には平和的な修好と通商を目的とし、到着した土地で軍事行動を起こすことは少なかった。18世紀の世界の生産力の8割はアジアが占め、世界の中心は中国やインドなど、アジアだった。

人間の欲望の中心は富だ。富を得るための最も効率的な行動はその妨げになる人を騙して殺すことだ。このことは、個人でも組織あるいは国家でも変わらない。


世界の力関係を大きく変え始めたのは西ヨーロッパだった。15世紀末のポルトガルとスペインによる新大陸アメリカへの大航海時代に続いて、オランダ・イギリス・フランスも南北アメリカ、アフリカ、アジア、オーストラリアに軍事力を行使して勢力圏を作った。

西欧は、南北アメリカの純朴な先住民を騙し、虐殺して金銀を強奪した。コロンブスに象徴される航海者たちには、キリスト教を浸透させる目的があった。ラス・カサスの『インディアスの破壊についての簡潔な報告』は誇張されているが、素朴で人を疑わないインディオの悲劇を綴っている。先住民は銀山などで今まで経験したことのない危険極まりない苛酷な労働をさせられ、疫病も持ち込まれ壊滅的にされた。その結果不足した労働力を補充するためにアフリカから連れてきた奴隷を酷使した。奴隷の平均寿命は2年だった。近代の世界は「騙しと暴力」が基礎を築いた。18世紀半ばからの産業革命が、農民の土地の暴力的な囲い込みや工場労働者の限界を超える酷使と搾取に基づく資本の本源的な蓄積を経て資本主義を起こし、西欧による世界制覇を実現した。マルクスの「資本論」も、西欧中心主義の制約がみられる。近年、晩年のマルクスの思想が発掘され修正されつつあるが、それでも人間と自然との関係など、西欧的な思想だと思う。

⑸ ジョン・ロックの時代

以上の実力の歴史は、近代的な所有権という法規範が支えるようになった。すなわち、18世紀後半から欧米に人権思想が誕生した。すべての人間が生まれながらに持っている不可欠な人権、すなわち普遍的な自然権という思想を確立し、市民革命に理論的な基礎を与えた。代表格はイギリスの有名なジョン・ロック（１６３２－１７０４）である。ロックはこの意味の人権を「各人にproperな（固有の）もの」という意味でproperty（プロパティ）と言った。人間に固有の自然権的な人権という発想は画期的であり、すべての人間に保障されるべき普遍的な価値として高く評価すべきであり、今も中心的な課題である。

固有権は所有権を中心にしている。近代的な「人権」の中でも所有権は、１７８９年のフランス人権宣言の中でも「不可侵のかつ神聖な権利」とされ特別のものだった。「神聖」は宗教的なニュアンスを与える言葉である。ロックの所有権は、生きるために自ら労働して得た財産という特徴を持つ。

しかしながら、所有権はもう一つの顔を持つ。ロックは、自然権はキリスト教の神の意思に由来すると語った。キリスト教の神は万物の、また全人類の創造主であるから普遍性を持ち、西欧でない諸国民もキリスト教の神の意思に従う義務があるとされた。ロックは、イギリスからのピューリタンを中心とするアメリカの植民地の統治と経営に公的に深く関わった。私的にもイギリス国王からカロライナの地方貴族の身分を与えられた。ロックによればアメリカの先住民が生きてきた土地は「未開人」による共有地として自然状態であり、「文明化」された近代的所有権によって排除される対象だった。新大陸のインディアンたちは、ロックが渡る以前のメイフラワー号の時代以降、既に数々の騙しと暴力と戦争によって駆逐されつつあった。ロックは神の意思に基づく所有権の優越性という法的根拠を与えた植民地容認論者であり、奴隷貿易も道徳的に疑わしいものとは考えていなかった。総合人間学会で知見を得た三浦永光先生の『ジョン・ロックとアメリカ先住民——自由主義と植民地支配』に詳しい。主要文献目録に記載した加藤節先生による問題提起もある。法規範もキリスト教もきれいごと、タテマエであり、歴史の本筋は実力闘争ではないか——人類社会の根幹に関わる問題である。現代の「実力」の中核には核兵器があるのかもしれない。

ロックの正=光の側面しか伝えない丸山眞男的な理解に基づく学校教育・社会教育は改める必要があると思う。大学闘争の大きな目的の一つでもあった。

1990年代の「ポスト・コロニアリズム」時代以降、欧米が唱える「普遍的人権」が非欧米の人たちの人権を差別する虚構性が大きな問題になっている。黒人を殺害したジョージ・フロイド事件などを発端として、２０２０年にはＢＬＭ（ブラック・ライブズ・マター）運動が全米的なデモ・暴動へと発展した。先住民を虐殺した象徴として、コロンブスの銅像も各地で破壊された。

⑹ 戦争に関する国際法

欧米中心の世界を反映して、19世紀の半ばの頃には、伝統的国際法がほぼ完成した。それによって国家をヨーロッパ諸国、アメリカ、ラテン・アメリカ諸国という「文明人の国」、中国や日本などの「野蛮人の国」、植民地である「未開人の国」に分け、「文明国」だけが一人前の国際法の主体になれた。未開人の国はたとえ人が住んでいても国際法上は「無主地」とみなされ、先進国が領有の意思を示して実効的に支配して「先占」すれば、植民地として自国の領土にすることができた。ロックに始まる「近代的所有権」の思想である。そして、戦争の原因を問わず、かつ先に攻撃をしても、無差別に正しい戦争とされた。

しかし、第一次世界大戦を招いた反省から、１９２８年に不戦条約が制定され、侵略戦争を禁止した。

第二次世界大戦後の国連憲章は武力行使違法の原則を確立し（2条4項）、その実効性を確保するために、「敵」を想定しない集団安全保障の仕組みと、その例外としての個別的自衛権と集団的自衛権も認めた。詳細は、日本の法制度に関する説明のところで述べる。

(7) パレスチナ／イスラエル

現在戦争をしている、あるいは終わって間もない戦争について、古い順に、パレスチナ・ガザ、アフガニスタン及びウクライナの戦争を順次概観したい。

パレスチナでは、1917年から続く100年戦争、あるいは1947年からの75年戦争と言われる最長の残酷な戦争が続いている。

多文化・多民族のパレスチナ

メディアでは、10・7のハマスによるイスラエルへの越境攻撃以後の現在も、「アラブとユダヤの対立の歴史」「ユダヤとパレスチナの3000年続く因縁」「憎しみが憎しみを生む悪循環」という趣旨の説明が多い。欧米の意図的な悪意を受け売りした言い回しではないだろうか。

パレスチナの地では、ユダヤ教、キリスト教、イスラム教の信徒たちがお互いの違いを認めながらも、基本的には叡智をもって平和共存してきた。エルサレムはこの三つの一神教の教徒が住む共同の聖地である。パレスチナを含むアラブの世界を支配してきたイスラムは、納税すれば他の共同体の自治を認め寛容だった長い歴史を持っている。それゆえ、宗教・宗派のモザイクのような多文化・多民族社会ができあがっていた。

一方、中世のヨーロッパは侵略戦争である十字軍にみられるように、ユダヤ教徒とイスラム教徒を差別し迫害した。十字軍の後、ユダヤ教徒はヨーロッパの「内なる敵」として職業の選択肢を奪われ、農業や商業から排除された。そもそも、新約聖書の「ヨハネによる福音書」を見ると、イエスを名指しして十字架につけさせたのはユダヤ教徒だとされる。ローマの総督ピラトは反ローマの嫌疑でイエスを処刑したが、「イエス・キリスト殺し」の責任を巧妙にユダヤ教徒に押し付けた記述である。ヨーロッパのキリスト教社会がユダヤ教徒を敵視する理由の一つだ。

15～16世紀ヨーロッパの大航海による近代世界システムは、「外なる敵」であるイスラム包囲網を形成していった。

ユダヤ教徒の多数派は、すでに紀元前後の数世紀から自発的に、あるいはローマ帝国によって追い出され、パレスチナの外に移住していた（ディアスポラ）。ユダヤ教徒は、エルサレムに入ることは律法を守れなかったために神によって禁じられていると考えていた。メシア（救世主）の来臨は信仰上の問題であり、エルサレムを物理的に占有することやイスラム教徒が聖地にモスクを建設することは関係のないことだった。

シオニズム

ユダヤ人が聖書にあるエルサレムの「シオンの丘」に帰還して国家を建設するというシオニズムの思想が最初に現れたのは、宗教改革のときのプロティスタント諸国だった。ユダヤ教徒を「古いイスラエル」であるパレスチナに帰還させること、及び自国を世界のキリスト教化の使命を担う「新しいイスラエル」にすることが世界のキリスト教化の完成（＝終末）を導くと考えた。ローマ・カトリックに対抗するイデオロギーとしての意味もあった（初期シオニズム）[15]。

シオニズムが運動として形になったのは19世紀末だった。それまでユダヤ人は、ヨーロッパ・キリスト教社会に同化しようとしてきたが、各地で阻まれ同化を断念した。ユダヤ人を阻んだのは、産業革命で勃興したブルジョアジーや労働市場が競合した労働者たちだった。ヨーロッパの政治家たちはその対立を利用して、ユダヤ人を内なる敵として可視化した。当時のヨーロッパは、同一民族が国家を建設する「国民国家」の建設を目指していた。「国民国家」は、１７８９年のフランス革命に始まる。

優生学や人種論とともに、人間社会は野蛮から文明に発展するという社会進化論（社会ダーウィニズム）も盛んになった。科学を装って人間を序列化する一直線の進歩史観であり、ユダヤ人も「人種」とみなされ、ヨーロッパ各地の「反ユダヤ主義」はユダヤ人をパレスチナに追放する運動につながった。ユダヤ人にとって、当初シオニズムは民族主義的な防御反応だった。

ユダヤ人を最も多く追放したのは、19世紀末からのロシア東欧地域のシオニズムである。１８８１年のウクライナから始まるポーランド、第一次大戦終結に伴うロシア内戦時のユダヤ人迫害（ポグロム）は、ナチスによるホロコースト以前の迫害として悪名高い。ソ連が成立した以降は、経済的理由など自らの希望で大量のユダヤ人がイスラエルに移住した。

民族的対立を作ったヨーロッパ

シオニズムの運動を決定的にしたのは、１９１７年にイギリスのロイド・ジョージ内閣がイギリスのシオニストに対して行った、パレスチナの地にユダヤ人の郷土を作るという約束だった。外相の名をとって「バルフォア宣言」といわれる。イギリスの支配層もイギリスからユダヤ人を追い出すという反ユダヤ主義のシオニストだった。この宣言は、バルフォアが西ヨーロッパを拠点とするユダヤ人の富豪・財閥ロスチャイルドに宛てた書簡という形式をとり、第一次世界大戦におけるオスマン帝国との闘いを有利に進めるため、ロスチャイルド家を通じてユダヤ系（金融）資本の全面支援を取り付けようとするものだった。

イギリスはまた、１９１６年にアラブに対して、オスマン帝国と戦って倒せば、パレスチナを含む広範なアラブの地域にアラブ独立国家を樹立することを約束した。その裏で、オスマン帝国の東アラブ地域を英仏で分割するという秘密協定を、ロシアの承認の下に締結した。

大戦でオスマン帝国に勝利した英仏は、アラブ統一国家を目指す動きを武力で壊滅させ、東アラブ地域を英仏による実質は植民地である委任統治領として分割し、そのうちパレスチナのヨルダン川から西はバルフォア宣言に従いイギリスの委任統治にし、国際連盟で承認された。アラブはまんまと騙された。

後にイギリスの首相になったチャーチルは、パレスチナについてこう語った。「厩《うまや》の犬が長くそこに寝そべっていても、厩についての権利は持たない」（『東京新聞』２０２３年11月22日）。

元々パレスチナには、ユダヤ人の他に人口の90％を超える多数者のアラビア語を話す民族集団であるアラブ人が生活していた。宗教は、イスラム教、キリスト教、ユダヤ教で３者が平和共存していた。そのうちユダヤ教徒がバルフォア宣言によって「ユダヤ人」とされ、アラブ人は分裂させせられ、新たに「アラブ対ユダヤ」の「民族的」２項対立が創設され固定化された。

１９２０年頃のシオニズム運動の指導者層は、イギリスの委任統治領であるパレスチナの「全土」１００％をユダヤ人国家として得ようと構想していた。シオニズム運動の標語は「民なき土地に土地なき民を」である。先住のアラブ人は不在者扱いだった。ユダヤ人の劣位にアラブ人を置くダブルの人種主義である。宗教ではなく、土地をめぐる対立だ。

以後、イギリスの委任統治に反対するアラブの反乱が、１９４５年までに5回起きた。ナチスの迫害によって5万人のユダヤ人が移住してきた。
第二次世界大戦が終わって１９４７年11月、国連総会はイギリス委任統治領をアラブ人国家とユダヤ人国家に分割するとともに、エルサレムを国連の信託下に置く案を採択した。アメリカの強い主張によって、人口で３分の１、所有地で６％を持つに過ぎなかったユダヤ人に、パレスチナの57％の土地を与えるという内容だった。ユダヤ人の土地として分割された地域でさえ、ユダヤ人は少数派だった。パレスチナの紛争は、圧倒的多数のアラブ人の反対を押し切って、ユダヤ人が強引に移民してきたことから始まった。アラブ側は分割案に強く反発した。

パレスチナ人を武力で追放する

１９４８年、イギリスの信託統治が終わる前日にイスラエルは建国宣言した。初代首相のベングリオンは、「１００％の土地に１００％のユダヤ人」を究極の理想にしていたが、時期尚早とみて「最大限の土地に最小限のアラブ人を」のスローガンで、80％の土地に80％の人口を目指した。(16) 建国宣言と前後して、アラブ諸国との第一次中東戦争が始まった。49年、イスラエルの勝利で戦争は終わり、イスラエルはパレスチナの77％を占領するに至った。ベングリオンの目標に近い。故郷を追放され、避難先のキャンプなどで生活する難民になったパレスチナのアラブ人は、人口の半分以上の70万～90万人に上った。「大破局」「カタストロフィー」を意味する「ナクバ」である。

1967年の第三次中東戦争で、イスラエルはエジプト、シリア、ヨルダンを先制攻撃し、6日間で圧勝、ヨルダン川西岸、ガザ地区、シナイ半島などを軍事占領し、支配地域を5倍に増やした。イスラエルは直後から占領地へのユダヤ人の移住（入植）を開始した。先祖代々オリーブの栽培などで生活してきたパレスチナ人は、土地を離れるわけにはいかず抵抗した。イスラエルは、それに対して懲罰的な暴力で、土地の没収や家屋の破壊を進めた。

その結果、1987年に、自然発生的に投石だけでイスラエル軍の戦車に立ち向かって抗議し、占領の終結を求める民衆蜂起が起きた。多くの場合、10代の少年・少女たちが先頭にたち、「石の革命」と言われた（第一次インティファーダ）。

同じ年、社会奉仕組織「ダアワ」と軍事組織「カッサーム旅団」を擁して活動してきたムスリム同胞団系組織を継承してイスラム抵抗組織「ハマス」が結成された。ハマスは、ブラジル、エジプト、ノルウェー、カタール、トルコなどからはテロ組織とはみなされていない。2018年12月、国連総会はハマスに対するテロ組織としての非難決議を否決した。

パレスチナ人は1990年までの3年間でおよそ1000人が殺され、1万人以上が裁判抜きで投獄された後、1993年以降パレスチナ解放機構（PLO）とイスラエルとの間に「オスロ合意」など一連の合意がなされ、これによってイスラエルとPLOは相互に承認し合い、パレスチナの暫定自治は認められることになった。欧米や日本では一般に「和平合意」だと報道されているが、国際法違反である占領の終結には触れず、逆に占領を既成事実化するものだった。事実、イスラエルはヨルダン川西岸・ガザ地区からの軍隊の撤退を拒否、圧倒的な勢いで西岸とガザ地区への入植活動と既成領土化を進めた。パレスチナ側が警察権と行政権を握っている地区は、ヨルダン川西岸地区の18％だけで、ここすらもユダヤ人入植者や道路網などによって、島のようにバラバラにされた。住民が生活し権利を保障されるような一体的な空間はほぼない。西岸の要衝はすでに事実上イスラエルの領土として使用されている。忍耐の限界を超えたパレスチナの民衆は、２０００年に再度蜂起した（第二次インティファーダ）。

２００1年9月1日、ハイジャックされた飛行機がニューヨークのツインタワービルを攻撃し、アメリカのブッシュ政権は「対テロ戦争」を開始した。テロ行為を未然に防ぐために予防的な先制攻撃を行うという「戦争」だった。「テロとの戦い」に呼応したイスラエルは、パレスチナ人を「テロリスト」として攻撃、ヨルダン川西岸に食い込む分離壁で包囲した。南アフリカで有名になった人種隔離政策、すなわちアパルトヘイトである。ガザ地区で１９９０年代から進めてきた壁による包囲を西岸に応用した。

牢獄のガザ、世界最大の難民収容所

地中海に面する日本の種子島程度の狭い地域に２３０万人の住民が密集して暮らしているガ

ザ地区にもイスラエルは入植を進め、イスラエル軍が常駐していた。2005年、西岸の占領強化に重点を置くため、管理するのに非効率なガザ地区から入植者と軍を撤退させたが、同時に封鎖して人や物の出入りを極度に制限、生存ギリギリにした。イスラエルは占領者の責務であるガザ地区での社会生活の維持を放棄、国連関係機関を含む国際社会は、イスラエルの厳重な管理下でその意向に沿う形で住民の生活を下支えしてきた。私たちは、イスラエルの下請けのようだ。

2006年1月のパレスチナの立法評議会の選挙では、ハマスは定員132中76議席をとった。イスラエルの入植地の拡大が続くのに交渉が進展せず、ファタハ主体の自治政府の腐敗が進んだこと、ムスリム同胞団の活動を引き継いだハマスの地道な医療・福祉・インフラ整備活動や抵抗運動などが支持された結果である。

2007年3月、西岸とガザでハマスとファタハの連立政権が樹立した。しかし、欧米諸国は、連立政権をボイコットし、資金援助もやめた。「もし、イスラエルや欧米諸国が、本気で平和の実現を望んでいたなら、これは大きなチャンスでした。ハマスの指導者たちは、オスロ合意やイスラエル国家を承認するとはいわないまでも、イスラエルとの間に長期の停戦協定『フドナ』(『静める』が原義)をむすぶ用意があるとしばしば発言していました。パレスチナ側2大政党派の連立が実現したことは、新たな交渉へのきっかけともなるものでした[17]」。ハマスは、20〜30年の長期休戦協定を締結することを主張、その後のことは次世代が決めることだとして、事実上オスロ合意の枠組みに入った。ハマスがイスラエルの国家を承認して２国家の共存路線に転換する絶好の機会を欧米がつぶしたことは、日本では報道されていない。

選挙でハマスが勝利したことを受け、欧米諸国はイスラエルとともに兵器を供与してファタハを支援し内戦を起こさせ、ハマスをヨルダン川西岸からガザ地区に追い出し、パレスチナ自治政府は分裂した。アメリカのＣＮＮやニューヨークタイムズ関連の情報として、ネタニヤフ首相は、カタールによるハマスへの資金援助を積極的に評価し支援していたとも報じられている。ハマスがファタハに対する効果的な対抗勢力となり、パレスチナ国家の樹立を阻止できることを期待してのこととされる(18)(19)。アメリカも承知していた。

食料、水、電気、医療物資その他生きるために必要不可欠のものが壁に阻まれたガザは、「天井のない牢獄」だった。ガザの住民の70％以上は第一次中東戦争でイスラエルによって故郷を奪われ避難してきた人たちだから、ガザは「世界最大の難民収容所」ともいえる。封鎖に対抗して物資を搬入するためエジプト側と地下でつなぐトンネルが多数掘られた。しかし、ガザとエジプトの間に地下20～30メートルの深度で鉄の壁が埋め込まれた。埋め込みにはアメリカとフランスが関与した(20)。

聖地エルサレムを奪われ、牢獄のようにされたハマスはガザからイスラエルをロケット砲で散発的に攻撃した。それに対する報復ということもあって、イスラエルは、大きな攻撃だけで２０２1年までに5回攻撃した。２０１４年は空、陸から51日間にわたって行われ、死者２２５1人、負傷者約1万１０００人、全壊・半壊家屋1万８０００戸だった。ガザでは毎週末に大規模な抗議デモと集会が開催されていた。イスラエル軍はガザ地区を包囲するフェンスのすぐ外側からスナイパーが参加者に対して頭や胸を正確に撃ち抜き即死させ続けた。特殊な炸裂弾で意図的に片脚を吹き飛ばし、死者数を減らすとともに、殺す以上の生涯にわたる苦しみを本人と家族に負わせてもいる。

ヨルダン川西岸でも、イスラエル兵やイスラエルの武装した入植者は、パレスチナ人を犬のように扱い、殺してきた。イスラエルは警察権が自国にあるので罪に問われない。逆に理由もなく拘束される者を含めて1万人近くが監獄に収容された。

10月7日「アル・アクサの嵐作戦」イスラエルは知っていた？

２０２3年10月7日、ハマスは「アル・アクサの嵐作戦」として壁を越えてイスラエル側を攻撃、一般市民を約１２００人殺害するとともに、２４０人を人質にした。

作戦名の「アル・アクサ」は東エルサレムのイスラムの聖地にあるモスクの名前である。預言者ムハンマドが昇天してアッラーとまみえたという「岩のドーム」がここにある。三つの宗教の聖地があるエルサレムは、国連の分割決議でも国際管理地域とされていたが、イスラエルは1967年の戦争で軍事占領した。イスラエルの警察は、2023年の4月に2回このモスクに侵入、催涙弾やゴム弾を使用して350人以上を拘束した。このニュースに接して、私は大きな不安を覚えた。これはイスラエルによる挑発だ。ハマスは、10・7攻撃は軍事占領と聖地の冒涜に対する報復だという声明を出した。東エルサレムは、世界の138カ国が承認しているパレスチナ国が首都とみなしている人口28万人の地域である。

ナクバから4分の3世紀たった。パレスチナの人々は、故郷を追われ帰還権も放置されたままの身に世界の人々が気付いてくれること、占領され幽閉されて窒息させられた身を解放してくれることを国際社会に切望してきたが、世界は振り向いてくれないことに絶望していた。サウジアラビアやアラブ首長国連邦などまでがイスラエルと国交を結ぼうという動きも出てきたことに焦っていた。これらが背景にあったとされている。

しかし、10・7は軍事占領に対する正当防衛を超えた犯罪である。法に基づいてきちんと処罰されなければならないのは当然である。

注意を要するのは、攻撃直後からイスラエルやバイデン大統領、あるいはニューヨークタイムズなど西側が大々的に発信しているハマスによる赤ん坊や女性に対するおぞましい蛮行情報の真実性である。証拠だとして繰り返し放映される動画も信用できるか問題になっているが、イスラエルの「自衛権」論を正当化するための情報操作・捏造だという側の検証は殆ど報道されない。この1200人の相当部分もイスラエル軍に殺害された旨の情報も多い。イスラエル軍は、敵がいる場所を味方である人質ごと攻撃する「ハンニバル指令」を使用してきたことは、以前からアムネスティなどの告発で知られていた。今回もその例にならった可能性がある。

この攻撃は、3日前にエジプトからイスラエルに連絡されていたことは日本でも報じられている。そもそも、イスラエルの有力紙ハアレツやニューヨークタイムズによれば、イスラエルは数年前にこの攻撃の最初の兆候を入手、1年以上前には攻撃計画の詳細な全体像を把握、事実そのとおりに実行された。イスラエルの軍事情報機関研究部門の責任者からも事前に警告されていた。[21][22] パレスチナ人を担当する諜報機関シンベトや超一流の諜報特務庁モサドを擁し、ガザにも多数の諜報員を送りこんでハマスなどを日常的に監視しているイスラエルである。うなずける話だと思う。

AIプログラムによる新次元の戦争

小倉利丸教授が紹介しているイスラエルの二つの独立系メディアの共同調査によると、イスラエルは今回の作戦に「Habsora」（「福音」）と呼ばれるAIシステムを広く用いている。このシステムは、大部分が人工知能に基づいて構築され、戦争の様相は確実に新しい次元に入った。

すなわち、①軍事目標、地上の建物ごとの地下目標、都市中心部の高層ビル・住宅タワー・大学や銀行・官庁などの公共施設というパワーターゲット、武装勢力のメンバーの「家族の家」あるいは「作戦隊員の家」という四つの標的をプログラミングして超速で選択し「生成」することができる。②標的を人間が判断する場合はかなり慎重になって様々な検討を加えるが、コンピュータのプログラムに組み込むと標的を自動的に決定できると考えられる。子どもや妊婦を殺しても痛みを感じない。③例えば病院に避難してきた数千の人々や医師・看護師ら医療従事者の治療歴や親族関係などプロファイリングを平時を含めてスパイ網などを使って詳細に行っていれば、どこかで何らかの形でハマスとの関係を見出すことができ、敵の標的が拡張される。

ガザでの殺戮の規模を実現可能にしているのは、戦闘機や戦車や爆弾そのものではなく、これらをいつどこにどれだけ使用するのかを決定する自動システムとしてのＡＩにある。ＡＩのプログラムは、殺傷力のある兵器として登録されるべきだ（小倉利丸）。イスラエルによって「新しい戦争」が行われている[23]。

このＡＩ兵器は、アメリカの企業がイスラエルに提供した。この会社は米中央情報局（ＣＩＡ）との結びつきが強く、ウクライナも支援している。同社幹部は「東アジアなどで想定される戦争は、従来と全く違うものになる。人間では対応できないことをＡＩが補完してくれる」と述べた（『朝日新聞』２０２４年3月25日）。ガザを超える修羅場にするつもりか。

イスラエルの自衛戦争か

イスラエルのガザ攻撃について、日本もメンバーである主要7カ国（G7）の外相会議は、イスラエルの自衛権の行使だと明記した。しかし、自衛権は外部からの攻撃に対するものである。イスラエルは自衛戦争どころか、パレスチナに対する宣戦布告なき実質的な侵略戦争を続けてきた。国連や赤十字国際委員会は、ガザ地区はイスラエルに包囲されその軍事占領下にあるとみなしている。国際司法裁判所も２００４年に、「パレスチナの壁事件」に対する勧告的意見で、占領下にある地域に自衛権は行使できないと判示した。勧告的意見は今回のハマスの攻撃にも適用されるか私には判断できないが、イスラエルの攻撃に自衛権の行使といえる部分があったとしても、その限度を超えることは明白である。

自衛権の発動だと仮定しても、イスラエルの攻撃は国際人道法にも違反する。すなわち、①軍事目標しか狙ってはいけないという「区別の原則」。②市民の生命の数や住宅、病院などインフラなど被害のバランスが必要だという「均衡性の原則」。③市民の被害を事前に防ぐという「予防の原則」。

ガザの住民全員の追放

今回のガザ集中攻撃の6日後の10月13日。イスラエル政府も本物だと認めた諜報省の内部文書が漏洩した。ガザ地区の全員をエジプトに「移送」するという資料である。

イスラエルは、ガザの住民の生活基盤の破壊により生活そのものを不可能にした。最高裁判所、大学、公文書館、モスクや教会なども破壊し、記録や文書も消した。人の存在そのものを消し去ろうという目的をもっているものと推測され、国際法上のジェノサイドに陥っている。[24]「移送」計画の真実性をうかがわせる事態が進行していることを物語る。

「ガザ地区とは、常に西岸地区の先行事例であった。次は西岸が、同じ手法で標的になる」という早尾貴紀教授の指摘もある。[25]仮にこのまま手をこまねいていればそうなる可能性がある。パレスチナ人はアラブ諸国が引き受けるべきであるというのがシオニズムの思想である。

欧米の二重基準

近代ヨーロッパは「普遍的」な真理として人権と民主主義を世界に広げたが、同時に、共存共栄してきた地域住民を「民族」と「国境」で排他的に分断して、国民国家、人種差別、植民地主義、帝国主義の四つも「普遍的」なものとして世界に広げた。手法は、ダマシと暴力と軍事力であり、キリスト教の神の意思をバックにすることが多かった。

ヨーロッパがパレスチナの土地にユダヤ人を送り込んだのは、その一つの具体例に過ぎない。但し、送り込んだ先のイスラエルがパレスチナの地の新たな植民地国家になって、圧倒的多数の先住民族であるアラブ・パレスチナ人を追放している点に特徴がある。植民地国家は被植民地の住民の生活を維持する責任を負うが、イスラエルは逆に先住民を抹殺している（入植者植民地主義）。イスラエルによる被植民地への戦争、アパルトヘイト、世界最大の難民収容所に対するジェノサイドによる「難民の追放」という超非対称戦争を欧米ロシアは止める責任がある。

のみならず、２００7年にハマスが長期の停戦を求めたとき、欧米はこれを拒否してハマスとの抗争を激化させることを望んでいるように見えた。

ドイツは「イスラエルの安全保障はドイツの国是（国家理性）だ」としてイスラエルの「自衛権行使」を支持している。「国家の理性」という言葉は古色蒼然たるヘーゲルの国家論を想起させる。連邦基本法第一条の冒頭に「人間の尊厳」を掲げている国ドイツである。パレスチナ人の尊厳も平等に考えなければならないはずだ。ドイツの哲学や思想は浅かったことを露呈させた。フランスは、イスラエルの核武装に協力して軍事的な自信をつけさせ、アメリカと共にガザの境界に鉄壁を打ち込むことに関与もした。ヨーロッパ、ウクライナ、ロシアは、自分たちがユダヤ人を虐待したツケを、罪のないパレスチナ人にあがなわせている。

欧米の限界を乗り越えるという歴史的な視点が重要であるが、圧倒的多数の移民を送り込み続けてきたロシアも解決に大きな責任がある。冷戦終了時の１９９０年と１９９1年にはそれぞれ18万人、15万人が自発的に移住した。イスラエルの人口の相当多数はロシアからの移民である。ウクライナ戦争の対ロ経済制裁にイスラエルが参加していない理由はここにあると解されている。

中でもアメリカの責任は格別である。アメリカは武器と資金と政治でイスラエルを強力に支えてきた。占領地であるエルサレムに大使館を移転し、イスラエルによる東エルサレムの併合と首都化を承認したものとしてアラブの世界の怒りを買った。アメリカを支えているのは、選挙資金が豊富なイスラエルロビー、シオニズムを信じる福音派キリスト教徒、そしてリベラルホークだといわれる。リベラルホークはネオコンと重なる部分があるが、ブレジンスキー元大統領補佐官、バイデン大統領、ブリンケン国務長官ら多数が名を連ねる。彼らは、イスラエルが衰退すると「中東の民主主義の砦」が失われると恐れている。リベラルをドクトリンとしてとらえ、リベラルの概念が拡散している(26)。ISは、アメリカの「イラクの自由作戦」の結果を見て組織された。死には死をもって対抗するという論理だ。ガザをみて、このような組織が再び活性化する可能性が指摘されている。

アメリカはイスラエルの攻撃を止める4度にわたる安保理の停戦決議案で拒否権を行使した。イスラエルとアラブの軍事衝突に関する安保理決議をアメリカが単独で拒否権を行使して否決したのは、1972年以降40回以上になる。そのうち、イスラエル占領地をめぐるパレスチナとの紛争ないし戦争に関しては、今回の4回を含めて35回である。アメリカの大きな特徴は、「アメリカ例外主義」である。ウィキペディアでも詳述されているこの思想は意外と知られていない。

3月25日、国連安保理は、4月9日までのラマダン（イスラム教の断食月）期間中の停戦を求める決議を賛成多数で採択した。アメリカは棄権したが、ラマダン後も停戦を求めることや、イスラエルへの武器売却の停止を求める国連人権理事会の決議には反対している。

小説家の平野啓一郎さんの代表作の一つに、『私とは何か』がある。私たちは、相手に応じてさまざまな「私」を使い分けている。本当の自分は一つではなく、どれも「本当の自分」だといい、「分人」という文学者らしい概念を用いている。私はこの分析に全面的な同意はしないが、このことは「国家」ないし国家を構成する国民にも当てはまる部分があると思われる。欧米の「人間なら誰でも生まれながらに持っている自然権」の主張も、アラブやムスリムに対する顔も「本当の顔」である。二重基準（ダブルスタンダード）ともいわれ、「自然権」はタテマエに過ぎなかったのかが益々問われている。「もう一つ、ガザで死んだのは、西欧の人間性と民主主義だ」というプラカードを見た。人権とか哲学以前の素朴な共感力が問題になっている。世界は、欧米文化に対する認識を更新し、その虚像をみた。

日本とイスラエルの共通点

イスラエルは中東にあって、欧米が中東諸国にくさびを打ち込む最前線基地として機能している。日本もまた、アジアの内部にあってアジアの一員としてではなく、東アジアの冷戦における アメリカの最前線基地として利用されている。アジアでパレスチナを国家として承認しない例外的な国である。両国とも、戦後世界に残る植民地主義的な階層秩序の中に組み込まれている。

日本は田中内閣時代の１９７３年、イスラエルの「武力による領土の獲得および占領は許されず」、「１９６７年戦争の全占領地からの兵力の撤退」を求め、「情勢の推移いかんによってはイスラエルに対する立場を再検討せざるを得ない」と警告を発した（「二階堂官房長官談話」[27]）。多極化する世界において、譲れない芯を持ってバランスの良い外交をすることが、日本と世界の利益になると思う。

パレスチナ人の究極の絶望

ハマスその他の武装勢力は絶望して起ちあがり、その結果市民もたくさん殺され、ガザ地区全体が居住できない場所にされた。それでもまだ国際社会は、２０２４年3月末現在、イスラエル及びイスラエルに武器を送り続けるアメリカやドイツなどの行動に歯止めをかけられない。国連は、国連をも無視し続けてきたイスラエルに対して、集団安全保障のための有効な軍事行動や経済制裁を発動すべき場合だったのに、未だにその気配さえない。国連は何のためにあるのか。これから収拾に動いても遅きに失したが、一日も早く停戦させ、ガザを完全復興すること、イスラエルに損害賠償させること、１９６７年の停戦ラインによるパレスチナの土地を復活させること、パレスチナを独立国家と認めることに世界は結束して全力を尽くすべきである。

停戦後のパレスチナを統治する主体について、ハマスを排除する意見ばかりが報道されている。れっきとした内政干渉であり、これまでと何ら変わらず、戦争を反省していない。主体はパレスチナの住民が民族自決権により決めることである。ハマスは特別な組織ではない。生活している民衆が自発的に参加し日常的に膨れ上がる集まりである。殺して排除するほど暴力的になる。「テロ組織」だから否定するというならば、「テロ国家イスラエル」とそれを応援しているアメリカの関与も許すべきではない。

ハマスは、ヨルダン川西岸でもガザ地区でも選挙で勝利した政権政党である。「ガザを実効支配する」とか、「イスラム組織」とかいう肩書をつけるべきではない。

２０２３年12月13日に実施されたガザとヨルダン川西岸の世論調査によると、両方の地域でハマスに対する住民の支持は高まっていた（iwj通信、12月19日）。

とはいえ、23年間パレスチナの支援活動に従事し、イスラエル軍による銃弾の雨をくぐって負傷したこともあると数年前話してくれた憲法学者の清末愛砂さんは、ガザの人たちこそが今回の急襲事件を最も批判したい立場にいるのではないかと書いておられる(28)。

サブタイトルを「欧米の植民地主義・人種主義の帰結」とした早尾貴紀氏の論考「ガザ攻撃はシオニズムに一貫した民族浄化政策である」（『世界』２０２４年5月号）が目に止まった。これによると、パレスチナの問題はユーラシア大陸で長期にわたって繰り広げられてきた帝国間の陣取り「グレートゲーム」の一環とみることができる。東アジアでは日本は日英同盟を結び、日本はイギリスのインド以西の利権を尊重し、イギリスは日本の朝鮮利権を尊重すると取り決めた。第一次大戦の際は英仏がパレスチナ周辺の分割を行い統治領とすることと、日本がアジアの旧ドイツ領を統治領とすることを相互承認した。日本は中東を含む帝国主義的分割から利益を得た当事国だった。その意味では、日本もパレスチナに対して責任を負っている。

欧米諸国やイスラエルがパレスチナで行っている人種主義（白人至上主義）・植民地主義と「普遍的な人権思想」に折り合いをつけ整合させるのは、パレスチナ人を人間でない「動物」とみなす思想、あるいは、「人」権は「優等人種」にだけ保障されるという思想である。「欧米文化」といってもいいかもしれない。このことは、アメリカが対ヨーロッパでは到底あり得ない極端に差別的な日米同盟・地位協定を結び、中国と相討ちさせるかのような軍事対決を強いる破滅的な世界戦略にも表れているように思える。

付言すると、二国家併存のためには、入植地の暴力的な拡張の背景にあるイスラエルへの移民の増加を止めることも現実的には重要だと思う。四国ほどの狭いイスラエルの国土の人口は、２０００年以降でも３２０万人増え、２０２２年には９６６万人になった。

(8) アフガニスタン戦争

コスモポリタン・中村哲さんの死

２０１９年12月４日、アフガニスタンで35年間にわたって活動していた中村哲医師が銃弾に倒れた。日本が生んだ行動する最高のコスモポリタンだったと思う。身の危険を顧みず医療、井戸掘り、灌漑用水建設の仕事をされたことは比較的知られている。しかし、報道で知らされていないことがあまりにも多い。中村さんの魂は、未だ日本の上空をさまよっているのではないだろうか。報道されていないことを中心に紹介したい。

中村さんはミッションスクールの西南学院中学部時代にキリスト教に接して内村鑑三の『後世への最大遺物』を読んだ。「この本のインパクトは相当に大きい」と、ベストセラーの著書『天、共に在り――アフガニスタン三十年の闘い』（以下「本書」という）で書いている。氏の生き方そのものが「後世への最大遺物」だと思う。２０１３年に刊行された本書は氏の思想と活動を存分に著した自伝的大叙事詩である。カギカッコ書きは特に断りなければ本書の引用である。

「誰であっても、無意味な生命や人生は、決してありません」。中村さんは、人間の根源的平等（14条）を実践された誠の人だった。

２０２１年８月に米軍が撤退して２年以上過ぎた。アフガニスタンでは、「ナカムラ」は

「日本」の代名詞だという。アフガニスタンとその戦争の歴史は記憶に止めたい。

日本を最も親密な国だと考えていた自尊心と「ともいき」の国アフガニスタン

中村さんは、１９８４年、パキスタンとアフガニスタンの国境地帯でＰＭＳ（平和医療団・日本）の医師として活動を始めた。ここで見たものは内戦やソ連との戦争で生じた大量の難民だった。

アフガニスタンは、人口２０００万人とも２４００万人ともいわれ全体が農業国だ。首都カブールは大都市で特殊だ。険しい山岳地帯は征服者を寄せつけず、人々は深い山の懐で自給自足の生活を送っていた。昔から「民族の十字路」と呼ばれてきたように、複雑な民族や部族構成も特徴だが、人々は分立しながらも「アフガニスタン」という大きなまとまりの中で古来共生する知恵を身に付けてきた。この知恵が数千年かけて身にしみついた伝統となり、イスラム教と並んで彼らを結びつけてきた。村落共同体では長老を中心に自治が強く、不文律の掟を持つ。たとえば最大の民族であるパシュトンは、よそ者でも友好的な「客人」は歓待して手を出さない。もう一つの掟は危害を加える敵に対する「復讐」である。

人々は自給自足で貧しくとも身を寄せ合い、自然を大切にしてつつましく生きてきた。家族の結びつきも非常に濃厚だ。現地のあるジャーナリストが日本に来て「親殺し」や「児童虐待」のニュースを聞いて大いに驚き、「こんなひどい話は初めてだ。日本の治安は最悪」と本書で紹介している。

アフガニスタンの人たちがもっとも親密に感じているのが日本であり、「日本」と聞いて連想するのは長崎、広島、日露戦争だ、どこに行っても知らない人がいないと中村さんは講演会でもしばしば紹介してきた。「日本は理不尽なことに対しては、たとえ相手が大きくても屈しない、不撓不屈の国」だと理解されてきた。「羽振りのいい国は必ず戦争をする」といわれるが、日本もアフガニスタンと同じように戦後の荒廃から立ち上がった国で、一度も外国に軍隊を送ったことはないと信頼されていたとのこと。

アフガニスタンを壊した英ソ米の侵略、先進国発の地球温暖化による旱魃と洪水

19世紀にイギリスに侵略されその保護国にされたアフガニスタンは、1919年、イギリスと3回目の戦争をして保護国を脱した。1978年、今度はソ連が、発足した親ソ政権を支援するために武力侵攻してアフガニスタンのイスラム教徒と戦った。ソ連をこの戦争に引き寄せたのはアメリカの秘密作戦だった。ソ連は、「封建制の温床である農村共同体を壊滅させ、人民を都市に集中させる」という乱暴な方針を実行し村落ぐるみ破壊し、おびただしい犠牲者と難民を出した。

これが先述した中村さんが見た難民だ。氏が医療に従事していた2000年の夏以降、これ

までに経験したことがない大旱魃が襲った。一方、ヒマラヤ山脈の氷が解けだして河川が氾濫するようになった。モンスーンは巨大化し、カラコルム山脈一帯で異常降雨となって住民を流した。旱魃も洪水も先進国のCO_2排出による地球温暖化が原因である。国民の半数以上の１２００万人が被災し、５００万人が飢餓ないし餓死線上にあった。鬼気迫るものがあったと中村さんは言う。

政権を取ったタリバンがアルカイダを匿っているという理由で、２００1年1月、米英が主導した国連は食糧を含めて経済制裁した。タリバンは古来の伝統により、よそ者でも友好的な「客人」であるアルカイダを他者に引き渡すことはしないだけだ。温暖化による旱魃や飢餓は世界に知らされず世界は救援に動かないのみならず、欧米の各団体はカブールから撤退していった。これが転回点になってそれまで自重派が主流だったタリバン政権内部で過激な主張が力を持つようになった。

国際法に違反したアメリカの戦争・参加した日本

アフガニスタンをアメリカ軍による無差別ミサイル攻撃が襲った。砂漠化した土地、逃げ惑う住民たち。中村さんはこの世のものとは思えない信じられない光景だったと語る。２００1年9月11日、アルカイダがニューヨークの高層ビルを攻撃した同時多発テロの報復として、ブッシュ大統領が「これは戦争だ！」として翌10月にアフガニスタンへの大規模な空爆を始めたからだ。

ソ連軍の撃退を支援するために、アメリカは直接武力介入する代わりに、アラブ諸国などから集まったムジャヘディン（ジハード戦士）に軍事訓練を施して、ソ連に対抗した。ジハード戦士たちの国際的な武装組織として成長したのがアルカイダだった。物騒な武装勢力や軍閥を外国がカネと武器で育てた。ソ連の撤兵にともない、出身国に戻ったアルカイダは、湾岸戦争におけるアメリカ軍のアラビア半島駐留をイスラムの聖地の冒涜だとして反発し、サウジの米軍基地攻撃などテロ作戦を拡大、そしてニューヨークのビルも攻撃した。

アメリカがテロの実行犯と認定したのは、イスラム武装組織アルカイダであり、アフガニスタン政府ではなかった。テロの実行犯が国内にいるというだけでアフガニスタンを攻撃することに、国際法上の根拠はない。むしろアメリカによるアフガニスタン侵攻が、国際法に違反する無法行為だった。自由と民主主義の盟主をもって任じ、立憲主義と法の支配を強調するアメリカならば、アルカイダによるニューヨークのビル攻撃は刑事事件として国際刑事裁判所（ICC）による処罰に委ねるべきだった。アルカイダはアメリカが育てたこと、アメリカに反発していたこと、タリバンはアメリカを攻撃していない上、アルカイダは友好的な「客人」なので引き渡せないという反論は、1985年からこの国に深く関与してきたアメリカは十分に分かっていたはずだった。しかし、アメリカは、自国民が戦争犯罪を追及されるのを避けるために国際刑事法秩序を無視してICCにも参加しなかった。のみならず、2002年、ICCの条約を批准する国々を脅迫することを目的とした米国軍人保護法を成立させた。その意味ではアメリカは二重の無法国家である。アメリカが依拠している思想は「アメリカ例外主義」である。3年ほどさかのぼる1998年には中村さんが仕事をしていたジャジャラバードを巡航ミサイルで攻撃していた。

侵略戦争でも自衛戦争として正当化するのは常だ。日本はアメリカに従うのではなく、国際法に従って「戦争」に反対すべきだった。しかし小泉内閣は、「テロ特措法」を成立させて自衛隊による米軍などへの後方支援を行うことにした。憲法は集団的自衛権の行使をすることは認めていないと解釈していたからである。すなわち、海上自衛隊の補給艦と護衛艦がインド洋に展開し、米軍と同盟軍の艦船に対して、燃料や水の補給を行った。補給活動とはいっても、戦後の日本が初めて参加した、れっきとした戦争行為だった。

アフガニスタンの人々の日本に対する信頼は崩れてゆき、中村さんたちの支援活動の車両からはそれまで安全マークだった日の丸の印が消された。

中村さんたちPMS（平和医療団・日本）は、アフガニスタンの人々のいのちを守るためには、医療活動よりも水と食料を確保することが不可欠だと考え、空爆の下で井戸をほり、灌漑用水路を作る仕事を続けた。

タリバン政権は極貧で、ライフルや刀剣、対戦車砲、数少ないヘリコプターだけでたいした武器はなかった。軍事的にはほぼ無抵抗な者を相手に戦争が演出されたと中村さんは語る。アフガニスタンを石器時代に戻してやると豪語したアメリカの軍幹部もいた。

国際法を無視した欧米と日本の二重基準

アメリカによるアフガニスタン攻撃は何らの法的根拠がない国連憲章違反の違法行為だった。従って、アメリカに対する集団的自衛権の行使と自称して、守備範囲外のアフガニスタンの戦争に参加したNATOも違法だった。日本の参戦も同様に国際法違反だった。

ロシアによるウクライナ侵略を国連憲章違反だと主張している欧米や日本は、戦後も度々侵した戦争を含めて二重基準である。二重ということは、基準を持たないことを意味する。ウクライナの戦争で中立的な諸国はこの真実を見抜いている。

私たちの日本は、すべての国に対して国連憲章をはじめとする国際法を遵守することを強く呼びかけたい。そうでないと、地球はますます無秩序になる。なんとなくいい方向に向かっているという正常性バイアスの気分は心もとない。

残虐で無差別な空爆

「空爆は激しかった。最近の戦争はアメリカが太平洋戦争のときに日本を空爆したとき以上に高性能で、巧妙で、非人道的な爆弾が使用される。ボール爆弾や、人間だけを死傷するクラスター爆弾が大量にばらまかれた。一方で『人道的』支援と称して食料を投下するが、クラスター爆弾とまったく同じ黄色い包みに食料を入れて落とす。それを拾いに行った子どもたちがやられる。犠牲になったのは子どもや女性、お年寄りなど弱い人々だった[29]」。

中村さんは書いている。

日本で報道されたタリバンを狙った「ピンポイント攻撃」はウソだった。一つの地区を集中的に爆撃して人々が逃げるると、次は安全だと思われた別の場所が狙われた。

米軍の無差別空爆で散乱した肉親の遺体を拾い集め、両親の屍に取りすがって泣く子どもたち。この戦争のツケは、暴力による報復として現れる。

約30キロ離れた米軍基地から発射されたミサイルが武装勢力を攻撃し、死者の中に中村さんが懇意にしていた少年もいた。聡明で気立ての良い働き者だった。米軍に肉親を殺され仇討ちのために武装勢力に入った。先述の「復讐」の伝統を守った。少年に対する地元の同情は厚く、多くの人が葬儀の参列に加わった。

モスクの空爆と再建

アフガニスタンの農村の特質は、それぞれが独立割拠しながらも、「イスラム」という共通の不文律で秩序を作っていることだ。各村の自治会の長老が金曜日に地域の中心にある「大モスク」に礼拝に集まり、多くのもめごともここで解決される。ここは「マドラサ」という伝統的な教育施設を備え、地域の教育の中心でもあり数学や英語なども教える。貧しい家庭の子どもや孤児も学ぶ機会を与えられる。しかし、「マドラサが過激イスラム主義者であるタリバンの温床だ」とされ、モスクやマドラサへの爆撃が日常化した。建設などすれば反米勢力とみなされ攻撃を受けるかもしれないと皆怖れていた。しかし、農民たちを支えるには不可欠だ。中村さんは住民たちの懇請を受け入れてモスクとマドラサの建設に踏み切った。地鎮祭の折、人々は叫んだ。「解放だ。これで俺たちは自由になったんだ!」

カルザイ政権との対話と国造りへの参加を提案したタリバン

カブールに赴任し、和平プロセスの構築に向けた国連側の実務責任者を務めた東大作教授は、以下のように報告している。

米軍の攻撃の後、2002年11月に、タリバンの最高評議会は、カルザイ政権と和解し対話して国造りに参加することを正式決定し、アメリカのCIAの高官に「多くの幹部が武器を捨て、政党として国政に参加するだろう」と提案した。しかし、アメリカのチェイニー副大統領は、「必要ない。壊滅を目指すのみ」と返答し、拒絶した。国連アフガニスタン代表を務めていたブラヒミは、和解を拒んだのはアフガン国家建設の決定的な失敗だと悔恨を述べた。

２００８年の現地のアンケート調査でも、９割を超える一般のアフガニスタン人が、タリバンとの和解でしか平和は建設できないと答えた。アフガニスタン政府の閣僚や国連幹部の圧倒的多数も同じ意見だった(30)。

日本人への中村さんの遺言

「日本に帰ると別の惑星に来たように感じる。第一に元気がない。恵まれている割にみな不幸な顔をしている。アフガニスタンではみな権力に対して従順でない気風がある。対照的に日本人ほど権力に弱い国はないと感じる(31)」

「(日本に帰ると) 都会でも田舎でも、決定的な郷愁の断絶は、人のにおいのようなものが消え、自然もまた論評や撮影の対象にはなっても、わが身で触れて畏れ驚きや喜びを覚えるものでなくなってきたことだ。極言すれば、私たちの『技術文明』そのものが、自然との障壁を作る巨大な営みである」

「今ほど切実に、自然と人間との関係が根底から問い直される時はなかった」

「人間は、自然と遊離してはバベルの塔のように倒れる。人も自然の一部であり、自然は人間内部にもあって人間の営みを律する」

「きな臭い世界情勢、一見勇ましい論調が横行し、軍事力行使をも容認しかねない風潮を見るにつけ、言葉を失う。診療所が襲撃されたとき、『死んでも撃ち返すな』と、報復の応戦を引き止めたことで信頼の絆を得、後々まで私たちと事業を守った。戦場に身を晒した兵士なら、発砲しない方が勇気があることを知っている」

「現在力を注ぐ農村部の建設現場は、常に『危険地帯』に指定されてきた場所である。しかし、路上を除けば、これほど安全な場所はない。私たちＰＭＳの安全保障は、地域住民との信頼関係である。こちらが本当の友人だと認識されれば、地元住民が協力を惜しまない」

「タリバン、反タリバンを問わず、こぞって協力した」。ＰＭＳは「客人」になることができた。

「信頼は、一朝にして築かれるものではない。利害を超え、忍耐を重ね、裏切られても裏切り返さない誠実さこそが、人々の心に触れる。それは、武力以上に強固な安全を提供してくれ、人々を動かすことができる。平和とは理念ではなく現実の力なのだ。私たちは、いとも安易に戦争と平和を語り過ぎる。武力行使によって守られるものとは何か、そして本当に守るべきものは何か、静かに思いを致すべきかと思われる」

タリバン政権の復帰とアメリカ軍の撤退

戦争に勝てないと判断したアメリカは撤退した。２０２1年8月、兵力7万のタリバンが米欧の支援を受ける30万の政府軍を無力化して政権に復帰した。端的に、国民の90％を占める貧しい農民たちが、戦乱よりもタリバンによる治安を求めたことを意味すると、中村さんの遺志を引き継いで現地で活動しているペシャワールの会はいう。

大旱魃とアメリカによる金融制裁で数百万人が死亡する危機

アフガニスタンを過去25年で最も深刻な食糧危機が襲った。大きな原因の一つは、中村医師も繰り返し警告していた大規模旱魃である。アフガニスタンは一人当たり、アメリカの70分の1、日本の40分の1の二酸化炭素しか排出していない最貧国だが、そのアフガニスタンが地球温暖化の影響を最も強く受けて干ばつが拡がって飢饉が起こり、飢餓が生じているという「真実」は不都合なこととして日本では報道されていないと、ペシャワール会の通信は書いている。

2022年8月時点で、公務員の給与も円滑には支払われていない。

二つ目は、撤兵したアメリカがアフガニスタン中央銀行の資産約70億ドルを凍結するとともに海外からの送金も事実上禁止したことによる。歳出予算が5億1千万ドル（2022年度）のこの国にとっては莫大な額だ。一般の市民は給料ももらえず家具や衣服を売り、さらには臓器や子どもも売っている。国連は数百万人が実際に死亡すると再三にわたって警告している。

2021年の1月に大統領に就任したバイデンは、「民主主義対権威主義」の対決を宣言していた。アメリカは、金融制裁として資産凍結するのは、アフガニスタンには承認された合法的な政府が存在しないことを形式的な理由としている。しかし、タリバン政権を承認しない実質的な理由として、政権に人権と民主主義を守らせる目的を挙げている。生命の救助よりも女子教育などの重視だ。日本の報道も女子教育を繰り返し取り上げて、アメリカによる資産凍結はほとんど問題にしていない。金融制裁にはさらに、タリバン政権を追い詰め破綻させる目的もある。すると今でも活発な自爆テロ活動を繰り返しているISIS-K（イスラム国ホラサン州）がこの国の2分の1程度を獲得してアフガニスタン人にとっては最悪のシナリオになるとのことである（東大作氏）。ISIS-Kは、人質の首をはねる残酷さで知られている。アメリカはテロ撲滅を本気で考えているか疑わしい。資産凍結は、人道に違反し、実質的には西部のならず者のような無法者の行為ではないだろうか。最貧国に対する違法・無法な戦争を20年間続けて荒廃の極致に追い込んだ国に必要な行為は、さらなる金融制裁ではなく、損害賠償と復興支援ではないだろうか。

一方においてアメリカは、ウクライナの公務員給与や年金を肩代わりして支払い、ウクライナの財政破綻を防いでいる。[32] 戦争が終結した後は、復興支援として日本の負担も求められる可能性が高い。

その後、資産凍結は半分程度解除された（清末愛砂）。

(9) ロシアとウクライナの戦争

ロシアによる侵略と現在の状況

２０２２年2月24日、ロシアがウクライナに侵攻して戦争が始まった。自衛戦争の要件はなく、明らかな侵略戦争である。独立宣言した東ウクライナのドンバスの2州をウクライナ政府から防衛するための集団的自衛権の行使だと説明されたが、無理がある。プーチンは、反対派やメディアを抑圧する独裁者であり、ロシアが民主主義の国であればこの戦争は起きなかった可能性が高い。

戦線は膠着し、ウクライナが挽回することは至難である。下斗米伸夫先生によれば、ゼレンスキー大統領の顧問だったアレストビッチは、２０２４年3月末の大統領選挙にむけて、クリミア半島とウクライナの東部のドンバス放棄による和平交渉を選挙公約に掲げた。彼とも調子を合わせ始めたザルジヌィ総司令官（当時）ら軍指導部との対立を脅威とみるゼレンスキーは、大統領選挙の実施を延期したことで、『エコノミスト』が引用する世論調査でも彼への信頼度はザルジヌィの半分以下になった(33)。

現状で停戦すると、戦争で国土を拡張する例を一つ付け加える結果になることが予想され、堪えがたいことである。今後はこのような事態を生じさせないためにも、戦争につながる原因を徹底的に分析し、除去することに全力を尽くすべきである。

冷戦終了後のロシアとウクライナの歴史の大きな枠組みをみたい。民衆個々人の視点から出発することが重要である。

ロシア人の願い1――戦争と平和

冷戦が終わって、ロシア人はもう絶望的な軍拡競争にしばられることなく、資本主義経済の下で民主主義を享受し、平和が訪れると期待した。その願いをバックに、ゴルバチョフソ連共産党書記長は、自分たちの軍事同盟であるワルシャワ条約機構を解散するとともに、西側の軍事同盟であるNATOも不要になったのだから解散し、国連の集団的安全保障のヨーロッパ版である地域的集団的安全保障としてのCSCE（現在のOSCE＝欧州安全保障協力機構）で平和共存しようと提案した。しかし、アメリカは拒否した。アメリカは、冷戦が終了したとは考えず、NATOを維持し東方のロシア側に向かって拡大し続けた。1999年のポーランドなど3国に始まり、2008年にはウクライナとジョージアの加盟の方向性が示された。ロシアからみると脅威である。ある国が安全保障のための施策を強化すると、他国からみれば「脅威」と受け止められ、対抗する側の防衛力強化を呼び起こし、双方の警戒感と対抗措置がスパイラル状に高まるという悪循環を起こす。いわゆる「安全保障のディレンマ」である。ロシアはこれに乗って軍事力で対決する道に戻るべきではなかった。同じ土俵に乗ってしまった結果、ウクライナの人々を逆にNATOに近づけた。

２００１年にはブッシュ（ジュニア）政権は米ソ間で結ばれていたＡＢＭ（弾道弾迎撃ミサイル）制限条約から脱退し、２０１９年にはトランプ政権はＩＮＦ条約（中距離核戦力全廃条約）の廃棄を一方的に通告した。これらはロシア人の不信感を一層高めた。

一方において、プーチンはチェチェン共和国などをすさまじい武力でねじふせ、また、全土で反対勢力を弾圧してきた。

ロシア人の願い２――パリ行きジェット機

冷戦が終わって、ロシア人は資本主義になり豊かな暮らしと民主主義がやってくると期待した。そのために社会主義体制を葬ったのだから。

しかし、エリツィン政権の経済顧問としてアメリカが送った経済学者たちは経済の規制緩和と国営企業の民営化、公的支出の極端な削減を指南した。新自由主義経済、しかもその急激な導入であり、カナダのジャーナリストであるナオミ・クラインのベストセラー『ショック・ドクトリン（下）』でも詳細に説明している。もっとも、顧問になったジェフリー・サックスは新自由主義政策に加えて巨額の財政支援を考えていた。アメリカの大恐慌を救済したニューディール政策や、第二次世界大戦後にアメリカがドイツや日本の経済を復興して成長経済に乗せる目的で実施したマーシャルプランのロシア版である。しかし、サックスを送り込んだアメリカの財務省やＩＭＦ、サマーズ、ルービンらは、ショック療法しか念頭になかった。その結果、ロシアの国営企業や社会的インフラは一握りの新興財閥（オルガリヒ）によって私物化され、外国人もこれに群がり、一般民衆にとっての公共財産は失われた。世界経済全体に占めるロシアのＧＤＰの比率は、１９８８年の２・９８％から１９９０年代後半には０・６１％に激減、大量の失業者を生み、平均寿命も１９９１年から94年の間に、69歳から64歳に低下した。(34)ニューディールやマーシャルプランは、ソ連の社会主義に資本主義が打ち勝つ目的も大きかった。ソ連の崩壊で、その必要はなくなっていた。

「パリ行きのジェット機に乗っていると信じていたのに、飛行中にブルキノ・ファソ（アフリカの国で貧困と内戦に苦しんでいる国）へようこそと言われたようなものだ」とロシア国民は自嘲した。

ウクライナの人々の願い

ウクライナは、ソ連邦の崩壊に伴い１９９１年に独立した。この国は言語、文化、宗教、経済の違いから東部のドンバス2州（ドネツク州、ルガンスク州）、西部（ガリツィア）、キーウを中心とした中央部の州に区分される。西部と東部の違いは大きく、対立し合い、ウクライナのような東西のはざまの地域は、戦争回避のため中立化して緩衝地帯にすることが望ましいと、キッシンジャーら多くの論者が指摘してきた。ウクライナも、ロシアと同様、冷戦崩壊、独立後は経済がマイナスに転じて生活が悪化した。実質ＧＤＰは１９９０年比で２０２０

年になっても63％に止まる。一般のウクライナの国民は、労働力の流出などで人口がこの間に5100万人から4100万人へと20％激減するなかで、経済の復興、豊かな生活、暴力のない平穏な生活を求めてきた。しかし、富の85％を独占する新興財閥（オルガリヒ）、ナチス的民族右翼、汚職まみれなどで苦しんでいた。

2013年に親露のヤヌコビッチ政権がEUに加盟して経済を繁栄させる条約の締結を追求したことは国民の多数から支持された。この条約締結の延期と抗議する非暴力の市民に対する警察による暴力の行使に端を発し、過激な暴力を持ち込む極右勢力も加わって暴力的な革命になり、ヤヌコビッチ政権は倒れた（広場の名前をとり「マイダン革命」）。翌2014年には100名が銃撃され死亡して大混乱に陥った。銃撃した犯人については、誰かに命じられた25人のグルジアの元軍人・特務機関員がスナイパーであり、指揮者の中にはアメリカの元軍人もいたという解説に説得力がある[35]。広場には当時のバイデン副大統領に近いネオコンのヌーランド国務次官補もいて参加者を鼓舞し、次期の親欧米政権幹部の人事の名前を出していた。ネオコン（Neoconservatism＝新保守主義）は、自由主義や民主主義のためには武力も有効に行使するというタカ派である。オバマ大統領は、2015年1月末に、ヤヌコビッチ大統領の追放にアメリカが関与していたことを認めた[36]。マイダン革命では右翼による暴力事件が頻発し、南部のオデッサでは親露派の住民48名が放火やリンチで殺された。

東部のドンバス2州のロシア語を母語とする人の割合は、78%と69%で、ロシアより進んだ工業製品をソ連・ロシアに輸出して、文化的経済的にロシアに近かった。マイダン革命を違法な暴力革命だととらえた東部2州は、2014年5月に住民投票でウクライナからの分離独立を決定して人民共和国を建国した。ウクライナの大統領のポロシェンコは、この建国の直後にドンバスの空港を空爆、政府と人民共和国との内戦が始まった。ロシアは、両人民共和国がウクライナに止まって中央政府に影響力を及ぼした方が得策だと判断して、2州の独立には反対して承認しなかった。しかし、正規軍や民兵をドンバスに送って2州を支えた(37)。

ポロシェンコは、2014年9月にホワイトハウスでオバマ大統領と会談、合計約790億円の資金援助と武器援助を得て、両人民共和国との内戦を続けた。バイデン副大統領はロシアが入る前から着々と代理戦争を準備してきた(38)。ウクライナ政府側は民間の住宅や施設も砲撃し多数の犠牲者を出し続けた。西側は、人民共和国の自作自演だと宣伝だとして攻撃を黙認した。2010年代の半ばから戦場になったドネツク州の現地で在外研究を重ねてこられた松里公孝教授は、民間人の犠牲について、途中から住民からは「どっちもどっち」論は聞かれなくなったと書いている。ドネツクの住民たちは、国際社会から見放されたと感じた(39)。アフガニスタンで軍閥解体に貢献した伊勢崎賢治氏は、通常これだけのことがあれば国際社会は黙っていないと書いている(40)。

2024年2月にウクライナ軍の総司令官に任命されたシルスキーは、ドイツ紙のインタビューに答えて露ウ戦争は２０１４年に始まったと述べた。

アメリカは、他の多くの国で実行しているように、ウクライナでも２００５年から反政府勢力に全米民主主義基金（ＮＥＤ）を通じて資金を提供してきた。ＮＥＤに出資しているのはアメリカ政府である。伊勢崎氏が２００５年のカラー革命のときＮＨＫの特集番組で語ったところによると、「仮に民主主義を広めることに普遍的な価値があったとしても、対象国のある特定のグループもしくは個人を、資金力をバックにした外部の力が支援することは立派な内政干渉だ。（中略）民主化支援は、いわゆるレジームチェンジのための内政攪乱工作と紙一重の非常にセンシティブな世界だ[41]」。

２０１５年、ドイツのメルケル首相とフランスのオランド大統領の仲介で２回目の停戦・和平合意「ミンスク２」が成立した。しかし、ウクライナ政府はドンバスで虐殺を繰り返した過激なネオナチの軍事組織であるアゾフ大隊を国防軍や警察に編入し戦闘を続けた。２０１９年に大統領に就任したゼレンスキーは、当初ロシアとの融和を図りミンスク合意を実施する意向で交渉を呼びかけたが双方とも折り合えなかった。欧米は、ゼレンスキーの対話の呼びかけには総じて冷淡だった[42]。ゼレンスキーはやがて新ロシア派を国家反逆罪で逮捕。それまでの放送や教育におけるウクライナ語の強制に加えて、ウクライナ語を唯一の公用語に定め企業、役所での言語がウクライナ語となったことで、ドンバスは孤立を深めていった。

アメリカとイギリスは、ロシアの侵攻が始まる前から高性能の兵器をウクライナに大量に送り、軍事顧問団も覇権して、ウクライナを武装化してきた。たとえば、1万7000の対戦車ミサイル「ジャベリン」、携帯式防空ミサイルシステム「ステンガー」[43]。

2021年の秋以降、双方によるミンスク合意違反が激増した。2022年になると益々増え、犠牲者の数も増えた。ロシアの指導部もミンスク合意に公式に見切りをつけた。

2月21日、プーチンは安全保障会議を招集、ドンバスの2共和国を承認した。松里教授は、これを聞いた共和国の住民は狂喜したと書いている[44]。

24日、ロシア軍はウクライナに侵攻した。当初はウクライナに迅速に傀儡政権を立てる体制変更戦争だったが失敗した。ウクライナの人たちはプーチンが予想したよりずっと団結力が強く勇敢に戦ったことが大きい。途中から領土獲得戦争に変えた。

クリミアの独立とロシアへの編入

クリミアの母語は圧倒的多数がロシア語で、ウクライナがソ連邦から独立した当時からソ連邦に残留あるいはウクライナから独立する論が強かった。2014年のマイダン革命の際の暴力はクリミアに恐怖心を与えた。ロシアが正規軍を送った中で、この年の3月、住民投票が行われ96・８％の支持でクリミアは独立し、ロシアへの編入条約が調印された。ワシントンＤＣを拠点とするシンクタンクの調査では、クリミアの91％が住民投票は自由で公正だと回答した。松里教授によれば、独立の手順はウクライナ憲法の手続きを蹂躙していたが、ウクライナのソ連からの独立も当時のソ連の法を蹂躙していたので、因果応報という印象は禁じ得ないとのことである。

ロシアがウクライナに侵攻した理由

プーチン・ロシアがウクライナを侵略した主たる理由は、ＮＡＴＯの東方拡大とドンバスの帰属にあるという解説が多い。ＮＡＴＯのストルテンベルグ事務総長も、２０２３年の９月、プーチン大統領が戦争を始めた理由は東方拡大に対する反対だったと認めた。(45)

元外務省国際情報局長の孫崎享さんが地元の草加革新懇の招きで、２０２３年春に講演に来られた。孫崎さんは、故安倍首相のロシア侵攻後の発言に注目していた。故首相はプーチンと27回も会ってその考え方をよく知っていた。２月以降のテレビ（２月27日、フジＴＶ『日曜報道 THE PRIME』）やネットニュースをみると、故首相は、①ロシアが侵略する前にゼレンスキーがＮＡＴＯに加盟せず、ウクライナ東部のドンバスの２州に高度の自治権を与えることを約束していれば戦争を避けることはできたかもしれない、アメリカの指導者ならそのように仕向けることはできただろう、②ロシアがウクライナに侵攻してもアメリカ軍は派遣しないとバイデン大統領が明言したことが侵攻を誘発したのではないか、という趣旨のことを話していた。故首相はバイデンの痛い所を突いていたと思われる。孫崎享さんは著書で、この安倍発言に関して、「岸田政権内で、知米派の政府関係者が安倍氏に憤りを持っていたことをほとんどの日本人はしらない」と書いておられる(46)。

故首相は、NATOとドンバスの扱いが焦点だという立場のようである。故安倍首相の言動をこぞって活発に追ってきたのが日本の従来のメディアである。この発言に限って沈黙したのは不気味だ。

ウクライナはロシアの一部であるというロシア帝国の復活論も主要な動機だと考える。「ウクライナは……私たち自身の歴史、文化、精神的空間の、譲渡できない不可分の一部なのです」(2021年2月21日のプーチンの演説)。ドンバスの帰属もこれに包摂される。

私は、開戦直後の3月初旬に、ウクライナはNATOに加盟しないこと、ドンバスにはOSCE(欧州安全保障協力機構)、国連、NGOなど国際的な監視団を派遣して落ち着いてから住民投票によって帰属を決めることを軸とする停戦案をSNSで提示した。2022年3月末、トルコのエルドアン大統領の仲介により、イスタンブールで両国による和平・停戦の会談が設けられた。その結果、ウクライナは中立に戻り、領土問題は棚上げして対話の枠組みを作るなど合意寸前になった。ロシア軍は開戦前の2月23日の線まで撤兵することも約束され、事実キーウから撤兵した（下斗米伸夫、佐藤優）。しかし、バイデン大統領とイギリスのジョンソン首相が強く反対して和平は挫折した。私は停戦できなかったことを非常に残念に思った。ウクライナにしてみれば戦争を止めることに主眼があったが、米英はプーチン・ロシアを弱体化し打倒するという戦略を採った。撤兵過程で起きたキーウ近郊の「ブチャ」の惨劇後の４月５日、ゼレンスキーは交渉に悲劇はつきもの、可能性を見いだすべきだと答えていたという記事がある。(47) ゼレンスキーが強硬策一辺倒になったのは、この後である。

露ウ戦争から学ぶこと1――軍事力依存を止める

国際社会は、ウクライナの２０１４年以降の情勢にロシアやアメリカが介入してきた事実を踏まえて露ウ戦争に対応したい。ガザやアフガニスタンもそうだが、戦争は、「点」ではなく「線」ないし「帯」で検証すべきものである。戦争の焦点になったドンバスの住民の見方でもある。

２０２２年から始まった全面戦争の最大の教訓は、戦争は「始まったら終わりだ」という笑えない逆説である。ウクライナでは、市民も双方の兵士も含めてあまりにも多くの人が死傷してしまった。土の上や下の小さな命も抹殺した。汗水たらして造った橋や道路や家も壊した。戦争を「始めない」ためには、軍拡ごっこと軍事同盟のいたちごっこを止めることだ。

兵隊を含むロシア人も、アメリカその他世界のほとんどの人も露ウ戦争の被害者である。いいことはない。

地雷置く　ロシア兵にも　母ありて

鳥取県に住むメル友の川柳である。

冷戦が終了して平和になるというロシアを含む世界の人々の期待に応え軍縮し、もはや不要になった軍事同盟を段階的にでも解消して、浮いた莫大な税収を各国の民生費に振り向ければ、世界は平和に向けた確かな歩みを始められた可能性が高かったと思う。脱貧困と脱戦争という二つの柱こそ「豊かな生活」への道であり人類の最大の夢なのだから。しかし西側は、ロシアに対しては冷戦の続行を望み、軍拡競争をしかけてNATOも拡大した。対GDP比4・5%の軍事費を1998年までに2%台に削減していたロシアは、再び軍事費の拡大を強いられた。「民主主義のためには武力も行使する」というアメリカのネオコンないしリベラルホークの思想は、ウクライナを介して間接的にロシアに向けられた。しかし、武力によってはロシアを倒せない結果が生じつつある。戦争は逆にロシア国内におけるプーチンの支持率を高めた。中ロをかえって接近させ、ロシアをグローバルサウスから切り離すこともできなかった。

一方、冷戦の続行によって「成功」した人たちも多い。アメリカは軍産複合体とその周辺の金融機関や政官学のエリート集団は利益を上げ成長した。アメリカは、露ウ戦争ではドイツとロシアの経済的な結び付きを絶ち、ドイツを自国のエネルギー市場に組み込む方向で動き、NATO拡大にも成功した。露ウ戦争でロシアが勝てば、プーチン一派は成功者である。

露ウ戦争から学ぶこと2──真実の民主主義・人権の重要さ

バイデンは、この戦争は「民主主義対権威主義（ないし専制主義）」の対立だという。「人権外交」という価値観外交も展開している。岸田首相も同意している。

これは、国内レベルでは基本的に真実である。アメリカの自由や民主主義について、アラブ諸国の圧倒的多数の民衆も好意的にみていることは、世論調査でも明らかになっている。プーチンは独裁者であり、彼は大統領の地位から速やかに去るべきだ。ロシアが民主主義の国だったら戦争は起きなかっただろう。ネオナチ・アゾフ大隊やウクライナ政府によるドンバスでの蛮行を非難したプーチン・ロシアは、2022年の開戦後、ブチャでの蛮行やウクライナの民間施設、さらには原発などに対しておぞましい攻撃を繰り返し、悪行を働いている。

半面、「民主主義」の諸国も民主主義に敵対的な部分が少なくない。ウクライナのマイダン革命は暴力的だった。ウクライナは開戦前からリベラルや左翼の政党を非合法にし、弾圧してきた。ゼレンスキー政権は、開戦より1年以上前に野党系テレビ局3局の放送免許を取り消し、独裁的だ。アメリカは巨大な資本が支配する超格差社会で、ウォール街や軍産複合体と連携した巨額の資金力を誇る二つの政党が支配している。ガザの戦争の停止を求める世界の声を単独の拒否権を行使し、「アメリカ例外主義」なる独特の政治哲学を標榜してやまない権威的な国家でもある。日本は、サミュエル・ハンチントンの『文明の衝突』によれば、「集団主義」に分類される。民主主義は、一つには人を騙して錯誤させて統治することとセットになっていることを、私たちは内政を見て知っている。意思の詐取だ。二つ目は情報隠しであり、自由が乏しい。「ウクライナ戦争では、(欧米そして)日本のメディアが、全面的に依拠している情報源は二つといっていい。アメリカの戦争研究所とイギリスの国防省です。日本のメディアはこれを中立的なものとして全面的に頼っています」という元外務省主任分析官の佐藤優氏の言があるが[48]、露ウ戦争の報道に接していると、日本は他の先進民主主義国家よりも情報が一面的かもしれない。戦争を起こさないための二つ目の教訓は、真実の自由と民主主義を実現して、戦争の被害者になる民衆の意思を普段の政治に反映させることである。

また、国内レベルと対外レベルを同一視することはできない。対外レベルではアメリカもイスラエルも「権威主義」の要素が大きいのではないだろうか。

⑽　多極化する世界

世界には新しい流れがある。２０２２年12月にインドネシアで開催されたG20や世界各地の地域連合（ラテンアメリカ統合連合、アフリカ連合、東南アジア諸国連合＝ＡＳＥＡＮなど）に結集する諸国の発言力は強くなってきた。ブラジル、ロシア、インド、中国、南アフリカのＢＲＩＣＳに、イラン、サウジアラビア、アラブ首長国連邦（ＵＡＥ）、エチオピア、エジプトの５カ国が２０２４年1月に参加して、そのＧＤＰの合計は世界の37％、人口の46％になった。さらにベトナム、トルコ、インドネシア、カザフスタンなど17カ国が加盟を希望している。この27カ国は、ロシアに対する経済制裁をきっかけにして、新しい国際通貨を作り、脱ドル化を目指す動きをみせている。もっとも、現在ほとんどすべての為替取引が米ドルで行われており、米ドルの基軸通貨としての地位を崩すのは容易ではないと思われる。

ウクライナの戦争について、非同盟のグローバルサウスは、ロシアの侵攻を非難するとともに、安保理メンバーを含む大国が国際法を無視していることも強く非難している。この多くの諸国は、アメリカによる対中包囲網にも加わらない。世界各国は、パレスチナの戦争、露ウ戦争、アフガニスタンやイラク戦争、リビアの内戦などにおける米英露を中心にした戦争の歴史を冷静に見ている。Ｇ７の影響力が徐々に低下してきた中で、パレスチナにおけるイスラエルの暴力・戦争を支えてきたアメリカは欺瞞を見抜かれ、倫理的に敗北したともいえそうである。

アメリカは内部矛盾が噴出し分裂を収拾できない一方で、若者の意識は能動的に変化してきた。世界は多極化してきた。グローバルサウスと呼ばれる新興・途上国のパワーが増すのと反比例して、パックス・アメリカーナというフレームは相対的に後退してきた。そのフレームは変質段階にあり、日本は徐々に多次元外交に進むことが利益になると思う。

⑪ 中国との関係

中国の内政と外交・軍事

冷戦終了後、中国は急激に経済成長してきた。一時はアメリカを経済規模で凌駕するかと思われたが、労働力人口の減少、アジアからヨーロッパにまたがる経済圏「一帯一路」の停滞や不動産バブルの崩壊などによって経済は長期的に停滞し、アメリカを総合的に抜くことは難しいという見方が増えてきた。

中国は日本に勝る格差社会であり、これを是正するために2021年に採用された「共同富裕」も平等主義とはいえない(49)。政治を変えたいと考えても、自由が奪われている監視社会である。習近平国家主席が唱える「中国の特色ある社会主義」が、民主的な基盤を持たない共産党体制下において民衆の幸福をもたらすとは思えない。

経済や外交、軍事面で、習近平は中華思想的なものもバックにして威圧的で覇権主義的である。中国の友スパイ法の効果もあって米日欧の対中投資は減少している。習近平一強体制は裏目に出ている。日本は受け身ではなく、あるべき平等な関係を堂々と主張したい。

焦点は、「一つの中国」政策によって台湾を中国に統一するために武力を行使するかという「台湾有事」である。習近平は、２０２２年10月の共産党全国代表大会において、「台湾との平和的統一に最大の努力をするが、武力行使の約束を放棄しない」と述べた。

米中冷戦と「台湾有事」

アメリカは、従来は中国と経済的に協調して共に利益を追求する「関与政策」をとってきた。しかし、トランプ政権時代にこれを撤回、中国の追随を許さない対決路線に転換して中国包囲網を形成し、軍事的にも「新冷戦」を表明した（２０１８年、ペンス副大統領）。バイデン大統領は、２０２２年の5月に、「台湾有事への軍事的関与はＹＥＳ」と演説している。アメリカは、日韓との大規模な軍事共同演習を繰り返すなど、中国との軍事衝突を辞さないかにもみえる。東アジアは東西対立の最前線になった。

しかし、台湾をめぐって戦争になれば、米軍の攻撃によって中国が最も重視している中国経済の安定的な成長は致命的な打撃を受けるうえ、台湾の経済も破壊され、仮に中国が台湾を統一しても台湾人に抵抗されて統治は困難を極めることが予想される。よって武力統一に動くことなく、中国も台湾も「一国二制度」の現状を維持して経済文化交流を続けることを望んでいるという分析が説得力がある。中国が台湾に侵攻するとすれば、それは台湾が独立国家を目指す動きを示す時だというのが大方の見方である。独立を支持する台湾人も極めて少数である。そもそも、台湾海峡で米中が戦えば、アメリカが負けるという2015年のランド研究所の報告がある。ランド研究所は、アメリカで最も権威がある研究所だとされる。「台湾有事」が起きる可能性は小さいと思われる。

日本も台湾は中国の一部であることを承認している以上、台湾の統一は中国の主権による内政問題であるから、日本が関わるのは筋違いであるという論も有力である。しかし、主権国家の内部においても、地域住民の自治と自己決定権の尊重は民主主義の基本である。台湾は植民地にされた日本への激しい抵抗運動を経て、戦後は新たな支配者になった蔣介石らの中国国民党軍・外省人の植民地的な暴力に抗し、民主化闘争を通じて生まれ変わった自治的な社会である[50]。主権国家至高論を超えた住民自治の論理で、台湾の平和をすべての関係国ひいて国際社会が保障すべきではないだろうか。まして日本は、台湾を植民地にし、中国と分離させた当事者である。よって、日本政府も私たち市民も、台湾有事が起きないための努力をすべきだと思う。中国やアメリカに対して、台湾の平和を最大限尊重するよう働きかけることが必要である。

緊張緩和して共に繁栄する道を

戦争や内戦の続発、経済成長の限界、気候暑熱化、大規模化する災害、パンデミック、AIの制御、一方における少子化と他方における人口爆発、難民・移民の増大等々、人類は対立しているゆとりはないはずだ。日中とも経済状態の改善は至上命令である。中国は、日本にとって輸出入総額で最大の貿易相手国であり、密接な関係にある。岸田政権は、アメリカの要請に応じ国家安全保障戦略などによって経済も安全保障の領域に入れ東西対立と結びつけたが、日中双方の経済にとってマイナスである。経済的な連携を強め、この面からも緊張緩和すべきである。

台湾をめぐっては、緊張を緩和し「有事」の芽を除去することがアジアの中で共に生きてきた日本の役割である。ASEAN（東南アジア諸国連合）との連携の強化も不可欠である。以上は長期的にはアメリカ国民の利益にもなる。

尖閣諸島も周辺の人たちが共同の漁場としてきた（入会的共有）。国境という観念はなかった。これこそ自然な本来のあり方だと思う。日中国交正常化の過程で中国の鄧小平・中国副首相が提案し、田中首相が同意した尖閣諸島の領有権を巡る争いの棚上げ論の有無についての争いを越えて、これからでも周辺の海を共同利用・管理する条約の締結を辛抱強く提案して行きたい。すべてをどちらの所有権・領有権に属するかで決しようとする近代国家の思想は暴力を伴いがちであり、戦争さえ辞さないというのは単純で愚策で歴史の退化だと思う。

太平洋の向こうのアメリカは、単独では維持できなくなった覇権を維持するために日本の力を借りようとしている。しかし、日本はアジアにあって中国から文化を継受し共に生きてきた長い歴史がある。侵略した歴史も踏まえて、アメリカだけでなく中国とも共存共栄する道を探りたい。

これは、中国の民衆と指導者層に、自由と民主主義と武力によらない平和を実現するよう、信念をもって腰を落ち着かせて長期的に働きかけることと不可分だと思う。口で言うだけでなく自ら行動で示すことがポイントである。

そもそも、アメリカは機を見るに敏である。1971年には日本が知らないうちに、ニクソン訪中が発表された。今後とも、日本ははしごを外される可能性があることも指摘されている。益々変化し激動する国際社会の中で、日本は独自の国益を追求したい。

⑿ 北朝鮮との関係

北朝鮮は核兵器を持ち、ミサイルの発射実験を繰り返している。日本がアメリカの核の傘の下で軍備増強する力の政策では効果がないこと、日米が本気で核のない世界と相互の軍縮を働きかけないと解決できないことは既に明らかになっている。

北朝鮮をめぐる報道で欠けているのは、日本は北朝鮮と未だ国交を結んでいないことが一つだ。世界では既に１６０の国が北朝鮮と国交を樹立している。東アジアで樹立していないのは、日本及び朝鮮戦争で北朝鮮と戦った韓国の二つだけだ。日本は、国連加盟国１９３のうち、北朝鮮を除く１９２国とは国交を結んでいる。かつて朝鮮を領土にしていたことも考えると、異常ではないだろうか。

もう一つ欠けているのは、１９５３年にアメリカ軍を中心とした国連軍と北朝鮮・中国との間で朝鮮戦争休戦協定が結ばれて以来、南北は現在に至るまで「休戦」中に過ぎず、法的には戦時下にあり、宣戦布告なしに互いに相手国を攻撃できることである。北朝鮮は核開発の目的としてアメリカから体制保障を得ることを挙げている。

２００２年９月、平壌を訪問した小泉首相は北朝鮮の金正日国防委員長と首脳会談を行い、①拉致問題の解決、②統治時代の過去の清算、③日朝国交正常化交渉の開始などを盛り込んだ宣言文を発表した。早く国交を樹立して日朝平和条約を結ぶこと、朝鮮戦争を終結させるよう働きかけることを望みたい。日本は、朝鮮を併合支配していた当時、おびただしい人たちを拉致して日本国内に強制連行し、鉱山などで人間扱いしない苛酷な労働をさせ、多くの犠牲者を出した。韓国とは、この「徴用工」の扱いが大問題になっているが、北朝鮮としても日本が犯した拉致問題の解決は気になる。

私の郷土である群馬県でも、朝鮮から強制連行してきた約６０００人が鉱山や軍需工場で強制労働させられ、このうち３００～５００人余りが命を失ったと推定される。その一つである高崎市の火薬廠地下工場跡地付近の県立公園「群馬の森」内に、市民団体によって「記憶、反省、そして友好」と刻まれた『朝鮮人追悼碑』が建てられた。当初市民団体は碑に「強制連行」の文字を使用しようとしたが県はこれを認めず、さらに、「政治的行為をしないこと」という設置条件も付された。しかし、２０１４年に設置許可が更新されなかった。理由は、碑の除幕式及び碑前の追悼式での「強制連行」という発言などが「政治的行為」に当たるということだった。10年前のこの発言によって追悼碑自体が中立的な性格を失ったとされた。更新拒否処分は表現の自由に違反するなど裁判所で争われたが、処分は適法とする判決が２０２２年に最高裁で確定した。第二次安倍内閣が成立した２０１２～２０１４年は歴史修正主義が盛んになり、本件もその一例だった。これは、政治的な判決ではないだろうか。判決には韓国も北朝鮮も激しく抗議した。

拉致事件を犯した北朝鮮は日本に対して誠実な対応をしていない。一方において、日本も自ら犯した拉致事件は「強制連行」ではないとし、奴隷のような強制労働でおびただしい死者を出したことに対して誠実な対応をしていない。外交はwin-winである。北朝鮮と戦争になる前に、２００２年の日朝首脳の宣言文にある①②③を一体としてできる限り早く解決すべきである。

バイデン大統領は主導して米日韓の連携による北朝鮮との軍事対決網の形成を強化している。アメリカと日本とでは、北朝鮮との距離の近さも違う。日本は朝鮮半島との長い歴史も踏まえて、独自の平和構想を持ちたい。

8　安保法制と安保3文書の改定

⑴　安保法制違憲訴訟への参加と事務局勤務

安保法制と違憲訴訟

安倍内閣は、２０１４年7月の閣議決定で、集団的自衛権の行使は認められると9条の解釈を変更した。次いで内閣は、これを法制化する案を国会の審議にかけた。法案は、戦後一貫して集団的自衛権の行使は憲法違反だとして認めてこなかった政府の安定した9条解釈を一変するものだった。国民の知らないところでいつの間にか「他国」であるアメリカを守る目的の戦争をしていることも可能になる。９条を明文改正したに等しく、本来なら96条による国民投票で決めるべきことを手抜きした憲法改正・決定権の侵害であり、国民に対するクーデターではないかとして、連日全国で大きな反対運動が起きた。

私も国会前の12万人の抗議行動などに度々参加した。合法的なデモをする私たちの腕やシャツを機動隊が道路側に引っ張り込み、それに抵抗すると公務執行妨害罪で逮捕されるおそれがあった。私は、すぐ横の人が逮捕されないよう、その白いシャツを歩道の内側に必死で引っ張った。しかし、２０１５年９月、強行採決された。怒号が飛び交う中で行われた参議院の特別委員会の採決は不存在と評せられるものだったと思う。暴力的な強引さは、この法案が戦後の日本のカタチを変える決定的に重要なものだったことを如実に物語っていた。

翌２０１６年、寺井一弘弁護士や伊藤真弁護士らによって安保法制を違憲とする訴訟（国家賠償請求訴訟及び差止請求訴訟）が全国各地で起こされた。私は、国家賠償請求訴訟の原告になるとともに、東京訴訟の事務局のスタッフとして週に３日勤務した。

集団的自衛権とは何か

自衛隊合憲論は、憲法は主権国家に固有の「自衛権」まで放棄したものではなく、したがってそれに必要な最小限度の行動は憲法で禁じられていないという論理だった。そうすると、当然、日本に対する直接の急迫・不正の侵害があった場合にのみ、「自衛権」を行使できるという結論になる。そのための「必要最小限度の実力」としての自衛隊は、９条２項が保持を禁止する「戦力」ではない。

これに対して、集団的自衛権とは、自国に対する直接的な侵害がなくても、自国と同盟・連帯関係にある他国に対する侵害があった場合に、その国を守るために共同して防衛行動をする権利である。すなわち、自国は攻撃されていないのに他の国を守るために行使するものだ。これは、「自衛」ではなく「他衛」である。そうすると、「集団的自衛権」は「自衛権」という言葉こそ使っているが、憲法では禁止されているという政府のこれまでの解釈は筋がとおっていた。

もっとも、集団的自衛権は、国連憲章51条で認められている。それは、「攻撃された国」が自ら戦うだけでなく他の同盟国にも助けを求めて戦うというのが本来の意味だと見るべきだろう（浦部法穂『憲法学教室〔第3版〕』）。国連憲章51条は、これに加えて攻撃を受けた国を「助太刀」する場合も違法でないと考えた。助太刀することも（集団的）「自衛」であり、「権利」だと正当化した。

しかしながら人類は、空前の1000万人もの死者を出した第一次世界大戦に衝撃を受けて、戦争は違法でありできる限り避けるべきだという不戦条約を1928年に成立させた。さらに5000万人も殺した第二次大戦に人類はショックを受けて国連憲章を制定した。国連憲章の冒頭には、こう書いてある。「われらの一生のうちに2度まで言語に絶する悲哀を人類に与えた戦争の惨禍から将来の世代を救い……国際連合という国際機関を設ける」。そして、同憲章第2条4号では「武力による威嚇又は武力の行使を慎まなければならない」と書いている。第51条は自衛権の行使としての武力行使を極めて限定的なものに制限している。

しかし、51条はなぜ集団的自衛権を認めたのだろうか。

憲法にせよ、国連憲章にせよ、法はそのバックに存在する思惑、ホンネ、意志、力関係をしっかりと見ないと理解できない。国連憲章が集団的自衛権の行使を認めたのは、アメリカやソ連、イギリス、フランスなどが自分の意に沿わない国や政府を武力で潰すための口実にしたかったからである（浦部、前掲書）。ハンガリー動乱やアフガニスタン戦争における旧ソ連の軍事介入、ベトナム戦争におけるアメリカの軍事行動などの際にもこれを口実にした。ウクライナの戦争でも、ロシアはウクライナの東部２州を守るための口実に使った。集団的自衛権は、このように強い大国が自らの意志を実現する場合に弱い国を利用するために用いるのが通例である。集団的自衛権の名で行われた戦争は、国連憲章が禁止した「侵略戦争」だったことは繰り返し実証されている。真実は口ではなく行動に現れることは、私たちは日常的に知っている。

他の分野と違い、法学の分野では「権利」とか「義務」とか名付けられるともっともらしく論理的にきこえてしまう。それ故思考停止して納得してしまいがちだと思われる。気をつけたい。

まして、「政府の行為によって再び戦争の惨禍が起こることのないやうにすることを決意した日本国民」（憲法前文１項）は、このようないかがわしい「集団的自衛権」を否定し行使しないことを決意したのではなかったか。

現実に想定しているのは、「台湾有事」において米中が戦争になる場合に、日本がアメリカを守るために中国と戦争することだ。集団的自衛権というと、弱い方の国が強い国に守ってもらうというイメージがある。安保法制は弱い日本が強いアメリカを守るものである。それは（集団的に自衛する）日本の「権利」だといわれる。戦争になれば、私たちは「権利」を行使して?守ってあげるアメリカとは比較にならない致命的な犠牲を負担することが予想されている。2022年の年末から、メディアに急に「覚悟」の文字が躍った。麻生副総理は、台北市にて日本人に「戦う覚悟」を求めた。いつもの個人的な失言ではなく、総理大臣と内部調整したうえでの内閣を代表しての発言だった。

限定にならない「限定」

安倍内閣は、集団的自衛権行使が無限定になるという批判に応えて、集団的自衛権は、①「我が国と密接な関係にある他国に対する武力攻撃が発生し」、②「これにより我が国の存立が脅かされ」、③「国民の生命、自由および幸福追求の権利が根底から覆される明白な危険がある場合」に行使できると「限定」した。しかし、いずれも曖昧模糊とした文言で、「内閣が総合的に判断する」と説明した。内閣の判断次第ということで、限定になっていない。密接な関係にある国として防衛相は、2015年には早くもオーストラリアも含むことも可能と説明した。武力攻撃が発生したという寸秒を争う緊迫した事態において日本を遥かに凌駕するアメリカからの情報に基づいて、②③の要件も判断されることになった。

安保法制違憲訴訟

　これまで日本は、曲がりなりにも平和国家として直接の戦争はしてこなかった。しかし、この法制によって、アメリカの戦争に参加することになった。強いショックを受け、憲法違反だという訴訟が全国で提起された。憲法第81条の違憲立法審査権は、法令そのものの違憲性を争う抽象的審査制ではない。国民の権利が具体的に侵害されたことを要件とする付随的審査制である。そのため私たちは、①憲法前文で保障している平和的生存権は具体的な権利であり、これが安保法制によって侵害され精神的な打撃を受けて損害が発生したと主張した。イラク戦争の際に自衛隊をイラクに派遣したのは違憲だとした名古屋高等裁判所は、平和的生存権は「具体的権利性が肯定される場合がある」と認めた（２００８年４月17日）。地対空ミサイル基地の建設をめぐって具体的権利だと認めた札幌地裁の判決もある（長沼ナイキ事件、１９７３年９月７日）。また、②13条で保障されている、生命権・身体権及び精神に関する利益としての人格権や、③96条で定めている主権者としての憲法改正・決定権が侵害されたと主張した。

　この訴訟は、７６９９人の原告によって、国家賠償請求訴訟と差止訴訟として22の地方裁判所と支部で25件提起された。最高裁判所は有名な砂川事件で、高度の政治性を有する事項でも「一見明白に違憲無効」と認められる場合は司法審査の範囲内だと判示した。変則的な統治行為論である。閣議にかける法令の憲法審査を担当する内閣法制局の元長官である宮﨑礼壹氏は安保法制は「一見明白に違憲無効」だと証言した。しかし、未だ請求を認めた裁判所はない。

2023年9月6日、最高裁は東京国賠訴訟について、上告棄却・上告受理申立て不受理決定を行った。最高裁が原告らの訴えを門前払いしたことは、人権救済の否定であり、憲法の番人であるべき裁判所の責務に反する。なお、この決定は全国各地で提起された安保法制違憲訴訟の他の事件を拘束するものではない。

これまでのところ裁判所は、①については、平和的生存権は具体的な権利ではないとして請求を棄却している。これほど多数の安保法制違憲訴訟が起こされたのに、具体的権利だと認めた裁判所が一つもないのは司法の画一化が進んでいるということだろうか。たがを外した内閣や国会の現状を見るにつけ、今こそ司法の出番ではないかと思う。

②の人格権については、日本に対する武力攻撃は発生し又は切迫していないから、生命・身体に対する具体的・客観的な危険はないとのことである。戦争への恐怖や不安という精神的苦痛も個人の価値観の問題であり、多数決で決まったことだから受忍すべきだという。これでは、戦争が始まってから訴えよというに等しく、戦争というものの本質を知らない人がいうことだろう。精神的苦痛は個人の受け止め方の問題ではなく、法制がもつ客観的な憲法問題である。そもそも、戦争のように「多くの国民に膨大で甚大かつ不可逆的な被害が発生する危険がある場合」などには、「予防＝事前配慮原則」にのっとり、具体的危険の発生を予測し得ない段階でも違法性を正面から認定すべき十分な理由があるという長谷部恭男早大教授の意見書に説得

力があると思われる。

２０２３年12月５日、仙台高裁は安保訴訟の控訴を棄却する判決の中で、全国で初めて憲法判断を示した。「国際法上の集団的自衛権行使が全体として憲法上容認されたわけではない」として政府の運用に歯止めをかけたのは評価できる。しかし、政府のいう集団的自衛権の行使は「我が国の存立が脅かされる明白な危険がある」などの要件を満たす場合に限られ、「その限りで容認される解釈」だと述べた。限定する要件だと認めることは難しいだろう。政府の答弁を言葉でなぞった判決であり、司法の役割を果たしていないと思う。

私は体調を崩して東京訴訟の事務局の仕事は短期間しかできず、残念であり申し訳なかった。引き受けていただいた後任の山口あずささん（現安保法制違憲訴訟全国原告連絡会共同代表）に本当に感謝している。提訴の年の９月に亡くなった母にも短期間ではあれ原告になってもらうべきだったと反省している。

⑵ 安保３文書の改定──世界３位の軍事大国、戦争をする国に変貌

先制攻撃も可能

２０２２年12月16日、岸田政権は20人の閣議決定で国家安全保障戦略など「安保関連３文

書」を改定し、軍事費の額で世界第3位の軍事大国になる戦略を決めた。

これまでの内閣は、9条の下では「専守防衛」だけが許容されるとしてきた。専守防衛とは、「相手から武力攻撃を受けたとき初めて防衛力を行使し、その態様も自衛のための必要最小限にとどめ、また保持する防衛力も自衛のための必要最小限のものに限るなど、憲法の精神にのっとった受動的な防衛戦略の姿勢をいうものであり、我が国の防衛の基本的な方針である」（2017年3月24日、安倍内閣答弁書）。

これに対して3文書では、「反撃能力」として「敵基地」に限らない領土の奥深くまで攻め込む射程距離2000～3000キロメートルの長距離ミサイルや航続距離が長い攻撃機、航空母艦の導入の道を開いた。敵の司令部、基地周辺の電力等のインフラ、病院や学校などの非軍事的施設も攻撃の対象になりうる。これは「能力」において「専守防衛」ではない。9条2項が禁止している「戦力」だと考える。


3文書は、「武力攻撃を受けたとき」として、たとえばミサイル攻撃では「相手が発射準備に着手したとき」を排除しない。そもそも3文書は、2013年に決定されたアメリカの「統合防空ミサイル防衛（IAMD）」戦略に自衛隊を一体化させ組み込むものだ。この戦略は、相手国のミサイル発射などの前に先制攻撃を行うことも含んでいる。先制攻撃は国連憲章も禁止している。ロシアに対して国連憲章を守るべきだと主張しても、信用されない。

以上について政府は「専守防衛」は変えていないという。言葉の遊びで済まされる問題ではないが遊んでいる。

日米の軍隊の役割分担の内容も変わった。従来、日本に駐留するアメリカ軍は先頭に立って戦う「矛」で、自衛隊は後方で支援し守る「盾」の関係にあるとされてきた。3文書の改定はこれを転換して、自衛隊も「日米一体」となって「矛」の役割を果たすことになった。自衛隊が外国と戦争をする国に変貌するという戦後史の大転換である。タモリが早速表現した「新しい戦前」という言葉は言い得て妙で、いまや普通名詞になった感がある。

立法理由としての「国際的な安全保障環境の悪化」

新たな法制度を作るにはその必要が生じたという具体的な立法理由が存在しなければならない。法律制定の立法理由にも増して憲法に直接かかわる場合は格別重大な理由であるはずだ。2015年の安保法制もそうだが、安保3文書の改定は実質的な9条の改正である。96条による憲法改正手続きに従った国民投票を省略して民意を聞かなかった。いずれもアメリカの強い要請に基づく。「国際的な安全保障環境の悪化」「ウクライナのようになる」というのみで、明確な立法理由はまだ示されていない。

3文書改定直前の12月9日の共同通信によると、防衛省は人工知能（AI）技術を使って交流サイト（SNS）で国内世論を誘導する工作の研究に着手したとのこと（現在は削除）。改定されて1カ月の2023年1月には、自衛隊の現役陸海軍幕僚長ら4名による書籍『君たち、中国に勝てるのか』が刊行された。出版までのスピードに驚いた。「中国の台湾進攻は予想より早い、2024年から2027年に武力行使する可能性がある」として、日本国民に戦争の「覚悟」と最大限の備えを最優先で進めることを強く求めている。「米軍は強いけれども、このままでは（日本）国民が動揺して、日本が先に崩れてしまいかねない。日本が崩れれば、日米同盟が崩れて、米軍は戦えなくなります[51]」

「共死（ともじに）」する武器輸出国家への大転換

3文書の改定後1年経った2023年の12月までにはアメリカ製巡行ミサイル「トマホーク」の配備や国産ミサイル配備も前倒しで決めた。国産の迎撃ミサイル「パトリオット」をアメリカに輸出するなど殺傷能力がある武器の輸出も増えている。このミサイルはウクライナの戦争やイスラエルで使われる可能性もある。日本も戦争の間接的な当事者になる。日本の兵器によって殺された国の人たちが日本に仕返しをする事態も予想される。

政府は2024年3月26日、武器輸出を制限している防衛装備移転三原則の運用指針を改定し、国産する次期戦闘機を輸出することを決めた。殺傷能力のある武器の際たるものという世界最新鋭の戦闘機である。武器の輸出には、軍産複合体国家のアメリカでさえ議会が関与している。武器の輸出政策の転換は、私たちの「平和に生きる権利」に関わり、民意を反映して国会が決める法律事項である。国会の議決を省略するのは、岸田首相がことあるごとに強調している「法の支配」と真っ向から矛盾する。「(敵基地攻撃)能力を早期に獲得しなければならないとの切迫感がある」と木原稔防衛相は説明した。国会の議決を待つ時間がないということか。国民の生活を後回しにして軍国化が最優先で急ピッチ。この１年間、政府は緊張を緩和する行動をすることなく、逆に高め続けた。中国や北朝鮮も、日本の軍拡に対応した軍備増強を進めている。

今進行しているのは、「ともいき」ならぬ「共死(ともじに)」だろう。逆説的だが、「戦争は始まったら(歯止めがかからなくなり大量死する)終わり」であること、歴史が教えている。戦争になれば国民の生命が破壊され、そうならないとしても軍事費最優先で国民生活が破壊される。笑うのは米日の軍需産業とそれに連なる金融機関や政官軍のエリートだけだ……逆の意味で切迫感がある。

仮に台湾有事が起きた場合、日本はアメリカと一体となって戦争をするとしても、原発をミサイル攻撃されたら終わりであり、核兵器を持っている中国に勝てるはずがない。かつて日本は、戦力的にも国力的にも勝てる見込みのないアメリカと戦争をしてひどい目にあった。今また同じ愚を犯そうというのか。

「アメリカは『どうやって日本をアメリカの戦争に巻き込むか』を考えると同時に『どうやって日本の戦争にアメリカが巻き込まれないか』も考えているはずです。自国益を優先するなら、両方考えて当然です[52]」

①中国が日本を核攻撃すると脅した場合、②日本はアメリカに助けてくれと頼む。③アメリカが日本を守るために中国を核攻撃すると牽制する。すると中国はたまったものではないので①の脅しを取り下げる。これが「核の傘」といわれるものだ。しかし、中国は、③を受けて④それなら中国は米本土を核攻撃すると応酬することが十分予想される。日本と違い議会に戦争承認権があるアメリカはなおさら日本を守るために中国を核攻撃することは認めないだろうという識者が多数である。そうすると、アメリカの核は中国からの攻撃の抑止力にならない。すなわち、③は実際には考えられない。すなわち、核の傘はない[53]。このことはキッシンジャーやターナー元CIA長官が明言している。アメリカが核を使うのは本土が攻撃される場合だけだと考えられる。

アメリカやヨーロッパは日本をNATOの準加盟国にしようとしている。しかし米欧の戦略はかつて英仏が独ソを戦わせたように、自国は関わらずに敵同士を戦争させることだ。日韓がアメリカの先兵として中国と戦争をして自滅することは日本の利益にならない（羽場久美子）。

アメリカは、自国民や自国の領土が攻撃を受けなければ、ウクライナが立ち直れないほど痛めつけられても和平を認めず、ロシアに決定的なダメージを与えるために戦争を続けさせる国だ。そしてアメリカは、いずれウクライナを見捨てるだろう。日中戦争になっても、日本を見捨てる可能性が極めて大きいと思われる。

(3) 自衛隊の「指揮権密約」

末浪靖司著『「日米指揮権密約」の研究』によれば、１９５２年、吉田首相は、いざ戦争になれば自衛隊はアメリカ軍の指揮下に入ると約束した。アメリカは、日本の軍隊はアメリカの単一の司令官の指揮下に入ることとそれを内密にすることの二つを要求して日本に再軍備を提起した。有名な「指揮権密約」である。安保３文書は「日米一体化」を謳ったが、「指揮権密約」によれば米軍の指揮下での一体化であり、自衛隊は米軍の指揮下で米軍を防護するための戦争やそれ以外の国を防護する戦争をすることも可能にした。戦争の際に米軍の指揮下に入るためには日常的にその指揮下で共同訓練をしなければならない。日本はアメリカ側が提供する情報に乗って判断することは十分に想像できる。

軍隊を自国で指揮することは、戦争をすることは国家の対外的な主権（独立）の核心であり、かつ、戦争をするかどうかは最終的には国民が決めるという意味での対内的な国民主権の重要な問題でもある。自民党の9条改正草案は、9条の2（国防軍）第2項として「内閣総理大臣を最高指揮官とする国防軍を保持する」と定めている。しかし、この憲法の規定といえども、指揮権密約に反することはできない可能性がある。

本来ならば、自国の軍隊の指揮権を外国に委ねるのは憲法違反であろう。しかし、最高裁は1959年の砂川判決で安保条約は高度の政治性を有することを理由に司法判断の対象から外した（いわゆる「統治行為論」）。よって、司法審査で違憲になることはないのか、あるいは最高裁が例外的に「一見きわめて明白に違憲無効と認められる」として司法審査して違憲と判断されるのか、大きな問題だと思う。

指揮権密約は密約であり、かつ事の重大性から政府が存在を認めることは考えられない。裁判所も情報開示命令など、問題にすることはないだろう。しかし、核兵器や原発がある現代の戦争は、一度始まると取り返しがつかない事態になる恐れが大きい。最低限、この密約の有無について関心を持つことが必要ではないだろうか。

⑷ 自衛隊は国民を守るか

役割分担の問題としては、国民（住民）を守るのは警察であり、軍隊は「国家」を守るものだとされる。

国家を守るとして、国の何を守るのだろうか。国民主権の日本国憲法の下では、国民の生命を守るという理屈になる。

私たちは、かつて戦争において、元満州国では軍隊は国民を守らず捨て石にしたことを知った。沖縄でも日本軍は沖縄の住民を守らず、逆に時間稼ぎのために利用したことを知った。真実は、国家ないし軍隊がギリギリの瀬戸際になったときに現れることを私たちは学んだ。軍隊が守ったのは天皇制という国体だった。私たちは、その歴史の検証や反省をすることなく、今また沖縄を中国とのミサイル戦争の最前線基地にしている。沖縄の住民の生命を守る目的だと説明されているが、沖縄の住民は前線基地化に脅威を感じている。何のための基地建設かについて、本来あるべき国民的な議論はない。2011年の福島第一原発の爆発の際に南相馬市役所で聞いた話では、自衛隊は職員に事情も告げずいち早く逃げたことからも考えさせられる。

2007年、自衛隊情報保全隊は市民運動を監視し、情報を自衛隊全体で共有していたことが判明した。防衛省が2020年2月に実施した記者向け勉強会で配布した資料には、「予想される新たな戦いの様相」として、テロやサイバー攻撃とともに「反戦デモ」が例示されていた。国民はむしろ敵視されている。

自衛隊は9条の「戦力」ではないとしても、自由と民主主義を大切にする国民を守る存在であって欲しい。

戦争は権力者たちや金もうけをしたい人が行うことが多いこととも関係している問題である。

国民を真実守った軍隊は当然ながらたくさんある。自衛隊はどうなのだろうか。

(5) 政治家の利益と国民の利益

国益とは国民の利益であるはずだ。そうすると、政治資金や裏金の問題その他政治家は国益＝国民の利益を第一に考えているのか疑問を起こさせることが多くなったと感じる。

国のリーダーである政治家は、日本の長期的な国益や戦略を必死に考えてことに当たる責任がある。それが「国民全体の奉仕者」の求めるところだ。そのために内外の機密情報や各界の専門家の意見にも接して、物事を俯瞰し総合的に判断することができる地位を私たちは与えている。日々の仕事や生活に精一杯で近視眼的になったり、自分の私的利益を中心にしがちな国民に対しては、一時的には不利益になる耳が痛いことも毅然として言い、かつ理解できるように説明しなければならない。しかし、1億国民の頂点に立つ総理大臣になることが目的だという政治家が多くなった。「敵基地攻撃された仮想敵国はどのような報復攻撃をすると思いますか。その後どうなると思いますか」という質問に答えようとしない。政治家でなくても湧いてくる初歩的な疑問ではないだろうか。核兵器禁止条約を批准することにも反対し、国民には戦争をする覚悟を持てという。核戦争して勝てるのか。アメリカの核抑止力に依存するというのだろうが、あやしい立論であること既述のとおりだ。「説明責任を果たす」という定型的なセリフを言えば民主主義だというのだろうが、口パクに過ぎない。説明できないときは「(防衛問題は）手の内をみせるわけにはいかない」という。生殺与奪の権力を手にした感すら受ける。軍事に関する形を変えた統帥権の独立のようにもみえ、ヒリヒリした政治の独裁性、暴力性を感じる。

2023年1月、ホワイトハウスの玄関でバイデンに肩を抱かれて舞い上がったように有頂天になった我が総理大臣の破れた顔は印象的だった。象徴的というべきか。

9　非戦・非暴力のピースパワーで世界の先頭に立て

(1)「戦争を作る」ベクトルと「平和を作る」ベクトル

パレスチナ、アフガニスタン、ウクライナの三つの戦争に共通して思うのは、「戦争を作る」ベクトル（A）と「平和を作る」ベクトル（B）の二つがあることである。複雑になるので、三つの戦争に限定してそれぞれ三つの段階ないし場面を検討したい。

Aについて。①武力紛争や戦争の土壌、原因、条件を作る。②侵略戦争を開始する、開始する当事国を支援する。③停戦・和平の提案を拒絶し戦争（ないし戦争状態）を継続する、あるいは当事国にそのように働きかける。

Bはいずれでも反対方向の①平和の土壌、条件を作る、②戦争を開始させない、③停戦・和平を促進する、の三つの段階、場面がある。

パレスチナの武力紛争・戦争は欧米露とイスラエルがAである。欧露米はシオニズム運動を起こし、支えた（A①）。イスラエルは②③の当事者だ。アメリカは、10・7以後もイスラエルの戦争を支持し、予算を増額し兵器を輸出して支援した（A②）。米欧イスラエルは、

２００７年にハマスが長期停戦を提案したとき、それを拒否した（③）。日本の報道は、ハマスもＡだと位置づけている。しかし、ハマスはイスラエルの軍事占領地内で福祉や生活と一体化した抵抗運動である。ロケット砲による砲撃や10・７の暴発はＡのベクトルだが、欧米露のＡの政策と占領下の孤立に追い込んだ世界全体の怠慢の結果でもある。「テロリスト」だという決めつけはＡの側のイデオロギーである。10・７の真相は今のところ不明であるが、ハマス内にはＡとＢが存在し、個々人もその間で揺れ動いていることは想像できる。映画『パラダイス・ナウ』の青年を想う。

アフガニスタン戦争のきっかけとなった９・11事件は、ムスリムの聖地があるサウジアラビアに軍事駐留するなど石油資源政策を中心にした長年に及ぶアメリカのアラブ支配に反発したアルカイダが起こした。アルカイダはもちろんＡであるが、育てたアメリカもＡ①の責任を負う。オバマ政権がビン・ラディンを発見して即殺害したのは、刑事裁判で①が解明されることを恐れたからだろう。刑事事件である９・11を戦争に転化し、タリバンが武器を捨てカルザイ政権と和解し政権参加を提案したにもかかわらず拒絶したアメリカは、今も金融制裁を解除することなく戦争状態で、Ａ②③である。ＮＡＴＯもアフガニスタンを攻撃した（②）。日本はアジアの国が欧米に攻撃され、かつ、故中村医師も衆議院に呼ばれて現地の体験を報告、自衛隊派遣は有害無益だとアピールしたにもかかわらず、「テロ特措法」を成立させて自衛隊を派遣して米軍を支援した（Ａ②）。議場で故中村医師を嘲笑し罵声を浴びせた我らの国会議員群の見識と品性を疑う。アジアの西にイスラエル、東に日本ありきである。

ウクライナの戦争は、ロシアのAは言うまでもない。一方においてアメリカも冷戦終了時からのロシアへの対応をみるとA①としての責任がある。戦争を開始して1カ月後の停戦合意もつぶした（③）。停戦合意の経緯と内容が問題になるが、いずれも合理的だったと思う。

このように見てくると、三つの戦争に関して、ロシアを含む欧米の大国が弱い民族ないし国家に対してAとして振る舞う暴力と戦争のグローバリゼーションが、国連総会の力（アフガニスタン戦争を除く）を排除して進行している。アメリカは三つの戦争にAの側で濃密に関わっている。戦争する国家やテロ組織の存在と存続を望んでいるかに見える。詳しくは採り上げなかったが、アメリカは大量破壊兵器があると虚偽を掲げてイラク戦争を起こし、世界のテロ時代を作るきっかけも作った。「戦争を作る」軍産複合体国家である。


現在の覇権争いの中心は東アジアである。ABは差し当たり三つの戦争に限定した分析であるが、中国もアメリカも覇権国家として緊張を作り出しているという意味で応用すると、A①である。安保3文書の改定は、アメリカの国連憲章も禁止している先制攻撃を含む「統合防空ミサイル防衛（IAMD）」戦略に自衛隊を一体化させ組み込んで「台湾有事」を促進している。そうではないというなら、外交努力や経済協力を強化して緊張緩和による平和創造のベクトルの要素を優越させるべきだが、それはしていない。よって、日本も東アジアではA①である。

(2) ９条のソフトパワー・平和創造ベクトルで非戦・非暴力の世界を創る

日本は、エネルギーと食料の自給ができず、資源をもつ他の国々からの海上輸送に頼らなければならない、孤立した「島国」である。国外に「敵」を作らない、全方位平和外交でしか日本は生存できない。かつ、世界を平和にしないと生活することが難しい。すでに、露ウ戦争や米中対立に巻き込まれて経済的に大きな打撃を受け物価も上がっている。

日本は、長期的には、米中両大国のどちらにも与しない非覇権・非同盟・軍備縮小を目指す多くの諸国と連携して世界の新しい流れを作るべきである。

世界に先駆けて９条・前文という平和構想をもった日本は、規範的にも地政学的にも、そして洋の東西の文化を摂取してきた歴史の上でも、平和構想を広げる絶好のポジションにある。平和創造のソフトパワー（ピースパワー）において世界の多数派のリーダーになるという気概を持ちたい。それは、アメリカ、中国、台湾、南北朝鮮だけでなく、世界の人々に歓迎されることは間違いないと思われる。

むずかしいことではない。例えば、日本のアニメはアメリカ、中国、インド、ヨーロッパ、韓国、台湾、カナダ等々海外の人々の心をとらえている。作品に力がある（『朝日新聞』

２０２３年７月15日）。アニミズムや仏教の精神もある。人を信頼して力を合わせて暴力と闘う友情の文化を世界に広げたい。

明るく力強く、互いを信じるライブ・パフォーマンスは噂を聞いて人が集まってくる。日本が９条を高く掲げて賑やかに振る舞っていれば、各国の民衆は向こうからやってくる。そして、こっちでも演奏してくれと求められる。恋人のようなものだ。事実、ヒロシマ・ナガサキ・９条のセットは、アジア各地の人々に驚くほど知られていた。それは日本人にとって最大の安全保障になってきた。きのこ雲の下で出逢った初恋の人を失ってはならない。ピースパワーはラブパワーだ。

⑶ ピースパワー

ピースパワーは、ピース産業も興し、経済にも資する。思いつくままにアットランダムに書くと、教育、医療・介護、アニメ・映像、インフラ建設・復興、緑化、動植物保護、暑熱化防止、自然エネルギー、経済復興支援、職業転換、観光、難民支援、文化交流、芸能、人権と民主主義推進事業などなど。内閣に「国際平和文化省」を設けたい。手垢にまみれ、落ち目の軍産複合体国家を目指してしょせん大国たちの後塵を拝するよりも、先進的な人間文化と結合した経済はパワーを発揮できるのではないだろうか。

軍需産業は性質上国家の管理が必要で、個人や民間の創造力は生かせない。税金もかかる。平和産業は、子どもを含めて私たち個々人や民間企業、NGOなどの創造性と行動力という軽いフットワークを思い切り発揮でき、税金による負担も小さい。税金は自衛隊による災害救助や人道支援事業などには必要である。

ミサイルの弾頭は確かにピカピカに光っている。でもそれは、人間の命を外側から消す金ピカだ。内側に秘めているいのちの輝きとのピカピカ競争だ。私たちのポケットには、ピカチュウならぬピースのモンスターが閉じ込められ、gogoしたいと言っている。

春よ来い　早く来い
あるきはじめた　ピーちゃんが
おんもへ出たいと　待っている
おうちの前の　桃の木の
蕾もみんな　ふくらんだ

(4)「地球平和憲章日本発モデル案」

2017年3月、人間総合学会の会長だった堀尾輝久先生（教育学）が中心になって「9条地球憲章の会」が発足した。多くの市民と野党の反対を強引に押し切って安保法制の制定を強行し、憲法9条と平和主義の全面的な破壊に向かい始めたという強い危機感からである。私も総会や公開研究会での議論にできるだけ参加してきた。

経済や情報のグローバリゼーション、加えて地球温暖化やコロナパンデミック（世界拡大）は、「地球時代」すなわち「地球上に存在するすべてのものが一つの絆で結ばれているという感覚と認識が地球規模で共有されていく時代」の様相を決定的にした。この視点から憲法9条を一層深く豊かにとらえ直し、世界に発信する案を検討した。

2021年5月、『地球平和憲章日本発モデル案――地球時代の視点から9条理念の発展を』が刊行された。自衛隊は憲法9条で禁止している「戦力」に当たり、軍隊としては解散し、警察組織と国内外の災害救助や人道的な援助の組織に変えることが現実的だと提案している。

人類史は富や領土、支配圏を獲得するための戦争の歴史だった。軍事力を増強する競争は性質上際限がない。破滅的な戦争被害が発生するまえに軍縮に転じなければならないのは明らかである。従来のような経済成長は望めず財源がひっぱくするこの先、軍備拡張をすれば本来の目的である人々の暮らしの維持と向上を二の次にすることにもなる。暴力だけでなく、人権抑圧や差別を含む広範で構造的な「暴力とハラスメントの文化」をなくすために世界をリードしたい。

地球暑熱化で災害が増加し、人道の危機も拡大している現在、日本の先進的な技術を活かして自衛隊の相当部分を災害救助隊に改編し、また人道支援することは世界に支持されるだろう。このような日本を攻撃することにメリットを感じる国があるならば教えていただきたい。逆に、ソフトパワーを世界が守ってくれ、安全保障に役立つだろう。支援のための費用はかかるが、負担は軍備よりもずっと小さい。

世界で武力紛争が増大している。現在進行中の武力紛争は１８７件である。一度起きた紛争は８〜10年続くことが多い。世界に対して戦争と内戦の停止、核兵器の全廃、軍縮、敵対的な軍事同盟の解消、地域的な集団安全保障地帯・相互不可侵条約・非核地帯を張り巡らせることを呼びかけるなど、平和を創造するベクトルはたくさんある。

私見では、海上保安庁の機能の強化とともに、自衛隊の組織替えによる警察機能を強化して国際的な停戦監視、公正な選挙の実施の監視、平和の維持活動に参加することも重要だと考える。警察機能と軍事力の関係、憲法９条の「戦力」の解釈論、現在のＰＫＯ（平和維持活動）との関係等について難しい議論があるが、国家によるピースパワーの発揚についての真剣な検討が必要だと思う。自衛隊の組織替えは、国民の合意を得て、できるところから段階的に進めるべきである。

10　内村鑑三・矢内原忠雄と現代日本・世界

(1)　内村・矢内原先生とシオニズム・植民地政策

大学1年次に傾倒した内村鑑三と矢内原忠雄は、第4章で触れたように、帝国主義化する時勢を批判して社会に大きな影響を与えた。反面において、キリスト教シオニズムの普及や植民地問題について、大きな限界を持っていたことがその後分かった。学生時代には深めることができなかった。日本は今、かつて植民地を持っていた時代の多くの問題を清算することなく、再び軍事大国への道を歩み始めた。キリスト教のあり方は、パレスチナの戦争の理解にも関わる現在進行形の問題である。

以下は主として役重善洋さんの諸論稿による。

内村鑑三は、アメリカのキリスト教徒の知人・友人やジャーナリズムとの交流によってキリスト教シオニズムの影響を受け、その主張を繰り返していた。内村には、キリストの再臨をともなう地上における千年王国の実現というイメージがあった。内村にとって、世界の人々が普遍宗教としてのキリスト教に改宗することや、ユダヤ人がパレスチナに帰還することは、その予兆や前提として重要な意味を持った。ピューリタンが移住してできたアメリカの植民地は、反キリスト教的ではないとして積極的に評価された。欧米キリスト教社会に内在する植民地主義や「文明－野蛮」の価値観が根底から問い返されることはなかった。満州問題でも「平和的植民論」を唱え、植民地政策を支える役割を果たした。

(2)「隣人になる」革命性

内村の内弟子である矢内原忠雄は、内村と同じ札幌農学校二期生の新渡戸稲造に東大で師事し、その植民政策講座を引き継いだ。イギリスの信託統治だったパレスチナや満州国植民地の現地にも行って調査した矢内原は、アメリカやオーストラリアという白人による移住植民地における先住民族に対するジェノサイドをはっきりと指摘して批判した。しかし、移住植民を中心とする「実質的植民」は、政治支配を中心にした植民と区別して、「入植者と先住民との共生」になるならば評価した。一つには、シオニズム運動への共鳴である。ユダヤ人がパレスチナで復興することは、聖書が予言した世界史の発展であり、キリスト教的な理想社会の建設に貢献するものだと位置づけた。二つ目には、より発展した資本と労働が海外に投じられれば、生産力によって人類の進歩や社会問題の解決に資する可能性があるという理解だった。パレスチナに住んでいた70万人のアラブ人は、この地の所有権を主張する権利はないとまで言っていた（ジョン・ロックの主張を思わせる――私見）。この見地から、満州国への日本国内からの移民政策も支持した。「ヨーロッパの経済システムおよびキリスト教のグローバルな拡大を『歴史進展の必然性』として正当化する欧米中心主義的な歴史観に掉さすものであった[54]」

内村、矢内原先生について思うことの一つは、一神教の排他的な性質がシオニズムなど世俗の欲望に利用されると、取り返しが付かない事態を招くことである。キリスト教の教義の解釈やキリスト教神学は、その時々に生きた人々の経済生活や戦争などとの関係で変遷してきた。人々の経済生活のあり様こそが基底的な問題であると分かったことが、私が大学に入って半年でキリスト教から離れた大きな理由である。第二次大戦後、ベトナム、2度にわたるアフガニスタン、イラク、ウクライナなど小さな国を相手に戦争をしてドン底に追い詰めたのは、いずれもキリスト教（ないしユダヤ教）の強国である。キリスト教は、普遍宗教として正義を自称し、世界の人々に信仰を事実上強制するとともに、暴力や戦争という力の政策と一体化して世界を支配する精神的な柱になる歴史があった現実を直視すべきである。

人間イエスが人々の心をとらえたのは、第1章で触れた「隣人になる」という他者に対する積極的な生き方であり、そのことと密接に関係する非暴力・愛敵だというのが私の大まかな理解である。「隣人になる」ためには、相手の目をみてその現実を知らなければならない。「見る」「知る」とはそういうことだろう。内村も矢内原も、苦しんでいる民衆の生活の現場に接することに消極的なエリートだった。矢内原は、満州関係では第1章で触れた加藤完治や学者の那須皓らと会うだけで、満州に行っても中国の農民や労働者の話に耳を傾けた形跡はない。

『トム・ソーヤーの冒険』や『ハックルベリー・フィンの冒険』の著者として知られるキリスト教徒のマーク・トウェインは、1867年に政治巡礼の旅でパレスチナの「ただのちっぽけな族長たち」に出会い、「アメリカのインディアンとよく似た、服装も粗末なら、質《たち》も悪い野蛮人ども」と書いた。(55) この地で暮らしているアラブの人たちは聖書的な風景画に納まっている。キリスト教は再度の宗教改革が必要ではないだろうか。

11　その他の関わり

その他関わったことのいくつかを紙幅の都合で概略記したい。

(1) ホームレスの支援

東京の荒川区におけるホームレスの人たちに対する支援に時々参加した。「ほしのいえ」の中村さんたちは毎週火曜日の夜、おにぎりを作って配っておられる。かつてホームレスの人たちは寺院の比較的温かい土の上で眠ることが多かったが、今や締め出されたとのこと。ホームレスの数がピークだったのはリーマンショックの時で７００人を超え、配るおにぎりと温かい味噌汁が足りないくらいだった。夜の10時近く、コンクリートの通路の上に薄物を敷いたりして寝そべっている人たちの集団から少し離れて、勤め人風の若い女性の３人組がこちらをじっとみていた。もしかしてと思い、おにぎりを渡した。嬉しそうだった。

ある日の帰路、すぐ隣にある旧吉原の賑やかな繁華街を突き抜ける近道を通った。年配のスタッフから聞いたところによると、かつては、夜遅く遊び終わって出てくるご主人様をお店の前で待っている黒塗りの車が列を作っていたそうな。なんだかなぁ。

⑵ 選挙制度改革

只野雅人教授や三木由希子さんたちが4年間にわたって議論して答申した選挙市民審議会のオープンな議論にたびたび参加させていただいた。選挙に関わる人権は表現の自由の中でも極めて重要である。日本の選挙運動は、1925年に男子の普通選挙が認められる代わりに制限された制度が今も基本的に続いている。発展途上国並みの厳しさだ。この審議会による2019年の「選挙・政治制度改革に関する答申」はあまり知られておらず、注目されてよいと思う。

⑶ スウェーデン社会研究所

明治大学の鈴木賢志教授が代表をしておられる「スウェーデン社会研究所」は、スウェーデン大使館における講演会やサイトで同国の様々な制度を紹介し、議論する場を提供している。

スウェーデンは、20世紀の初めに、平等主義を基本とする民主主義国家を建設する100年の計を立て、1913年には世界初の公的年金制度を創設した。福祉国家の始まりである。

担ったのは資本主義と社会主義の中庸を目指した社会民主労働党である。平等や福祉を重視するといっても、利益を享受する受け身の国民になるのは嫌った。「覚える教育」でなく、「考え行動し、自分も社会も国も変える主権者教育」は目を見張るものがあり、第3章でその一端を紹介した。その結果、起業家精神に関する意識は世界一である（日本は25国中最下位）。

社会研究所は、2002年から市民向けに研究講座を活発に展開している。コロナ禍になる前の2019年12月、訪日したスウェーデンのジャーナリスト、クラウディア・ワリンさんの話を大使館で聞いた。本質は平等主義であるし、国会議員は国民の税金で雇われているのであるから、市民の暮らしぶりや日々の苦痛が実感として分からなければならないのは言うまでもないとのことだった。それゆえ国会議員の平均給与は小学校教員の2倍ほどで、自分の給与を上げる特権を持つことは、世界中の被用者と同じくこの国の議員にはない。列車、車、飛行機などは最も経済的な方法を選ばなければならず、タクシーは特別な理由がある時にだけ使うことができるとのことである。ラインフェルト首相はワリンのインタビューに答える。「通常の掃除は自分がします。すべてのスウェーデン人がしていることです。洗濯、ワイシャツのアイロンかけ、他の人と同じように買い物は自分でします。ただ、今は警護がつきますけどね。夕食は自分で作ります」。日本では政治学の大学院のゼミ生仲間でさえ具体的な政治に関する会話はしないと知って、「日本に来るまでは、日本って民主主義の国だとばかり思っていました」とワリンさん。本気なのか、皮肉なのか分からなかった。

私たちは、平等、民主主義、国会議員のあり方などについて、固定観念の枠に縛られ過ぎていると思う。はやりの「身を切る改革」にしても、多分にポーズであり本質論不在の「だまし」作戦である。

但し、この国も大量の移民、難民を受け入れてきた。それに反対する右翼ポピュリズム政党が議席を増やしている。北西欧諸国に共通する世界史的な問題である。

⑷ 福島原発告訴団への参加

２０１１年３月の東電福島第一原発の爆発は衝撃だった。伊藤塾では明日の法律家講座で早くから原発の重大な危険性について議論していたが、私は不勉強でこの事故の当初は東電幹部に刑事犯罪を問うのは難しいと思った。刑事犯罪は、被疑者の人権を保護するために成立要件は厳格でなければならないからである。しかし、事情を知れば知るほど民事はもちろん刑事の責任も問うべきだと考えた。業務上過失致死傷罪が成立すると思う。武藤類子さんたちが作られた東電幹部３名の刑事責任を問う「福島原発告訴団」に参加して告訴した。検察は不起訴にしたが、検察審査会の２度目の起訴議決で強制起訴された。

令和元年の東京地裁判決は、被告人３名の無罪の結論を出すことに集中するあまり破綻していると感じた。過失責任の要件は、結果発生の予見可能性と結果回避可能性、結果回避義務違反である。前者の予見可能性の存否を巡る問題は、本件事故当時、すでに地震本部が公表していた「長期評価」と、これに基づいて土木調査グループのもとで算出されていた「福島第一原子力発電所にO・P・+15・707mの高さの津波が襲来する」という計算結果は、日本の代表的な津波等に関する専門家が長期間にわたって審議して得られた知見で、十分に科学的根拠がある唯一の公式的見解で信頼すべきものとされていた。しかし判決は、信頼できないとして予見可能性を否定した。判決はまた、予見可能性の程度を検討するに際して、結果回避義務の履行手段を、専ら、原子力発電所の停止措置だけととらえてその予見はできなかったと結論づけた。しかしながら、防潮堤の建設、防潮壁の設置、電源設備等の水密化や高台設置など多様な手段について国民はさんざん問題にしてきたし、検察官役の指定弁護士たちも当然追及していた。判決はこれらを無視した。その他、随所に問題がある判決だった。

裁判は国民の常識を反映すべきである。しかし裁判所という公的機関が判断すると批判しにくい雰囲気がある。憲法では、「裁判批判」が表現の自由として保障されるか、保障されるとしてもどの程度かが論点になっている。私が裁判所職員になった時の作文のタイトルは、「裁判批判について」だった。最高裁はこのテーマをよくぞ選んだものだ。私は大学時代に受けた公務員試験で落ちた経験が蘇った。素人である国民は、裁判官が法律の専門家として判断したことをむやみに批判することは慎むべきであるという流れで答案を書いた。採点者の気持ちをくすぐる奇妙な心地よさがあった。忖度しないで書いても受かったかもしれないが、なんともやるせなかった。このような一つひとつの積み重ねが覇気がなく無難な公務員ひいて国民を作っていく。

判決は高裁でも維持され、現在最高裁に上告されている。告訴団は刑事訴訟支援団として活動を続けている。

⑸ 朝鮮学校無償化訴訟

民主党政権下の2010年4月に高校無償化法が成立した。1条には、「高等学校等における教育に係る経済的負担の軽減を図り、日本におけるすべての子どもたちの教育の機会均等に寄与することを目的とする」とある。各種学校である外国人学校に学ぶ生徒たちも対象になり全国の外国人学校に適用され、授業料の実質無償化が実現した。しかし、国は朝鮮学校だけは法律施行から約3年審査を保留し、最終的に2013年2月に第2次安倍政権の下村博文文科相が適用から除外した。拉致問題や在日本朝鮮人総聯合会（朝鮮総連）との関係が問題にされた。

これに対して、東京、大阪、名古屋など五つの県の朝鮮学校の高校生らが除外の取り消しや損害賠償を求めて裁判を起こした。私は東京訴訟を支援してきた。豊島公会堂に集まった高校生たちのせっぱつまった姿が忘れられない。民族的マイノリティの子どもが教育を受ける権利や平等権は、憲法はもちろん、子どもの権利条約や人種差別撤廃条約及び国際人権規約などでも保障されている。外交問題を理由に、政治とは無関係、むしろその被害者である子どもたちの人権を奪うのは文化国家として恥ずべきことではないかと思う。無償化は対立を和らげる一つの方法にもなる。しかし、最高裁は2021年7月、広島訴訟を最後に五つの訴訟すべての敗訴を確定させた。除外には「裁量権の逸脱はない」とのことだった。

(6) 労働者の団体

「首都圏青年ユニオン」のことは第7章で触れた。

法学館憲法研究所の活動を始める頃知り合った「レイバーネット日本」の個人的な会員になって、日本及びグローバルな労働運動の情報を得てきた。ここは、英米独印韓など海外のレイバーネットとも連携した労働運動の情報ネットワークである。2023年の7月、毎年恒例のレイバー映画祭に参加した。リストラに対抗したグーグルの労働者の闘いや5000人の賃上げに成功したABCマートの非正規労働者の春闘、非正規の公務員労働者の訴えを描いた『私は非正規公務員』など見るべきものが多かった。『在日ビルマ労組ここにあり』は、日本で初めての外国人による労働組合の紹介だ。日本に住むビルマ人（ミャンマー人）は技能実習生問題や母国の軍事クーデターの問題を抱えている。かつての戦争中、日本軍はビルマの軍隊を育てた。その軍人たちが戦後になって勢力を伸ばした。旧日本軍の残虐性が今のミャンマーの国軍に引き継がれているとのこと。

話は変わるが、すぐ近所の若夫婦は非正規で休日も少なく懸命に働いている。一方において大卒で大手企業に勤務する夫婦は2人とも高給取りの正社員で休日が多く海外旅行をしばしば楽しんでいる。下請け企業や非正規労働者の犠牲の上にあることの自覚がなく、「能力が優れている」「競争に勝った」と自分たちの待遇は当然のことだと自負している。余暇、資金、職場環境、文化環境に恵まれているので、スキルや労働生産性は益々上がる。子どもにもその属性は受け継がれる。

同じ日本人同士ではないのか。この分断、分裂をどうしたら是正できるのか、あるいは現状の方が好ましいのか、既成概念にとらわれない真摯で抜本的な議論が不可欠である。

12 SNS

むきになってSNSをしていた時期がある。日々のニュースと自分の行動を発信し対話した。みんな本当に各人各様だ。SNSの利用の仕方は多様であっていい。できることできないことも人それぞれ。得手な方法で社会とつながればいい。但し、できるだけ対話を広げ仲間を広げるようにしたい。その人が豊かになるから。できればリアルに会うと収穫がある。例えば趣味を披露する会に行ったり、デモに誘ったり誘われたりだ。そのようにしてできた知人も少なくない。直接対面して五感でコミュニケーションをする積み重ねが虚構化する時代を反転させるポイントになる。

新聞や書籍など活字を読まない人がかなり増えた。ネットだけだと見たいものだけ見る（見ているのは見たいから）ので話が通じなくなる場面が多くなる。それと、物事を全体の仕組みとの関係で理解することが困難になる。

SNSでうっぷんを晴らして終わり、という人も増えている。自分を制限して閉じ込めると心身に良くない。言っていることを外に出して行動すると、ストレスが発散できるし生きている世界の次元が違ってくる。

13　持続可能な日本のために――「ともいき」への道

(1)　持続可能性のための防波堤としての日本国憲法

尊厳ある存在として生き、尊厳ある社会や国にしていくために、日本国憲法の理念を中心に広げてさまざまな角度から生かしていくことを考えてきたが、現在の生活や社会、国を維持し持続させることが日に日に大きな問題になっている。世界的な問題と密接に関連するが、日本を中心にしていくつかの視点から考えたい。

(2)　自然とのともいき

憲法は環境権を保障している（13条、25条）。環境権の問題を広くとらえて、人間と自然との関係を考えたい。

農業を経験したためもあってか、持続可能性の第一として自然と人間のともいきがまず気になる。人間たちよりずっと昔から生きてきたすべての生き物をそまつにすることは人間の傲慢である。人間はなぜ尊厳ある存在なのか——既述のとおり、人間は理性があるからだという説が多い。人間は特別の存在だという考え方は、神が人間をそのようなものとして創造したという一神教の影響を受けている場合もあるのではないだろうか。私は、自然界の生き物はすべて尊い命を持つ尊厳ある存在だと思う。人間も自然の一部に過ぎない。人間は尊厳ある存在だというのは、人間が仲間内でそのように合意しているに過ぎないと思う。従って、人間は自然を尊重しむやみに痛めつけないとともに、人間同士も尊重し合わなければならない。

CO_2の過剰な排出による気候温暖化や生物多様性の侵害は人間自身の持続可能性を危機にさらしている。金もうけのために、今でさえ乏しい都会の樹木を伐採して高層ビル群を建てている。ゲームやテレビ、スマホなどの時間が中心になり、大地に足がついた生活が疎かになると、元々自然の一部である人間はストレスを生じやすくなる。さまざまなハラスメントや暴力の原因にもなる。自然とともに生きて、農林漁業や地域循環経済を重視したい。いろいろな人と触れ合って五感で理解し合う自然で実体的な人と人の関係を大切にしたい。

伊東俊太郎は、著書『自然』において、欧米と日本の自然観を以下のように比較している。欧米の自然観の背後にはキリスト教がある。神と人間は、ギリシャやローマの時代には分離対立していなかった。「自然」の語源に当たるギリシャ語の「ピュシス」は、「おのずと生まれ、生長してゆくもの」という自律的・自己発展的な意味を持っていた。中世キリスト教の時代に世界の創造主と被造物は明確に切断・分離され、神―人間―自然の階層的秩序が出現した。下位のものは上位の者のために存在し、人間は自然を支配するものとされた。その基礎の上に、近代西欧はデカルトの、自然は時計などと同じ機械であるという思想を生んだ。人間の本質は「我思う、故に我あり」の言葉に示されるように、純粋に「思惟」に集中され、身体は物体として自然の側に分離された。イギリスのベイコンはさらに、実験や解剖など科学によって人間に利用され支配征服される自然という功利主義的な自然観をうち立てた。科学による発見・発明は、「神の御業の模倣」であり、「人類は自然を支配する権利を神から授かっている」というのは、他の文化圏にはありえないキリスト教的な考え方である。

日本語の「自然」という言葉は中国からの移入である。中国では「自然」の「自」とは自分のことだが、日本では『風土記』や『万葉集』の時代から、転じて「おのずから」の意味に用いられた。森羅万象も「自分から」「おのずから」あることを主体的に成し遂げていくという自発性を持ち、人間と自然は「根源的紐帯」で端的な一体化が確信された。「自然」をうたうとき、同時に自分の「心」を表しており、逆に「心」は「自然」をうたうことにより濃密に表現される。

君がため　春の野に出でて　若菜摘む

我が衣手に　雪は降りつつ（若菜＝春の七草）　（古今和歌集）

伊東は、最近のヨーロッパでは、機械論的自然観を克服して自己形成的な自然観が現れており、日本の伝統的な「自然」概念と統合すべきときが来たという。

思うに、日本には自然界のすべてに固有の価値を認めるアニミズムの思想が根底にある。日本に限らず世界の原住民たちも基本的に同様の思想を持っている。アニミズムの思想は、総ての人のみならず自然界とも平和共存することと親和的である。仏教の「五戒」の一番は「不殺生戒」である。釈迦の悟りの原点は、草も木も人間も含めて、この世に存在するすべてが仏であり、生きとし生けるものを生かすこと、他を生かすことである。他を生かすことは自分をも生かすことだ。仏である人間が仏である動植物を殺していいはずはない。仏教の精神は、殺すのでなく生かすこと。生かすことが殺さないことになる。自分も他人も他の生物も「ともいき」する。憲法の「個人の尊厳」と「ともいき」の二本柱は仏教の思想と通底している。因果論で循環的な仏教の精神は世界に発信されてよい。

チャーチルは、パレスチナの民は犬のようなものだと言った。ガザでパレスチナ人を殺戮しているイスラエルのガラント国防相は語った。「私たちはhuman animals（人間の顔をした動物）と戦っている」。人間を犬やけだもの扱いするのかと批判されているが、そもそも犬やけだものなら殺していいというのは、それらを客体としかみない一神教的発想である。

ウクライナの戦場で野山や生き物たちが蹂躙されるのをテレビで視るのも苦痛だ。厳冬に耐えて岩の隙間からやっと芽を出した名もない草のたった一度だけの春を、弾道ミサイルが吹っ飛ばす。

⑶　食べること、子孫を残すこと

生きるうえで生命体という個体を維持する「食べる」ことと「愛する・子孫を残す」という二本柱が危うい。憲法の人権云々以前の問題である。

私たちには、共同体で助け合ってお互いの最低限の生活を支えてきた歴史がある。ドラマで視る長屋の風景だ。しかし、コロナ禍は明日、否今日食べる物さえおぼつかない人たちの姿を白日の下にさらした。憲法が経済生活で保障している諸々の権利が十分に機能していない。貧困者の割合を示す相対的貧困率は、Ｇ７の国の中ではアメリカが最も高く、アメリカは超格差社会だといわれてきた。２０２３年に厚労省から公表された国民生活基礎調査によると、日本は数値は若干改善されたが（15・４％）、アメリカを抜いて最高になった。

また、食料自給率が37％ということは外国からの輸入で生きるというもろい前提に立っている。世界を平和にして食料を安定して輸入することができるようにすることが生存に直結している。同時に、農林水産業に本腰を入れて自給率を上げることが不可欠だ。

人を愛して子孫を残すことも生命体として当たり前のこと「だった」。近年はこの自然な営みができないことが多くなった。経済的な理由で結婚できない、できても、夫婦の最終的な平均出生子ども数の減少に見られるように子どもを希望どおりには持てないというのは生物として普通ではない。少子化は労働人口の維持など国家の問題とされることが多いが、それ以前に人権と平等、さらには個々の人間として当たり前の営みの問題であり、生命体としての継続性の問題だと思う。少子化が今のペースで進むと、日本人は８００年後には１人も生まれなくなるという試算がある。８００年といえば、遡れば鎌倉時代だ。今の政治や行政は付け焼刃でどこか他人事風だ。多少の現金給付を増やした程度では、安心して結婚し子どもを生み育てる気にはなれない。過度な競争や階層化した格差社会をなくさないと少子化は止まらないことはすでに結論が出ている。人や政治行政を信じられるようになること、老後の心配をなくすこと、教育のあり方を変えること、戦争や暴力やいじめの心配がない施策、「ともいき」の思想の共有等々、総合的抜本的な改革が不可欠だと思う。私たちが本気になればそれは可能だ。

⑷ 平穏で平和な生活の持続可能性

安里有生君の『へいわってすてきだね』の詩に綴られた平穏で平和な生活の持続可能性はあるのだろうか。

人はなぜ戦争をするのだろう。「少なくとも支配、被支配という権力関係が確立して以来の戦争をみてみると、戦争は常に、権力者がその支配を維持・拡大するために、あるいは、その物質的・経済的利益を擁護・拡大するために行われてきたということが言えるのではないかと思われる。民衆の側はその犠牲にされてきた」（巻末文献　浦部法穂『世界史の中の憲法』）。物理学者A・アインシュタインも心理学者のS・フロイトとやり取りした手紙の中で同じようなことを書いている。

中国も北朝鮮も日本も、権力者たちは角突き合わせて軍備の増強に余念がない。中国や北朝鮮の住民たちも、与那国島の安里君たちと同じ想いなのは明らかだとあえて言いたい。

核兵器で威嚇して自分の国の利益（正確には富や権力を持っている人の利益、特権的エリートの利益が中心）を獲得し守ろうというのはどうみても異常な時代だ。核兵器は最悪の凶器であり狂気だ。「核抑止力」は、核兵器によって相手に脅威を与え、反撃を抑えつけることを意味するから、「武力による威嚇」そのものである。9条1項及び国連憲章2条4項は、武力による威嚇も禁止しているのであるから、「核抑止力」の考え方は、これらの規定に明確に違反している。国連の常任理事国五つとそれが許した国すなわち、インド、パキスタン、イスラエルだけが絶滅兵器・核兵器を保有できるというのは、歴史的な偶然に過ぎない（北朝鮮は許されていない）。いつまでもこのままでいいはずがない。日本は核抑止力を否定して核兵器禁止条約を批准すべきだ。そして、非保有国と力を合わせて、核保有国に段階的な核軍縮とできるだけ早い時期の核兵器全廃を働きかけるべきだ。世界の人々による強力な圧力と核保有の不道徳を自覚させることの方が核抑止力よりもはるかに相互の平和な関係を作るのに役立つと思う。ミサイルや核兵器に頼らない昔の平穏で平和な生活を取り戻したい。当たり前じゃないか。

(5) 地球環境と経済成長の持続可能性

日本の国内総生産（ＧＤＰ）がドイツに抜かれ、世界4位に転落したことが大きな問題になっている。いかにして経済を成長させて「経済大国」を維持するかという観点からの議論が多いようである。

しかし、世界全体の問題として、経済成長は限界を越していると思う。半世紀前の１９７２年に発表されたローマクラブの「成長の限界」は経済成長が生む重大な歪みを世に問うた。

２０００年代の初め頃、会員である「コスタリカに学ぶ会」の定例会では、安原和雄先生の仏教経済学を学び、物質至上主義を批判するＦ・アーンスト・シューマッハーの『スモールイズビューティフル』を知った。十数年来受講しているピープルズ・プラン研究所や座標塾（研究所テオリア）の講義では、白川真澄先生から脱成長を学んだ。特に今、産業革命以降の気候暑熱化や生態系の破壊による地球環境の持続可能性が厳しく問われている。産業革命と並行して始まった資本主義は利潤の最大化を目指す。この運動は際限がない。脱炭素化への大規模投資によってCO_2排出削減と経済成長を同時に実現するというグリーン成長路線も、エネルギーと資源の過剰消費の生活様式を温存していては地球環境の持続は難しい。そもそも、生産年齢人口の減少で２０３０年代には経済のマイナス成長が続くことも予測される。２０１０年代の雇用増の主力だった女性と高齢者の就労による生産増は今後は大きな期待はできず、外国人労働者による不足分の充足も確たる見通しはない。

既に資本主義は膨大な総量の富の生産を可能にした。これからは、経済成長自体を目的とすることなく、富の偏在、東京への一極集中を是正しつつ、貴重な労働力と資金を社会的必要性が高い分野（医療、教育、介護、食と農、再エネ、公共交通、水道などの公共インフラ）プラス高付加価値のモノ作りに投入する脱成長戦略が望ましいと考える。

２０２２年の国連新推計によると、世界人口は２０８６年頃にピークを迎え、その後は「縮減」する時代になり３００年もしないうちにピーク時の１００分の1に減少すると予測される。一国では対応できないさまざまな問題が発生する。各国は力を合わせてグローバルに対応しなければならない（原俊彦『サピエンス減少――縮減する未来の構想を探る』）。

⑹ 年金や財政の持続可能性

大軍拡のために5年間で43兆円の国費を優先的に使う法制がたいした議論もなく成立した。さらなる増額は必至である。軍事力によって中国や北朝鮮、ロシアに対抗しようとすると、お互いに相手を上回る軍事力が必要になる。軍事費を捻出するために長期的に民生費や社会保障費は削減する。老齢年金も。２０２２年度のマーサーCFA協会グローバル年金指数によると、日本は44カ国中35位である。年金の十分性、持続性、健全性を総合して指数化したもので、日本は持続性が乏しい。少子化対策の財源として高齢者の社会保障費から回すことも検討されている。しかし、若い層が子どもを持つことをためらう大きな理由は生涯にわたる生活不安であり老後の不安も含む。年金の持続可能性が乏しいことも少子化の一つの原因である。生命の持続可能性に関わる。

日本の普通国債残高は２０２３年度末にはＧＤＰの２・６倍の１０６８兆円になると見込まれ、主要先進国の中では突出して高い水準にある（Ｇ７では第２位イタリアは１・４倍。ドイツは０・７倍）。政治が「今・自分」しか考えていない代表例である。少子化・超高齢化で負担増が必至の今、国会議員は選挙で不利になるので財政の議論を避け、財政民主主義（83条以下）も形骸化させている。軍事費の著増もあって膨張する国債の利払いや償還費用の支払いに追いまくられ、少子超高齢化にも対応できなくなりつつあり、債務超過に陥った日本銀行と円暴落の危機もある。終戦直後も政府債務がきっかけでハイパーインフレになったが、ＧＨＱの介入と朝鮮戦争特需で経済を奇跡的に復活させることができた。奇跡に頼ることなく、民主主義による財政運営の復活が急務である。

(7) 人間の自律性や主体性の持続可能性

宗教からの自律

人類は自ら生み出した宗教によって長らく拘束されてきた。教義が自己目的となって人間の霊魂や生活を支配する傾向もあった。旧約聖書の文言をそのまま信じてシオニズムを主張する福音派キリスト教徒は、アメリカでは１９７０年頃から急増してイスラエルの戦争の背中を押している。イスラム教の教義を信奉する人も増えてきた。ニーチェの「神は死んだ」による宗教からの脱出や宗教の世俗化の流れに逆流する現象である。精神的に依拠する確かなものがぐらついてきたことも影響していると思われる。人間は、そろそろ各宗教に通底する「愛」を抽出し、それを基盤とする「個人ないし人間の尊厳」の哲学ないし思想を宗教に代わる精神的なものとして自分のものにする道を探ることも重要だと思われる。そのためには、欧米発の憲法的な価値に加えて、日本の憲法の「平和に生きる権利」を文字どおり普遍的なものにすることが不可欠である。「人間の尊厳」と「拡張されたともいき」の思想によって宗教から自律する道を探りたい。イスラムの世界でも、民衆は自由や民主主義（それに平和）の価値を評価している。

AIからの自律

憲法13条は個人の自律性、自己決定権を保障している。宗教もだが、人間が生み出した科学技術によって人間の自律性が危うくなっている例としてAI（人工知能）が日に日に重大な問題になってきた。

ウェブの閲覧・検索履歴などから、私たちの固有ID、電話番号、生体認証、音声情報、検索履歴、再生した動画、作成したコンテンツ、他のユーザーとのやり取り等から趣味嗜好、思想、心理的傾向等々を入手してデータ分析し、行動を先回りして予測し、さまざまな目的に利用する「プロファイリング」の技術である。カーソルのちょっとした動きまで把握して個々人に対応した営利的なマーケティングをする他、政治的な意思決定にも影響を与え始めた。私たちを「知る」ことによるプライバシーの権利（憲法13条）の侵害だけでなく、趣味嗜好や行動の変容まで迫るようになった。これを「行動修正」として取り上げたショシャナ・ズボフの『監視資本主義』はベストセラーになった。ＧＡＦＡＭなど超国家による人間変容・人間支配を規制して、人間の自律性を保護する必要がある。

ＡＩの基盤技術である大規模言語モデルが巨大化して性能は飛躍的に向上した。現段階でも倫理や憲法的価値による規制が必要だが、さらにＡＩが賢くなって人間の能力を超える「シンギュラリティ」を迎える日が来るのかが大きな問題になっている。ＡＩの自律は人間の自律の脅威だ。多様な視点から議論され、その一つに次のようなアプローチがある。

「ＡＩ界のゴッドファザー」と呼ばれるカナダのジェフリー・ヒントンは、「チャットＧＰＴ」などの対話型ＡＩの登場もあって、今後５～20年の間に約50％の確率でその日がくると言う（『朝日新聞』２０２３年12月25日朝刊）。人間と同じように、ＡＩも文章や画像などの認識を通じて独自の観点から「主観的な体験」を持ち、質問の本当の意味も理解するようになる可能性を示唆している。訓練すれば、ＡＩも共感力を持つことができるとも。

これに対して、スタンフォード大学の研究員も務めた西垣通東大名誉教授は、シンギュラリティはないと述べている（『デジタル社会の罠』毎日新聞出版、２０２３年）（『朝日新聞』

2023年8月25日朝刊）。シンギュラリティはユダヤ・キリスト教の特徴を強く持ち、超越的な唯一の神が万物を創造したのだから、脳に生物的な限界がある人間を超えた知性を備える機械が登場するという考え方が可能になるとのこと。聖書に書いてある「はじめにロゴスありき」のロゴスとは論理的言語・真理であり、コンピュータも真理を得る機械として位置づけられてきたとのこと。その結果、残酷な武器を開発し地球環境を破壊してきた側面もある。しかし西垣教授は、そもそも「知」とは、周囲の環境の中で人間が生きていくためのノウハウであるから、人間が限界を設定できるという立場である。時間の流れを一神教的に直線的な「進歩」としてではなく、大乗仏教など東洋的世界観によって循環的にとらえ、要素同士が互いに関連し共鳴し合う側面を重視している。

人間の倫理による厳格なＡＩ規制が不可欠だと思う。なお、ＥＵは、2023年12月、ＡＩを包括的に規制する法案を大筋合意したが、軍事利用は規制の対象外にした。軍事力は、個々の人間ないし人間集団にとって欲望を充足するために譲ることができない絶対的な要素であるという認識を変えていない。この欧米文化の持続可能性はスリリング過ぎる。何をもって「進歩」ととらえるのかが問われている。

⑻　日本国憲法の持続可能性――「茶色の日本」？

年々衰退してきた私たちの憲法知識

この本は、多くの人が共通の土俵ないし居場所としている日本国憲法の視点から論じてきた。そして、この土俵がいかにもろくなっているか、あえていえば崩壊しつつあるかを散見してきた。人権保障や民主主義や平和主義がカタチだけのものとなり、その中身が崩されてきた。立憲主義や法の支配が危うくなっている。

このことは、憲法の知識の衰退とも関連している。例えば、ＮＨＫは5年ごとに「日本人の意識」として「権利についての知識」を調査している。「憲法によって、義務ではなく、権利ときめられているのはどれだと思いますか。いくつでもあげてください」という質問に対する１９７３年と２０１８年の回答は以下のとおりである。「思っていることを世間に発表する」49・４％↓29・８％。「税金を納める」33・９％↓43・８％。「道路の右側を歩く」19・９％↓12・２％。「人間らしい暮らしをする」69・６％↓74・２％。「労働組合をつくる」39・４％↓17・５％。

納税は権利ではなく義務だが、政府が納税を強調してきた結果が表れている。自民党の政治方針・改憲草案や世界的にみて突出した自己責任意識の増加等々とも合わせて考えると、権利と義務の区別や相互関係の認識が大混乱に陥っている可能性がある。道徳教育との関係も問題になるのかどうか。生存権の知識は例外的に増えてきた。

急ピッチで進んでいる憲法改正

憲法の条文自体の持続可能性自体は自己目的ではない。改正の必要があれば改正すべきであること、いうまでもない。96条はそれを予定している。護憲を主張すると、条文を固定化する「保守」だという批判が増している。意図的な非難も少なくない。しかし、護憲を主張するのは、あくまで憲法の理念を生かすことが目的である。人権や民主主義や平和主義の内容を実質的にして具体化すること、そのための手がかりとしての憲法を失わないことが問題になる。

私たちが自分の想いを大切にして憲法を学び直し理解し、本当の意味で主権者になれるかどうか、今は瀬戸際にいる可能性が高いと思われる。憲法の解釈を不当にゆるめることなく、その中身の持続可能性を回復する必要がある。

しかしながら、憲法の知識が乏しくなっていることを無視して、あるいはそれを逆手にとって、憲法の明文改正が与党・政府によって急ピッチで進められている。一部の野党はそれ以上に前のめりだ。自党の影響力を増大させたいという思惑で政党政治の根っ子を支える国民主権を掘り崩している。憲法知識の衰退は、政治家たちや文部官僚にとっては歓迎すべきことかもしれない。

改憲するためには憲法の中身の知識に加えて、改憲する必要性を理解することも条件になっているはずだ。「必要性」は、いわゆる立法事実である。しかし、政党から当面の改憲が提案されている９条改正や緊急事態条項の創設に関する立法事実についての説得力のある説明や議論は極めて不足している。

歴史を捏造する時代錯誤の日本の政治指導者たち

過去の日本の侵略戦争を「自存自衛の戦争」「アジアの解放の正義の戦争」として正当化する靖国神社史観は時代錯誤の象徴であり、アジアではもちろん今日の世界のどこでも通用しない。歴史を捏造するものである。靖国神社の展示館である「遊就館」を見学することをお薦めしたい。

第二次岸田改造内閣では総理大臣をはじめとする自民党籍の閣僚全員が、第二次岸田再改造内閣では自民党籍の19人の閣僚のうち15人が、靖国史観に基づく神道政治連盟国会議員懇談会ないし右翼の日本会議国会議員懇談会のいずれかに所属してきた。

これに対して、憲法前文は、「政府の行為によって再び戦争の惨禍が起ることのない」「諸国民の公正と信義に信頼」「専制と隷従、圧迫と偏狭を除去」「自国のことのみに専念して他国を無視してはならない」と定めている。憲法の立場に真っ向から違反している。内閣のこの傾向はずっと続いてきた。新憲法に頭を切り替えることができず、日本を沈滞させている要因の一つだと思う。目立たせることなく密かに国民の常識を否定する恐るべき事態が進行している。

基本的人権は「公の秩序」の下へと格下げ——人間を信用しない私たちの政治家

改憲を推進している自由民主党は憲法をどのように考えているかに関する国民の理解は一層欠如している。例えば、2012年に発表された自由民主党の憲法13条の改憲草案によると、基本的人権は「公益及び公の秩序に反しない限り」で保障される。すなわち、人権は「公益及び公の秩序」より下位に格下げされる。その背後には、自由や権利について、欲望に任せた野放図な自由・権利という理解があるように思われる。これは、憲法が保障している自由や権利を意図的に曲解している部分があるようだ。自由や権利は、他者と共存する内在的な制約がある規範的なものだ。「ともいき」である。しかしながら、この党の政治家たちは、自分たちの内に潜むと自覚しているかもしれない野放図な自由を想定しているようだ。このことは、子どもを信用しない性教育の悲惨な現状、LGBTに関する法制への対応、コロナ禍の下での銀座での遊興など随所に現れてはいないだろうか。同じ仲間であるはずの私たち人間を信用していない。人間についての理解が皮相で貧しい政治家たちが私たちを指導している。

現状において明文改憲すると、憲法が維持しようとしている個人の尊厳、人権保障、国民主権（民主主義）、平和主義、「ともいき」、立憲主義等々の持続可能性が極めて危ぶまれると思う。

13条の改憲を提案している「自由民主党」は名称とは反対に「秩序党」かもしれない。2003年、イラク戦争で自衛隊がサマーワに派遣され、自衛隊がついに外国の土を踏んだ頃、フランク・パヴロフが書いた物語『茶色の朝』が日本でもよく読まれ、有名になった。気がつかず油断している間に、秩序優先の茶色のナチス党が社会を覆っていたという本だ。当面の四つの改憲案は「茶色の日本」への道を決定づける可能性が高い。これらの改定案はこの価値観に立っていることが隠されているようだ。

⑼ アメリカ依存の持続可能性

日本の防衛費増はバイデンの働きかけ

最後は、以上とは反対向きの持続可能性だ。現在の仕組みを持続させて日本は大丈夫かという問題である。念のためだが、私は「反米」ではない。逆である。自分たちは他国に優越するという「アメリカ例外主義」の思想哲学を克服するよう、アメリカの人々と手を携えたい。

報道によると、バイデン大統領は3度にわたって日本の指導者に会い防衛費増を説得した。北大西洋条約機構（NATO）は加盟国に対国内総生産（GDP）比2％の防衛費確保を求めているところ、日本は非加盟だが、バイデン氏は日本も巻き込むことができると思っていたと述べている。また、日本のウクライナ支援強化もバイデン氏が自ら引き出したものだとアピールした。

日本の特権的なエリートの自発的隷従の歴史

以下は、松田武さんの『自発的隷従の日米関係史』の「おわりに」からの要約である。[56] 日米関係は重視すべきだと立論したうえでの話である。

「政府の指導者およびその周辺のエリートたちは、日米関係において日本が『名実ともに主権国であること』、すなわち『完全な主体』に随伴する義務を行使する国であることに対してアンビバレントな感情を抱いてきた。日本は一方でアメリカと『対等でありたい』という気持ち（建前）と、他方で『対等でありたくない』という気持ち（本音）、大国の陰で『依存していたい』という気持ちの間で揺れ動いてきたように思われる。対等であるためには、知的な訓練も要求されて、精神的なストレスが増す。一方、依存関係の場合は、安全保障上の様々なリスクも理論的には回避できる上に、高くつく防衛費のコストも比較的低く抑えられるという打算が働くため、米国に守ってもらいたいという気持ちが強く働くことが容易に考えられよう」

私見では、アメリカの指導者やエリートたちの言動には、タカ派であれハト派であれ驚くほど率直なものが少なくない。バイデンの前記の発言もそうだ。本音で言っているからだ。日本ではあいまいにしてごまかしているものが多すぎる。依存したいという本音は言えないからだ。

松田さんの著書は2022年の刊行であるところ、同年末の閣議決定は日米一体化によるリスクの高まりと防衛費の顕著なコスト増を顕在化した。アメリカは世界から求められてもいないのに長年巨額の軍事費を支出してきた。財政赤字でさすがに耐え切れず、日本にその一部の肩代わりを要求し、日本の指導者たちは快く承諾したからである。しかしながら、「防衛費は低く抑えられるという打算」が成り立たなくなったのに、依然として、というより以前にも増して従属の道を選択した精神構造は驚くべきことだ。コスト増になっていずれ増税が必至でもエリートたち自身は経済的に困ることはないのみならず地位も安定しているからだろうというのは、庶民の卑しい推量だろうか。日米の軍事的経済的な連携の強化で抑止力を高めたのでリスクは高まらない、あるいは自衛隊は米軍の指揮下にはなく自立しているという「理論」はいつまで維持できるのだろうか。安保条約は日本の経済的な従属も意味し（第2条）、特権的で腰が弱いエリートが1990年代に担当した日米構造協議はアメリカの圧力で日本の経済的地位を著しく低下させた。安保3文書の改定は、日本にとって基幹的に重要な中国との貿易を制約するなど経済的にもマイナスになった。アメリカは、大統領が中国との戦争に乗り出しても本土が攻撃されることを恐れる議会はそれを承認しない可能性が高い。どこの国も自国の利益を優先して考えるので、アメリカのこの対応を非難することは難しい。日本が攻撃されても米本土への反撃を覚悟してまでアメリカは日本を守ってくれると私たちが期待するのは、リアリスティックなアメリカ政治の理解をしようという気持ちが乏しいのではないだろうか。生活を犠牲にして防衛費を増額してもまだ大丈夫だ、エリートたちに政治や軍事を任せていても大丈夫だという気持ちがどこかにあるのではないだろうか。

14　ともだち

ともだちはかけがえがない。特に小中学校からのともだちはそうだ。中学校の同窓会は地元にいるともだちが頻繁に開催してくれてきた。みんなかけがえのない道を歩んできた。気になるのは同窓会に出てこない、あるいは出てこられない人たち。それぞれ事情はあるだろうが、ありのままで気軽に出てこられるような社会でありたい。

中卒で東京のクリーニング店に集団就職したO君は、程なくして地元に帰って同じ仕事を続け、亡くなるまで同窓会の会長を務めてくれた。クリーニングの仕事は大変だったろう。新社会党の活動家でもあった。

画家になった柴崎寛子さん。彼女の絵を初めて見たときのつやのある青柿が今も眼の中で映えている。旧生品村で見慣れた風景だ。油彩、水彩の風景、家並、静物、人物の絵画を素人の私が言葉で形容することは不遜だが、観るたびに、事物と人間、事象に対する計り知れなく深い観察力と洞察力に気付かされ、対象への愛情に包み込まれる。作品集『空へ（三）』の、満月に向かい合う裸婦を描いた「セレナード」には、「うつし世のはかなきものの数あまた　月蔭の花　月光のしらべ」の文章が添えてあった。日本兵の軍服や飯盒などを描くことによって訴える平和への強烈な眼差しにも驚く。2023年の6月、上野で日本水彩展を観た。「願・平和」と題した絵の原爆ドームを臨む原爆死没者慰霊碑の脇の石碑には、自作した「慟哭の叫び　身に受く　空仰ぐ　此処ひろしまの　ながさきの　無念」の文字が刻まれていた。陳列された1200を超える絵画の中で、平和をテーマにしたもの、さらにいえば社会や政治への広がりを持つと思われた作品はこの1点だけだったように思う。8月の広島市での巡回日本水彩展ではテープカットをされた。先年の日本水彩展での「それぞれのポジション」の内閣総理大臣賞をはじめ、日展を含めて多数の受賞歴がある。

横井妙子さんは、生品中学を卒業して東京で働きながら定時制高校へ。40歳を過ぎてから職場のともだちに勧められて歌を始めた。子どもの健やかな成長を願い、不正義を憎み平和を希求する鮮烈で鋭敏な感性が息づくたくさんの歌を詠んでおられる。2019年の『民主文学』の6月号には、沖縄で詠まれた歌が並んでいた。「如月の空の蒼さにかさね見る辺野古の海の青の哀しさ」。歌集『枯れ紫陽花』を出版された。新日本歌人協会の常任幹事その他の役職を長く務めておられる。法学館憲法研究所のイベントにもご夫妻で2度参加していただいた。

柴崎さんのご子息健児さんは、20歳のとき、夜の地下鉄構内でのアルバイト中に不意に走ってきた電車にはねられて他界された。母寛子さんの追悼和歌・画集『空へ（一）』の冒頭の歌「健やかに天つこころね身につけて成年の日に君旅立ちぬ」。追悼寄稿集『空へ（二）』に寄せられた横井さんの歌「へつらわず思いのままに生きている猫程の自由が私にあるか」。

柴崎さん、横井さんのものすごいパワーはどこから来ているのだろう。生品時代以降、社会の出来事やありさま一つひとつに誠実に向き合い、志を高く持って並々ならぬ精進を重ねておられる謙虚な姿に感銘を受けるばかりである。第2章で紹介した生品中学校の校歌にある「自主の心はたじろがず」だ。

H君はずっと同窓会に出てこず、60歳の頃初めて再会した。宴会が終わって2人で宿に泊まった。今葛飾で暴力団の組長してるんだ、スナックを2軒持ってる、遊びに来いよ、とのこと。是非行くよと約束した。

数カ月して電話した。先日亡くなったとのこと。なんたることか。

次の同窓会でH君の中学時代の担任だったT先生が挨拶で彼の想い出話をした。畑で野菜をしばしば盗んだので注意したところ、親はスイカなど大きな野菜でなければ盗んで食べてもいいと言っていたとのこと。大変貧しかったからだ。私は家が遠かったりしてともだちともいえなかったので、このことを初めて知った。すぐにスナックに行けば良かった。暴力団に入ったきっかけやその仕事ぶり生活ぶりを少しでも分かって長く付き合いたかった。代わりはいないともだちだった。私は自分の世界を狭くした。

相当飛躍するが、「(連続ピストル射殺事件の永山則夫が青森から）都会に流入してのちは、生理的な飢えそのものは、『金の卵』たる若年労働者として、一応は満たされていたはずである。ここで絶対満たされなかったものは、社会的差異、自己の社会的アイデンティティの否定性、あるいは存在の飢えとでもいうべきものであった」（見田宗介『まなざしの地獄[57]』）。日本社会は、この問題に未だ向き合おうとしていないように見える。

かつて暴力団は、労働組合のストライキつぶしなど「汚れ役」として便利に利用されていた。30年前に暴力団対策法が施行され、取り締まりの徹底などで全国の暴力団の構成員と準構成員の数は約9万人から2022年末には2万4千人にまで減った。一方において、溝口敦さんによれば暴力団に所属しない半グレ組織や一般の若者が悪質化している。彼らにはそれぞれ事情があり背景がある。決して向こう側の人たちではない。

大きくなってからの付き合いではお互いの違いの意識が先行して先入観を持ってしまいがちだ。理解したと思ってもそれは観念の世界のことも多い。子ども時代から知っていると、その連続線上で理解し合える素地がある。絆が大切だ、連帯こそ必要だと言われている。そのとおりだ。本物の絆や連帯を作ることが不可欠である。それにしては今、家庭環境、住環境、（有名私立校、中高一貫校など）学校の分断と階層化の低年齢化が一層進行している。その延長が就職先の分断であり正規労働者・非正規労働者、エリート・ノンエリートの分断だ。それは高齢者の貧富の格差の拡大にも連動している。これから一層厳しくなることが予想される時代において、うかうかしていると人間らしい生活ができないよ、競争には勝たなければならないよと言われる。人間と社会の分裂をどうやってなくすか、なくせるのか、限りなく深い問題である。

話は飛ぶが、私の子どもが通っていた小学校の三つの目標の一つは「思いやり」だった。20年以上前だったろうか、「なかよく、かしこく、たくましく」に変わった。大きな変化だと思った。「仲良く」なら、ともだちと表面的に合わせることができる。今、子どもたちはそれに神経を使っている。神経をすり減らしている子どもも少なくない。うちの学校はみんな仲がいいですよ、いじめなんかありませんよと学校の管理者は自慢できる。仲良くする術を身に付けると、道徳面の評価が上がって親たちは喜ぶ。そうやって仲の良い会社、仲の良い労働組合、仲の良い社会、統合された国家ができあがる。

15　地元にて

⑴ 隣は何をする人ぞ

行政とか会社とか垂直型の人間関係だけでは、生き生きとした自立的な人間社会は作れない。地域に限らず、現在や過去の職場でもその他でも、自主的な集まりを何重にも積み重ねて豊かな人間関係を作って楽しく過ごすことが基本である。しかし、自治的な、人間として自然な他者への関心も薄れてきている。隣に住んでいる人が引っ越しても、亡くなってさえも気がつかないことも珍しくなくなったこの頃だ。社会問題として正面から取り組む必要がある。

地元では九条の会や複数の政党の選挙の応援、その他の集まりで知り合いは増えた。駅前でチラシを配ると話に乗ってきてもらえるのは１００人に２人くらいだろうか。

⑵ それぞれの人生

一番顔を合わせるのはご近所さんだ。我が家の前は中学卒で印刷会社に就職してからずっと印刷工をしてきた子どものいないK夫妻だった。奥さんが難病で寝たきりになって十数年、Kさんは早めに退職して想像を絶する献身的な介護をしていた。奥さんが亡くなって、「やり残したことはない」と静かに暮らしていた。上がり込んでお線香をあげてせんべいを食べながらブラックコーヒーを飲みよもやまばなし。私がたまたま外出していたある冬の朝、Kさんがいつもの時間に起きてこないので隣家のOさんが風呂場の窓から覗いたところ、倒れていた。どこも鍵がかかっていて入れない。業者を呼んで窓枠を壊して入った。助かった！　歩くことができない95歳のおばあさんのお宅には上がり込んで時々話し相手になった。女の一人暮らしの家にいくもんじゃないという声もあるがどうなんだろう？　そうやって何かことがあると助け合ってきた。急な症状で肉親を呼ぶ時間がないときは近所が走り回る。

クーラーのない軽４輪で猛暑のなか、左官の仕事に出かける73歳のAさん。６万円の国民年金だけではアパート代しか払えないと、病弱の奥さんをかかえて働きづめだ。夏には仕事帰りに熱中症で倒れて危なかった。雇用契約の有無という人間にとって偶然のことで、生涯働かなければならない社会を作っているこの国はなんという国だろう。少し政治の話をした。今度はもっと話そう。

10代の子ども２人をおいて出稼ぎにきて仕送りしているというガーナの夫妻……。おはようございます、とあいさつしたら、ギョッとした感じで身構えた。この辺りでは誰からも声をかけられたことがないのでびっくりしたとのこと。

曾祖父母の代に朝鮮から中国に移り住み、両親は今、北朝鮮との国境に近い中国吉林省の延辺朝鮮族自治州に住んでいるというTさん。延辺は、日本の傀儡国家である満州国時代は間島と呼ばれ、日本軍に対するパルチザンの活動が盛んだった。祖父は韓国からベトナム戦争に派遣され、10代で戦死したという。一族は今、中国、北朝鮮、韓国、日本に分かれて住み、会えない人もいる。日本が朝鮮や中国とこれ以上戦争をしないことを切望している。

現在88歳の一人暮らしのNさんとは3年くらい前に声をかけて知り合いになった。父親は元満州国国境の黒竜江（アムール川）のこちら側にある黒河の満鉄の駅で働いていたとのこと。終戦間際の8月、河の向こうでうごめくソ連の兵士たちを見て、攻めて来ると直感、家族で急いで満鉄で南下して助かった話を聞かせてもらった。

一人ひとり、その人だけの物語を生きている。

⑶ 子ども会、親睦会、町会

子育ての頃は、子ども会でリアカーを引いて古新聞を集めたり、寒風に負けないで空き地で餅つき大会もした。子どもは共同して育てるものだ。

住んでいる市に、二つの親睦会があった。その一つがご近所さんの親睦会だった。納涼大会には家の前の道路にゴザを敷いて机を並べスイカ割り、ワタアメ、花火をして子どもたちとも一緒に遊んだ。カラオケも大盛況だった。新年会には空き地で薪を燃やして甘酒を作った。できたてほやほやの『シクラメンのかほり』を歌ったら、お前のは「しくらめん音頭」だけど許してあげるよと。

しかし、子ども会はとうの昔になくなった。親睦会は、増加してきた若い世帯には敬遠されたり高齢化もあって衰退し、コロナ禍が追い打ちをかけて残念ながら解散した。

せめて町会・自治会には参加して幅広い世代の住民が気軽に楽しく交流できるようにしたいものだ。地域のコミュニティの中心であり、防災、子育て、心身の健康の増進、孤独になりがちな高齢者をはじめ各世代の居場所づくりや娯楽など地域での生活を豊かにする。地域によってさまざまだが、私が知っている町会の役員は献身的だ。リベラルないし左翼には町会は保守的だと言って敬遠する人たちも相当数いる。頭でっかちのステレオタイプだ。問題があればみんなで運営方法を変えていけばいい。町会は福祉予算の切り捨てや地元への押しつけなど行政の理不尽な側面を生活の場から変え自治意識を醸成する基盤である。しかしながら、加入率は全国的に年々低下している。地方自治体と町会の関係には微妙な問題もあるが、一般論として自治体さらには管轄する総務省は町会の減少の歯止めに熱意が薄い。市民課の担当者に相談してもそう感じたので、新年会で課長に会った際に改善を要望した。

⑷ 生きている手応えとぬくもり

個々ばらばらになった（原子のようにアトム化した）個人が企業や国家、あるいはテレビなど一方的な情報源とストレートにつながるのは人間の本性からみて一大事である。堀北真希がはつらつと登場した映画『ALWAYS三丁目の夕日』の頃が懐かしい。社会の基礎的な居場所で「ともいき」する人間関係をつくることは不可欠だと思う。最近転居してきたこれから子育てというフレッシュな2世帯と一緒に、狭い庭にゴザを敷いて枝垂れ桜の花見を楽しんだ。朝早くから通勤に出て夜遅く帰ってきて、週に2回の休みを取るのは無理だという夫妻。こっちは歳をとったからといってブラブラしているのは恥ずかしい。

少々オーバーだが、人生１００年の時代になったといわれる。長い時間をどう使おうかという悩みも多くなった。生きている手応えが欲しい。体力に合わせて自分ができるやり易いことで、他人や社会に役に立てることがあれば、自分たちにとっても次世代にとってもいいことだ。

16　家　族

⑴ 父、祖母

父の生涯は波瀾万丈だった。農業を辞めて、大学を卒業した私と同居した。間もなくして生命保険の外交員になった。スプロール現象のこの地帯は地方から出てきた人たちを含めて建設業の人たちがせわしく働いていた。昼間声をかけて、大工さんたちがほっと息をついている住処を目指して夜の７時過ぎにバイクで出かけていった。帰宅時間は遅かった。けっこう遠くまで走り回り、県内でトップクラスの成績を上げた。70歳で退職してからは毛筆の習字に打ち込んだ。初級から始めて10

父母　陽光の公園にて

段になり、書道連盟の審査員になった。地元のお年寄りの集まりで指導している習字を家で丁寧に添削していた姿が目に焼き付いている。

父は子どもの頃ひょうたんを持って父親が飲む酒を町まで買いに行くのが常だった。暗くなった人通りの少ない村里の夜道を歌を歌いながら歩いたという。

年の瀬も押し迫った頃、大動脈瘤を摘出するために入院した。手術はうまくいったのに、往く年に追われるように肺炎に罹りせわしなく旅立った。気迫の86歳の生涯を閉じるにはあまりにもあっけなく、ふさわしくなかった。

年が明け、会社や出版社の仲間たちと新宿の歌声喫茶に行った。学生時代以来のことで懐かしく、フォークソングや労働歌などを歌い興じた。みんな、歌詞をよく覚えていたのでびっくりした。と、衝動的に『叱られて』を歌った。父がよく歌っていたという歌だ。涙がとめどなく流れ、そっと席を立った。寒風に着物の裾を吹き上げられながら川の土手を一人歩く長平少年の姿がかけめぐった。去って2週間。まだぬくもりがあった。「蓼沼さんって、とっても分かりやすいね」と事情を知らない出版社のKさん。そう、分かりやすい。

父の相続で祖母の戸籍謄本を郷里の町に行って出してもらった。出生欄に「母の名を知らず」の1行が手書きしてあった。瞬間、祖母のすべてが分かったような気がして、人物像が上書き更新された。

⑵ 母

退職前の話に遡るが、母は92歳のときに骨折したのがきっかけでベッドの上の生活になり、要介護になった。介護度は３から５に徐々に上がった。妻は教員として働いていたし、若い人に道を譲るべきだという想いもあって法学館を週３日勤務にした。不在にする３日間はヘルパー紹介所のヘルパーのＳさんに無理を言って午前７時から午後７時まで12時間母の世話をお願いした。母と気持ちが通じ合う、丁寧で頭が下がる尊敬すべきヘルパーさんだった。ある日突然、明日から来ることができないとのこと。ガンが見つかって即治療に入ると。我慢しておられたのだろう。申し訳ないでは済まされない。

医師と看護師による訪問診療・看護の日は在宅した。保険の制度は大変ありがたかったが、改善すべき問題がたくさんあると思った。

要介護５のかあちゃんのベッドからサルスベリ（百日紅）の樹が見えた。群馬の片田舎から持ってきた頃からするとずいぶん大きく育ったもんだ。母はとても気に入っていた。車いすに移動してベランダに出て手を伸ばし必死に触れようとしていた。「わぁ、きれいね」。少女だった頃もあんなにかん高い声だったのだろうか。サルスベリの生命と人間の生命の対話だった。花の向こう側の細い道を歩く人たちが声をかけてくれた。「おばあちゃん、お元気ですか」「はい、ありがとうございます」「〇〇さんもお元気ですか」。それだけだったが、長い人生がつまっていた。

ベッドから見えるように、庭に薄紫の花を咲かせる1本のむくげの樹を植えた。母は、身体が次第に衰弱していくのと反比例するように毎年枝と花を増やすむくげも愛おしんだ。

2016年の7月下旬、母は容態が急変して入院した。肝臓ガンだった。8月下旬、ガン細胞が脳も侵し始め、意識がもうろうとして目を閉じ言葉を発しなくなった。26日、突然目を開いて発した。「ホン」「ホン」の2語。問いかけても反応はなく、無意識で言ったように聞こえた。人間は希望がないと生きられない。だから私は、母に「怠けていて遅くなってしまったけれどこれからでも本を書くね」と伝えていた。とりえもなく親不孝の私だ。母はとても喜んでくれた。再び眠ったままになった。28日、今度は目を閉じたままかすかに「ホン」と一声だけ言った。かあちゃんは、こんなになっても希望を持ってくれていたのだ。信じられない。本当にびっくりした。いのちってなんだろう。生きるってなんだろう。

9月1日、97年の生涯が閉じた。

明くる年の夏もサルスベリは何事もなかったかのように、赤く燃えるような花をいっぱいつけてくれた。母の顔を見ているようで、この夏はとうとうサルスベリの花をまともに見ることができないままに終わった。

⑶ 妻子

「しばしも休まず　槌《つち》うつ響き」。妻は、童謡にもある『村の鍛治屋《かじや》』の娘だ。裏に小さな竹藪がある小屋のような家に生まれた。結婚させてくださいと挨拶に伺った時の家はもう少し大きくなっていた。私の両親と同居することも自然なこととして受け入れてくれた。根が明るく前向きだ。人の悪口は言わない。過去を振り返ってあれこれ言うこともなくいつも前向き。天性なのか努力によるのか、努力の方が大きいのだろう。私はずいぶん助けられた。でも、そんな妻に私は厳しい注文をして、妻は夜中に車の運転席で泣いていたこともあった。一言ひとことに重みがある友人の弁護士があるときぽつりと言った。「蓼沼さんは奥さんに負けてるね」。言われても仕方ないがショックはショックだった。妻に会ったことはないのにどうして分かるの？

教職員給与特別措置法は月給の４％相当の「教職調整額」を支給する代わりに、教職員が校内でどんなに残業しても残業代を払わないことにした。持ち帰って仕事をしても残業代が出ないのは他の業種でも同じだが、教職員はそれが極端だ。２人の子どもの保育園の送迎、夕食を作って子どもを寝かせ９時過ぎてから洗濯物をたたみ、恒例の持ち帰り仕事。午前０時を過ぎても教材を作ったり労働組合の新聞のガリ版切りなどをしていることが多かった。ほとんどだったかもしれない。文科省は、２０２２年末にこの問題を検討する作業にようやく重い腰をあげた。しかし、残業時間を減らすにはそれほど役に立たない見込みだ。教員になる試験の受験者が減って、教員の質が落ちてきたという指摘も増えてきた。子どもや国にとっても大きな問題だが、国は教育の問題を本気で考えているとはとうてい思えない。

子どもに親らしいことをしてやれていなかった。娘が、上が大学、下が高校生のときだった。高橋哲哉先生の『反・哲学入門』を読んだところ、言葉の暴力について書いてあった。私は、ついているテレビを横目で見ながら、「言葉も暴力になることがあるんだよ」と言った。２人を見ると、涙を浮かべていた。期せずして同時に！　何で？　「お父さんのそういう所が言葉の暴力なんだよ」。ギャフン。参った。私は、偉そうにとくとくとしゃべっていたのだ。２人とも普段から感じていたことがたまっていたのだ。この本の記述もそういう面が多いかと思う。末だに！

２００８年に幕張で開催した「９条世界会議」のときは妻子３人で、販売用のたくさんの図書類を会場に一緒に運んでくれた。憲法研究所のイベントの受付も何回か手伝ってくれた。イラク戦争のときは、「お父さん、仕事の帰りにデモをしてきたよ」。遠くに住んでいたときは、安保法制反対のママさんデモに行った写真を送ってきた。

おわりに

予定したよりも長くなってしまった。私的な経験と公的な部分の融合も不ぞろいで、お読みになりにくかったことと思われる。冗長で拙い文章を最後までお読みいただき、感謝する。

日本は再び戦争への道を歩んでいる。核戦争はアメリカに任せるが、それ以外は本格的な戦争をすることができる軍隊を作り、そこに私たちの収入の相当部分（税金）や国債による資金を注ぎ込み、仮想敵国として明示した中国の国土の奥深く先制攻撃することも辞さない態勢を仕上げつつある。多くの戦争は、お互いに戦争をするつもりはなくても、手違いで起きてきた。最早単独では相手に立ち向かう能力がなくなったアメリカ軍を補強し、共に戦う運命共同体条約を強固にしたことも衆知の事実である。アメリカは最悪を含めて様々な事態が生じることを想定してシミュレーションし、国益を優先するリアリズムの国である。アメリカ本土と遠く離れた有色人種の日本は、東アジアの戦争の最前線として使い捨てにされかねない。断末魔の叫びをあげているウクライナ、ガザ……私たちにはその覚悟が求められている。

緊急性を要するのは、気候暑熱化対策も同じだ。地球温暖化対策の国際的な枠組みを作った２０１５年のパリ協定は、産業革命前からの気温上昇を１・５度以内に抑えることを目標にした。２０２４年３月19日に公表された世界気象機関（ＷＭＯ）の年次報告書によれば、２０２３年の世界の平均気温は産業革命前よりも１・４５度上昇し、１７４年の観測史上で最も高くなった。

日本は、ヨーロッパが到達した基本的人権の保障と民主主義を文字通り普遍的な原理として再確認、再評価しつつ、その奥底に流れる虚構性と戦争の原理を直視したい。そして、情緒豊かな四季の自然に育まれた自然界と人間界に連続する長期的な平和の思想を掘り起こして世界に発信し、ともいきしたい。それは、このままでは、60年後は人口が消滅に向かうと予測される人類への貢献でもある。

１９８７年の国民生活白書は、政府としてはじめて格差拡大の事実を認めた。この国民生活白書は、「個人の選択や努力によって生活に格差があるのは当然」としている。用意した「多様な選択肢」のどれを選ぶかは個人の自由であり、その結果を受け入れるべきだという。しかし、格差を作ったのは、経済と政治の政策である。決定づけたのは、日本経営者団体連盟が行った１９９５年の労働者３分類による非正規労働者を増加させる提案と、それを法制化して加速した政治だった。格差には、経費削減のために賃金と雇用期間で差をつける非正規雇用の創出や、正規雇用を含めた大学卒（専門学校を含む）でない層の低い処遇の固定化、大企業と中小零細企業における労働者の処遇の違い、男女の差別解消の停滞など多くの要因がある。２００４年の山田昌弘教授による『希望格差社会』は国民に衝撃を与えた。全体としての貧困に目を向けると、２０２３年平均の常用雇用労働者の実質賃金は、戦後のピークである１９９６年（労働者3分類の翌年）より約74万円減少した。

今、「世代間の対立」を作り出し、格差政策を持続させることによって、自分たちの既得権益の維持拡大や、深い考えもなくそれゆえに説得力のある説明をすることもできない軍事国家化を企図する人たちが、政治や行政のリーダーになっている。実際には、圧倒的多数の若者も中年も高齢者も、同じように追い込まれて苦しんでいる。日本を動かしている現実の要素は、「今・カネ・自分」と、それを隠蔽する「ウソ」の四つだということも可能だと思われる。元満州国時代からの「棄民」の論理は、戦争も辞さず、労働者＝人間を3分類する思想として伏流水のように続いている。ガザで働く1万3０００人の国連機関の職員のうち12人がハマスと関係しているというイスラエルが主張する「疑惑」だけで、命綱である水や医薬品などの人道支援を速攻で停止し、２３０万人の住民のジェノサイド（集団虐殺）を側面支援するも同然の日本政府がしていることも棄民である。この論理を峻拒するのは、人をランク付けしない「いのち」の論理である。

本書で触れてきた諸問題は、私たちが互いの違いを乗り越えてリスペクトし合い、まとまらないと解決できないことは、これまでの歴史が教えている。社会も国も、そして私たちも急には変わらないし、変えられない。課題は、人間同士の根深い歴史的な対立構造に根差し、「はじめに」でも書いたが、緊急性が高いとはいえ、そう簡単には解決できない。憲法の根本にある「いのち」の原理、さらにはそれを支える私たちの燃えたぎる熱い想いに立ち返って、地味だけれども少しずつ変えるしかない。民衆という積み木は底力を持っている。

だれもが輝く時代は、私たち次第で創れる。この原稿を書いた今日は、午後から早春の陽が射してきた。いのちが萌え出る一番好きな季節だ。歩いていたら、学校帰りの小学生たちに出会った。人間を疑うことなく信じている明るい笑顔の元気な子どもたちだった。「おかえり」と言ったら、「ただいま!」とにっこり笑って返してくれた。

これまでいろいろな事を教えていただいたたくさんの方々に感謝するとともに、時としてご迷惑をおかけしたことをお詫びしたい。おっちょこちょいの私だ。東京図書出版の皆さんは、私の事実誤認や誤字脱字をずいぶん救って下さった。初校段階でガザの軍事衝突が発生したり、ウクライナの戦争の情勢が変わるなどしたが、原稿を修正する時間を作ることを許していただいた。心ならずもわがままを黙認してもらった父母に、遅ればせながらささやかな本書を捧げる。

注

第1章

（1）笠原十九司『日中戦争全史・上』高文研、2017年、81頁
（2）司馬遼太郎『アメリカ素描』新潮社、1989年、218頁
（3）（1）に同じ、142頁
（4）上笙一郎『満蒙開拓青少年義勇軍』中公新書、1973年、127頁
（5）高山すみ子『ノノさんになるんだよ』銀河書房、1987年より引用
（6）高山すみ子さんの証言
https://readyfor.jp/projects/manmoukinenkan/announcements/100994（満蒙開拓平和記念館）
（7）加藤聖文『満蒙開拓団――国策の虜囚』岩波現代文庫、2023年、252頁
（8）山室信一『キメラ――満洲国の肖像』中公新書、1993年、9頁
（9）原彬久『岸信介――権勢の政治家』岩波新書、1995年、121頁
（10）（4）に同じ。188頁
（11）伊丹万作『伊丹万作エッセイ集』ちくま学芸文庫、2010年

第4章

（1）内村鑑三『後世への最大遺物』岩波文庫、1946年、75頁

(2)小笠原豊樹、関根弘訳『マヤコフスキー選集』飯塚書店、1958年、57頁
(3)日本聖書協会『新約聖書』1954年改訳 ルカによる福音書第10章30節以下
(4)土井健司『キリスト教を問いなおす』筑摩書房、2003年、61〜101頁
(5)(3)に同じ。マタイによる福音書第5章第38節以下、第43節以下
(6)(4)に同じ。100頁
(7)安丸良夫『出口なお――女性教祖と救済思想』岩波書店、2013年、はじめにv
(8)エイコ・マルコ・シナワ『悪党・ヤクザ・ナショナリスト――近代日本の暴力政治』朝日新聞出版、2020年、251頁以下
(9)同、3頁
(10)田中優子『カムイ伝講義』ちくま文庫、2014年、396〜399頁
(11)浦部法穂『憲法学教室〔第3版〕』日本評論社、2016年、211頁
(12)宇沢弘文・内橋克人『始まっている未来』岩波書店、2009年、86頁
(13)池上彰・佐藤優『激動日本左翼史――学生運動と過激派』講談社現代新書、2021年、248頁
(14)小杉亮子『東大闘争の語り――社会運動の予示と戦略』新曜社、2018年、6頁
(15)同、12頁
(16)吉野源三郎『漫画 君たちはどう生きるか』マガジンハウス、2017年、142頁
(17)同、169頁

第5章

(1) 寺脇研・前川喜平・吉原毅『この国の「公共」はどこへゆく』花伝社、2020年、20頁

第6章

(1) 樋口陽一『いま、憲法は「時代遅れ」か——〈主権〉と〈人権〉のための弁明』平凡社、2011年、212頁

第7章

(1) 日本語では現在は道田涼子さんが歌っている。道田さんのCDの販売問い合わせ先は、広島市西区草津東3−6−11−2(橋村宅)ヒロシマ・セミパラチンスク・プロジェクト

第8章

(1) 小松裕『田中正造——未来を紡ぐ思想人』岩波書店、2013年、67頁
(2) 同、201頁
(3) 同、69頁
(4) 同、158頁
(5) 同、166頁
(6) 同、260頁
(7) 山極寿一『「サル化」する人間社会』集英社、2014年、66〜71頁の要約

（8）山極寿一『暴力はどこからきたか――人間性の起源を探る』ＮＨＫブックス、２００７年、6～8頁の要約
（9）（7）に同じ、１５６～１６９頁の要約
（10）LITERA 2018.05.17　https://lite-ra.com/2018/05/post-4015_2.html
（11）松田浩『メディア支配――その歴史と構造』新日本出版社、２０２１年、１２５頁
（12）安里有生詩・長谷川義史画『へいわってすてきだね』ブロンズ新社、２０１４年
（13）酒井啓子『９・11後の現代史』講談社現代新書、２０１８年、９頁
（14）山極壽一『共感革命』河出新書、２０２３年、１２７頁以下
（15）役重善洋『近代日本の植民地主義とジェンタル・シオニズム』インパクト出版会、２０１８年、52頁
（16）小田切拓・早尾貴紀「〝避難〟は民族浄化の一段階」『週刊金曜日』２０２３年11月24日、16頁
（17）奈良本英佑『14歳からのパレスチナ問題：これだけは知っておきたいパレスチナ・イスラエルの１２０年』合同出版、２０１７年、１６２頁
（18）田浪亜央江『イスラエルによるジェノサイドの背景』ピープルズ・プラン研究所、２０２３年12月３日　https://www.peoples-plan.org/index.php/2023/12/03/post-841/
（19）孫崎享『日本であまり知られていない事実：イスラエルを攻撃したハマスに資金提供をしたのは誰か？』孫崎享のつぶやき、２０２３年12月14日
https://ch.nicovideo.jp/magosaki/blomaga/ar2177704
（20）注（18）に同じ
（21）長谷川幸洋『ネタニヤフ政権とハマスの「蜜月」…次々と明らかになった「衝撃的な事実」

政権交代は時間の問題に』講談社『現代ビジネス』2023年12月8日
https://gendai.media/articles/-/120433?page=3

(22) 孫崎享『「ハマスの大規模攻撃をイスラエルの情報当局が察知していないはずがない」が当初の疑念』孫崎享のつぶやき、2023年12月5日
https://ch.nicovideo.jp/magosaki/blomaga/ar2176125

(23) 小倉利丸『イスラエルのAIによる爆撃ターゲットが、ガザに大量虐殺の〝工場〟を生み出した』2023年12月3日
https://www.alt-movements.org/no_more_capitalism/blog/2023/12/03/common-dream_gaza-civilian-casualties_jp/

(24) 清末愛砂「ガザ攻撃の意図に抗するためにすべきこと」日本民主法律家協会『法と民主主義』2024年1月号、45頁

(25) (16) に同じ、17頁

(26) 五野井郁夫「『リベラルである』とはどういうことか――今そこにある問題から考える」『世界』2024年2月号、53頁

(27) 奈良本英佑『君はパレスチナを知っているか――パレスチナの100年』ほるぷ出版、1990年、158頁

(28) 清水愛砂・猫塚義夫『平和に生きる権利は国境を超える』あけび書房、2023年、28頁

(29) 中村哲　宇部市のペシャワール会での講演　2015年8月30日

(30) 東大作「アメリカはなぜ失敗したのか～アフガニスタンのケースから～」『国際問題』第706号、2022年4月、37頁

(31)(29)に同じ。
(32)佐藤優・手嶋龍一『ウクライナ戦争の嘘』中公新書ラクレ、2023年、225頁
(33)下斗米伸夫『エンドゲーム?――逆説のウクライナ戦争』ボストーク56号、2024年1月
(34)塩川伸明編/遠藤誠治著『ロシア・ウクライナ戦争』東京堂出版、2023年、337頁
(35)松里公孝『ウクライナ動乱』ちくま新書、2023年、114頁
(36)下斗米伸夫「平成27年度外務省外交・安全保障調査研究事業『ポストTPPにおけるアジア太平洋地域の経済秩序の新展開』ロシア部会報告 曲がり角に立つロシア・2016年」公益財団法人日本国際問題研究所、2016年
(37)小泉悠『現代ロシアの軍事戦略』ちくま新書、2021年、132頁
(38)羽場久美子「憂慮する日本の歴史家の会」講演
https://www.youtube.com/watch?v=2Q9OnavP0Kw 2022年4月29日
(39)(35)に同じ、332頁
(40)伊勢崎賢治「ウクライナ危機に国際社会はどう向き合うべきか」『長周新聞』2022年3月17日
(41)同
(42)小泉悠『ウクライナ戦争』ちくま新書、2022年、48頁
(43)孫崎享『同盟は家臣ではない』青灯社、2023年、55頁
(44)(35)に同じ、442頁
(45)(33)に同じ
(46)(43)に同じ、79頁

（47）（33）に同じ
（48）（32）に同じ、43頁
（49）三浦有史『脱「中国依存」は可能か』中公選書、2023年、176頁
（50）駒込武「植民地主義者とはだれか」『世界』2024年1月号、124頁
（51）岩田清文他『君たち、中国に勝てるのか――自衛隊最高幹部が語る日米同盟VS.中国』産経新聞出版、2023年、30頁
（52）内田樹・白井聡『新しい戦前――この国の〝いま〟を読み解く』朝日新書、2023年、30頁
（53）（43）に同じ、211頁
（54）（15）に同じ、182頁
（55）マーク・トウェイン『イノセント・アブロード（下）――聖地初巡礼の旅』文化書房博文社、2004年、184頁
（56）松田武『自発的隷従の日米関係史』岩波書店、2022年
（57）見田宗介『まなざしの地獄』河出書房新社、2008年、39頁

主要文献目録（関連順）

第1章

麻田雅文『シベリア出兵』中公新書、2016年
笠原十九司『日中戦争全史上・下』高文研、2017年
毎日新聞社編『日本の戦争――満州国の幻影』毎日新聞社、2010年
小林弘忠『満州開拓団の真実』七つ森書館、2017年
「満蒙開拓平和記念館（図録）」満蒙開拓平和記念館、2015年
NHKスペシャル『満蒙開拓団はこうして送られた――眠っていた関東軍将校の資料――』2006年8月11日放映
上笙一郎『満蒙開拓青少年義勇軍』中公新書、1973年
加藤聖文『満蒙開拓団――国策の虜囚』岩波現代文庫、2023年
井出孫六『中国残留邦人』岩波新書、2008年
山室信一『キメラ――満洲国の肖像』中公新書、1993年
原彬久『岸信介――権勢の政治家』岩波新書、1995年
小林英夫『満州と自民党』新潮社、2005年
山田朗『日本の戦争　歴史認識と戦争責任』新日本出版社、2017年
加藤陽子『満州事変から日中戦争へ』岩波新書、2007年

三浦永光『ジョンロックとアメリカ先住民――自由主義と植民地支配』御茶の水書房、２００９年
高橋哲哉『戦後責任論』講談社、１９９９年

第2章

山本英政『米兵犯罪と日米密約――「ジラード事件」の隠された真実』明石書店、２０１５年

第3章

渡辺京二『対談集　近代をどう超えるか』弦書房、２００３年
辻井喬『伝統の創造力』岩波書店、２００1年
鈴木賢志『スウェーデンの小学校社会科の教科書を読む』新評論、２０1６年

第4章

内村鑑三『後世への最大遺物』岩波文庫、1９４６年
中村哲『天、共にあり――アフガニスタン三十年の闘い』NHK出版、２０1３年
エーリッヒ・フロム『自由からの逃走』(新版)東京創元社、1９６０年
土井健司『キリスト教を問いなおす』筑摩書房、２００３年
安丸良夫『出口なお――女性教祖と救済思想』岩波書店、２０1３年
キェルケゴール／久山康訳『野の百合空の鳥』創文社、1９６３年
エイコ・マルコ・シナワ『悪党・ヤクザ・ナショナリスト――近代日本の暴力政治』朝日新聞出版、

2020年
朝日訴訟記念事業実行委員会編集『人間裁判――朝日茂の手記』大月書店、2004年
田中優子『カムイ伝講義』ちくま文庫、2014年
同『未来のための江戸学――この国のカタチをどう作るのか』小学館新書、2009年
安田秀士『生命《いのち》燦燦――ガン闘病の手記　長良川へ還る日のために』現代創造社、1997年
西村秀夫「東大闘争と私」（『私はこう考える――東大闘争・教官の発言』所収）田畑書店、1969年
小杉亮子『東大闘争の語り――社会運動の予示と戦略』新曜社、2018年
河内謙策『東大闘争の天王山――「確認書」をめぐる攻防』花伝社、2020年
『大学と学生』第50号（通巻第524号）
池上彰・佐藤優『真説日本左翼史――戦後左派の源流』講談社現代新書、2021年
同『激動日本左翼史――学生運動と過激派』講談社現代新書、2021年
宇沢弘文・内橋克人『始まっている未来』岩波書店、2009年
小熊英二『日本社会のしくみ雇用・教育・福祉の歴史社会学』講談社現代新書、2019年

第5章

寺脇研・前川喜平・吉原毅『この国の「公共」はどこへゆく』花伝社、2020年
原田宏二『警察内部告発者・ホイッスルブロワー』講談社、2005年
浦部法穂『憲法学教室〔第3版〕』日本評論社、2016年

岸本聡子『水道、再び公営化』集英社新書、２０２０年

第6章

ＮＨＫ解説委員室「捨てられる裁判記録　保存と公開は」（時事公論）２０２０年２月24日
https://www.nhk.or.jp/kaisetsu-blog/100/421509.html
樋口陽一『いま、憲法は「時代遅れ」か――〈主権〉と〈人権〉のための弁明』平凡社、２０１１年
春名幹男『ロッキード疑獄　角栄ヲ葬リ巨悪ヲ逃ス』株式会社ＫＡＤＯＫＡＷＡ、２０２０年
片桐直樹監督『記録映画　日独裁判官物語』青銅プロダクション、１９９９年（復刻版ＤＶＤ）日本民主法律家協会　https://www.dailymotion.com/video/x200bke
内田博文「憲法施行70年・司法はどうあるべきか――戦前、戦後、そしていま」日本民主法律家協会『法と民主主義』２０１７年12月号
全司法労働組合運動史編纂委員会編『物語全司法史』全国司法部職員労働組合、１９９６年

第7章

伊藤真『伊藤真の憲法入門（第6版）』日本評論社、２０１７年
伊藤真『憲法のことが面白いほどわかる本』中経出版、２０００年
合格後を考えた取り組み――伊藤塾（itojuku.co.jp）　https://www.itojuku.co.jp/itojuku/afterpass/index.html
日本裁判官ネットワーク『裁判官は訴える！――私たちの大疑問』講談社、１９９９年
ベアテ・シロタ・ゴードン『１９４５年のクリスマス　日本国憲法に「男女平等」を書いた女性の

自伝』朝日新聞出版、２０１６年
チャールズ・M・オーバビー『地球憲法第九条増補版　対訳』たちばな出版、２００５年
ミハイル・ゴルバチョフ『ミハイル・ゴルバチョフ変わりゆく世界の中で』朝日新聞出版、２０１８年
芦部信喜『憲法』第7版、岩波書店、２０１９年
渡辺治『憲法改正の争点――資料で読む改憲論の歴史』旬報社、２００２年
ピープルズプラン研究所『「改憲」異論①改憲という名のクーデタ』現代企画室、２００５年
姜尚中『東北アジア共同の家をめざして』平凡社、２００１年
浦部法穂『憲法学教室〔第3版〕』日本評論社、２０１６年
法学館憲法研究所編『日本国憲法の多角的検証』日本評論社、２００６年
浦部法穂『世界史の中の憲法――憲法その誕生と成長のものがたり』法学館憲法研究所双書・共栄書房、２００８年
浦部法穂『憲法の本』法学館憲法研究所双書・共栄書房、２０１２年
法学館憲法研究所編集・発行『法学館憲法研究所　Law Journal　第27号』２０２３年1月
守屋克彦編著『日本国憲法と裁判官』日本評論社、２０１０年
日隅一雄『マスコミはなぜマスゴミと呼ばれるのか』現代人文社、２００８年
日隅一雄『国民が本当の主権者になるための5つの方法』現代書館、２０１２年
高畑勲『映画を作りながら考えたこと』徳間書店、１９９９年
大石又七『矛盾：ビキニ事件、平和運動の原点』武蔵野書房、２０１１年
キャサリン・ジェーン・フィッシャー『涙のあとは乾く』講談社、２０１５年

西谷修『戦争とは何だろう』筑摩書房、2016年
品川正治『戦争のほんとうの恐さを知る財界人の直言』新日本出版社、2006年
大田堯『かすかな光へと歩む　生きることと学ぶこと』一ツ橋書房、2011年

第8章

小松裕『田中正造――未来を紡ぐ思想人』岩波書店、2013年
由井正臣『田中正造』岩波新書、1984年
布川了『田中正造たたかいの臨終』ずいそうしゃ新書、2011年
水島朝穂『田中正造と「3・11」と憲法』直言、2011年11月28日
小林直樹『法の人間学的考察』岩波書店、2003年
山極寿一『「サル化」する人間社会』集英社、2014年
山極寿一『暴力はどこからきたか――人間性の起源を探る』NHKブックス、2007年
尾本恵市『ヒトと文明――狩猟採集民から現代を見る』ちくま新書、2016年
山極寿一・尾本恵市『日本の人類学』ちくま新書、2017年
松田浩『メディア支配――その歴史と構造』新日本出版社、2021年
高木徹『戦争広告代理店』講談社、2005年
仲嵩達也『たちあがれ琉球沖縄』あおぞら書房、2022年
A・アインシュタイン／S・フロイト『ひとはなぜ戦争をするのか』講談社学術文庫、2016年
鯖田豊之『世界の歴史9　ヨーロッパ中世』河出書房新社、1989年

加藤博『「イスラムvs.西欧」の近代』講談社現代新書、2006年
笈川博一『コロンブスは何を「発見」したか』講談社現代新書、1992年
ラス・カサス『インディアスの破壊についての簡潔な報告』岩波文庫、2013年
藤永茂『アメリカ・インディアン悲史』朝日選書、1974年
三浦永光『ジョン・ロックとアメリカ先住民――自由主義と植民地支配』御茶の水書房、2009年
加藤節「戦後日本の政治学と先住民問題――反省をこめて」『北大法学論集』第67巻第6号、2017年
羽場久美子『21世紀、大転換期の国際社会：いま何が起こっているのか？』法律文化社、2019年
松井芳郎『国際法から世界を見る〔第3版〕』東信堂、2011年
臼杵陽『世界史の中のパレスチナ問題』講談社現代新書、2013年
市川裕『ユダヤとユダヤ教』岩波新書、2019年
板垣雄三編『「対テロ戦争」とイスラム世界』岩波新書、2002年
鶴見太郎『イスラエルの起源――ロシア・ユダヤ人が作った国』講談社、2020年
酒井啓子『9・11後の現代史』講談社現代新書、2018年
塩尻和子『イスラームを学ぶ』NHK出版、2015年
奈良本英佑『君はパレスチナを知っているか――パレスチナの100年』ほるぷ出版、1990年
同『14歳からのパレスチナ問題：これだけは知っておきたいパレスチナ・イスラエルの120年』合同出版、2017年
清水愛砂・猫塚義夫『平和に生きる権利は国境を超える』あけび書房、2023年
早尾貴紀『パレスチナ／イスラエル論』有志舎、2020年

小田切拓・早尾貴紀「〝避難〟は民族浄化の一段階」『週刊金曜日』２０２３年11月24日号
平野啓一郎『私とは何か――「個人」から「分人」へ』講談社現代新書、２０１２年
中村哲『天、共に在り――アフガニスタン三十年の闘い』ＮＨＫ出版、２０１３年
中村哲・澤地久枝『人は愛するに足り、真心は信ずるに足る：アフガンとの約束』岩波現代文庫、２０２１年
中村哲「中村哲　思索と行動」『ペシャワール会報』「現地活動報告集成〔上〕」ペシャワール会、２０２３年
東大作「アメリカはなぜ失敗したのか～アフガニスタンのケースから～」『国際問題』第７０６号２０２２年４月
ナオミ・クライン『ショック・ドクトリン　惨事便乗型資本主義の正体を暴く〔下〕』岩波書店、２０１１年
デヴィッド・ハーヴェイ「ウクライナにおける最近の出来事に関する発言：暫定声明」２０２２年２月25日　http://ad9.org/pdfs/people/DAVIDHARVEYc.pdf
塩川伸明編／遠藤誠治著『ロシア・ウクライナ戦争――歴史・民俗・政治から考える』東京堂出版、２０２３年
小泉悠『現代ロシアの軍事戦略』ちくま新書、２０２１年
小泉悠『ウクライナ戦争』ちくま新書、２０２２年
松里公孝『ウクライナ動乱』ちくま新書、２０２３年
下斗米伸夫『新危機の20年　プーチン政治史』朝日選書、２０２０年
佐藤優・手嶋龍一『ウクライナ戦争の嘘』中公新書ラクレ、２０２３年

孫崎享『同盟は家臣ではない』青灯社、2023年
エマニュエル・トッド『第三次世界大戦はもう始まっている』文春新書、2022年
内田樹・白井聡『新しい戦前――この国の〝いま〟を読み解く』朝日新書、2023年
三牧聖子「ウクライナ戦争が突きつける問い」『世界』2023年7月号
羽場久美子『マスコミ市民』マスコミ市民フォーラム、2022年5月号
和田春樹『ウクライナ戦争即時停戦論』平凡社新書、2023年
宮本雄二『2035年の中国――習近平路線は生き残るか』新潮新書、2023年
三浦有史『脱「中国依存」は可能か』中公選書、2023年
浦部法穂『憲法学教室〔第3版〕』日本評論社、2016年
飯島滋明他編『自衛隊の変貌と平和憲法』現代人文社、2019年
寺井一弘・伊藤真編著『安保法制違憲訴訟』日本評論社、2020年
寺井一弘・伊藤真『平和憲法で戦争をさせない』城北印刷、2023年
浦部法穂『世界史の中の憲法――憲法その誕生と成長のものがたり』法学館憲法研究所双書・共栄書房、2008年
古関彰一『対米従属の構造』みすず書房、2020年
末浪靖司『「日米指揮権密約」の研究』創元社、2017年
古関彰一「緩み始めた日米同盟の絆――G7と人権・安保」『世界』2023年7月号
役重善洋『近代日本の植民地主義とジェンタル・シオニズム』インパクト出版会、2018年
9条地球憲章の会編『地球平和憲章日本発モデル案――地球時代の視点から9条理念の発展を』花伝社、2021年

花岡蔚『自衛隊も米軍も、日本にはいらない！』花伝社、2023年
選挙市民審議会『選挙・政治制度改革に関する答申（2019年度版）』公正・平等な選挙改革にとりくむプロジェクト、2019年
川崎一彦・鈴木賢志他『みんなの教育　スウェーデンの「人を育てる」国家戦略』ミツイパブリッシング、2018年
クラウディア・ワリン『あなたの知らない政治家の世界――スウェーデンに学ぶ民主主義』新評論、2019年
海渡雄一・大河陽子『東電刑事裁判　問われない責任と原発回帰』彩流社、2023年
伊東俊太郎『自然（一語の辞典）』三省堂、1999年
F・アーンスト・シューマッハー『スモール　イズ　ビューティフル再論』講談社学術文庫、2000年
白川真澄『脱成長のポスト資本主義』社会評論社、2023年
原俊彦『サピエンス減少――縮減する未来の課題を探る』岩波新書、2023年
大西広『「人口ゼロ」の資本論』講談社＋α新書、2023年
山田博文『国債ビジネスと債務大国日本の危機』新日本出版社、2023年
ショシャナ・ズボフ『監視資本主義』東洋経済新報社、2021年
西垣通『デジタル社会の罠――生成ＡＩは日本をどう変えるか』毎日新聞出版、2023年
フランク・パヴロフ『茶色の朝』大月書店、2003年
松田武『自発的隷従の日米関係史』岩波書店、2022年
高橋哲哉『反・哲学入門』白澤社、2004年

蓼沼　紘明（たでぬま　ひろあき）

1943年中国の満蒙開拓青年義勇隊訓練所に生まれる。ライター。群馬県太田市（旧新田郡新田町）生品中学校、東京大学法学部卒業。東京都庁、東京地方裁判所、株式会社法学館・法学館憲法研究所等勤務。

いのち輝け　二度とない人生だから
私の日本国憲法「ともいき」日記

2024年6月6日　初版第1刷発行

著　　者　蓼沼紘明
発 行 者　中田典昭
発 行 所　東京図書出版
発行発売　株式会社 リフレ出版
〒112-0001　東京都文京区白山 5-4-1-2F
電話 (03)6772-7906　FAX 0120-41-8080
印　　刷　株式会社 ブレイン

© Hiroaki Tadenuma
ISBN978-4-86641-723-3 C0095
Printed in Japan 2024
本書のコピー、スキャン、デジタル化等の無断複製は著作権法上での例外を除き禁じられています。本書を代行業者等の第三者に依頼してスキャンやデジタル化することは、たとえ個人や家庭内での利用であっても著作権法上認められておりません。

落丁・乱丁はお取替えいたします。
ご意見、ご感想をお寄せ下さい。